传媒·文化·品牌

论集

沈 毅 高丽华 孟祥路 胡小娟 孙玉媛 著

Media·Culture·Brands

北京市传媒产业品牌建设研究丛书

企业管理出版社
ENTERPRISE MANAGEMENT PUBLISHING HOUSE

图书在版编目（CIP）数据

传媒·文化·品牌论集／沈毅等著．—北京：企业管理出版社，2014.7

ISBN 978-7-5164-0878-0

Ⅰ．①传…　Ⅱ．①沈…　Ⅲ．①传播媒介－研究　Ⅳ．①G206.2

中国版本图书馆 CIP 数据核字（2014）第 122292 号

书　　名：传媒·文化·品牌论集
作　　者：沈　毅　高丽华　孟祥路　胡小娟　孙玉媛
选题策划：刘　刚
责任编辑：谢晓绚
书　　号：ISBN 978-7-5164-0878-0
出版发行：企业管理出版社
地　　址：北京市海淀区紫竹院南路 17 号　邮编：100048
网　　址：http：//www.emph.cn
电　　话：总编室（010）68701719　发行部（010）68414644
　　　　　编辑部（010）68701661　（010）68701891
电子信箱：emph003@sina.cn
印　　刷：三河市南阳印刷有限公司
经　　销：新华书店
规　　格：170 毫米×240 毫米　16 开本　16.5 印张　255 千字
版　　次：2014 年 7 月第 1 版　2014 年 7 月第 1 次印刷
定　　价：40.00 元

前　言

如同语言和思维从来就是一枚硬币的两面一样，媒介与人类社会的发展也一直“形影相随”。从远古人类的咿呀学语、结绳记事，到当代社会的电话电视、微博微信，媒介见证了人类从口语时代、文字时代、印刷时代到电子时代、信息时代的伟大跨越。而人类发展的同时也将媒介不断提升到新的高度。

从某些角度来看，正如麦克卢汉说过的那样，“媒介即信息”。媒介史就是人类发展史。媒介是人类发展最详细的注脚，也是人类社会的基础和框架。因此，想要了解社会、认识人类自己，媒介研究是一个最佳途径和窗口。过去、现在、未来，全部在媒介中凝结、发生和延展。媒介即世界。

因此，本书尝试从此出发，以历史研究、品牌建设、文化探索以及传媒自身发展为四个观察维度，通过全景式的扫描，展示时代发展脉络，呈现媒介与社会的“共呼吸、同命运”。

本书第一部分《传播思想史个案研究——以 < 现代评论 > 为例》，以《现代评论》这本民国时期的同人周刊为切入口，剥去时间带来的层层迷雾，向读者展示了一个准确、清晰、鲜明的特定历史转折阶段：新文化运动时期。作者笔调平实，论据详尽，夹叙夹议中娓娓道来，以传播思想为主线，将属于那个时代的社会焦点一一展现：从科学精神的发轫，到从中医、西医的对比；从文言文、白话文之争，到现代小说的创造；从如何客观对待国外新闻媒介，到新闻自由精神的探讨。应当说，这些话题直到今天仍然保持着它的新鲜性，历经百年仍是当下思想的源泉。从媒介角度来讲，是媒介（《现代评论》）让思想穿越了时空；当然，媒介本身也因为思想而变被铭记。这篇文，让读者领悟百年思想的同时，也生动地展示了媒介和文明如何相互扶持前行。

如果说本书第 部分表明了思想因为媒介的记录而不朽，那么如何让媒介“不朽”则是本书第二部分探讨的重点。《传媒品牌建设研究》一文以互联网、电视以及图书为观察点，以信息化、网络化、数字化为传播背景，聚焦品牌建设，为读者勾勒出了网络时代下印刷、电子以及网络三种形态的媒介谋求“品牌”发展的脉络图。作者运用社会学调查研究方法，为读者揭示了数字时代互联网品牌成长的主要因素，同时探讨了湖南卫视、凤凰卫视这样的电视媒介机构，是如何利用包括互联网在内的全媒体打造全新的“品牌形象”。而图书出版界在数字化的冲击下，全力塑造韩寒、南派三叔这样的“品牌作者”的尝试，也在文中得以全面探讨。本文研究了不同媒介品牌建设的特点，同时，揭示出媒介环境变革所引发的传媒行业“翻天覆地”的变化，也向读者表明了媒介与社会的紧密联系。

媒介机构发展需要“品牌”，而品牌的大行其道，造就了“粉丝”和各种各样的“迷”。这些“粉丝”又因为互联网提供的条件，在网络的虚拟世界构建一个庞大的社会组织——“迷群”。媒介的发展不仅改变了品牌的建设路径，同时还改变了人类的社会结构。本书第三部分《变迁中的虚拟“迷群”》一文，以电视剧粉丝群体为研究对象，针对网络世界中的“粉丝”文化，通过对该虚拟“迷群”的人员构成、发展经历以及互动内容的详细解读，探讨了新媒介条件下，一个新社会群体是如何形成、运作、发展的。一群纯粹因为兴趣相投而聚集到一起的人，利用媒介（网络）创造了一个崭新的世界。其中的例子生动形象地阐释了麦克卢汉的“媒介即信息”的论断，再次证明了媒介对于人类发展的重大影响。

当然，影响社会发展的不仅仅是媒介技术，“内容为王”依然是传媒业的金科玉律。故在本书的第四部分《“新锐”之道——<新周刊>专题研究》与第五部分《<财经>杂志资本市场调查性报道研究》两篇文章以《新周刊》和《财经》杂志为研究对象，探讨了传媒从业者如何从新闻报道本身出发，围绕“内容”核心，进行全面的改革和探索，以期记录历史，参与历史。前者令读者看到一本普通的杂志如何创造性的利用“专题策划”这一工具，通过自身定位、选题、风格等方面的精心运作，抓住时代脉络，成为了一个伟大的“品牌”，也同时成为了时代的“守望者”。而后者则从细微处着手，通过对报道对象、报道议题、关注重点的研究，既说明了财经类报道本身的发展轨迹，又展示了我国资本市场的波澜壮阔。无论是《新周刊》创造的“榜单文化”、“盘点文化”，还是《财经》通过《庄家吕梁》、《基金黑幕》、《银广夏陷阱》等文章掀起的证券界的阵阵波涛，在这里，媒介与社会再次融为了一体。作为本书的最后一部分内容，媒介、文化、品牌的因素也在此得以全面呈现。

本书第一部分由北京工商大学新闻系沈毅教授撰写，第二部分由北京工商大学广告系高丽华副教授撰写，第三部分由媒体从业者孟祥路完成，第四部分由深圳报业集团宝安日报社记者胡晓娟完成，第五部分由中国农业银行北京分行孙玉媛完成。

本书系北京市教委科技平台项目—“北京市传媒产业品牌建设研究”的阶段性成果之一。由于作者水平所限，书中难免有所不足，诚请读者批评指正。

沈毅

2014 年 5 月

CONTENTS | 目录

第一篇

传播思想史个案研究——以《现代评论》为例

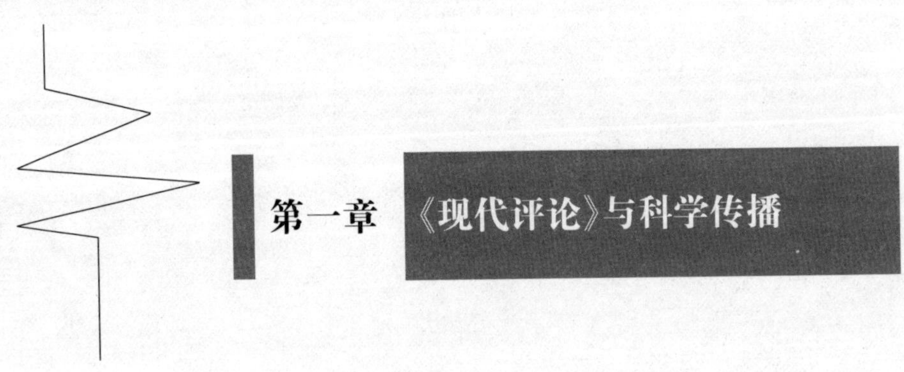

第一章 《现代评论》与科学传播

《现代评论》（以下亦称周刊）创办于1924年12月，整整存续四年后于1928年12月终刊。它是以北京大学教授为主体的一份综合性同人周刊，标榜“精神是独立的，不主附和”、“态度是研究的，不尚攻讦”、“言论趋重实际问题，不尚空谈。”① 刊物的编辑和撰稿人均为兼职。可以说，周刊是新文化运动之后以自由主义知识分子为主体的北京知识界一个很重要的媒体。周刊内容广泛，包括时评、政论、小说、剧本、新诗、科技以及人文学术等，很多题材旨在继承发扬《新青年》民主、科学精神。比较重要的撰稿人有胡适、徐志摩、闻一多、彭家沛、李四光、陶孟和、任鸿隽等。根据笔者的统计，周刊共发表直接谈论科学的文章约30篇上下，所涉及的内容包括科学新知识、中国科学现状、科学研究的地位，以及评价中西医优劣等。文章大多为国人所写，少数为译作。作者中很多人是自然科学工作者，具有留学欧美、日本的经历，也有的人学科背景是社会科学。作者们学识渊博，平日里学术活动、社会活动均很活跃，权威性是不容置疑的。

① 现代评论［J］．岳麓书社，1999年影印版，1（1）：2.

一、对中国科学现状的认识

周刊的撰稿人清醒地认识到，中国的科学发展水平是很落后的。彭泽沛的连载文章《科学的流弊和中国》介绍了大哲学家罗素对科学流弊的论述，彭文不能原谅中国某些人借罗素批评欧洲科学流弊之机，兴奋地寻找反对科学在中国落地生根的理由。他认为，中国还没有资格去谈论科学的流弊，因为中国的现状是“没有科学文明”。“现今中国最大的害恶，是军阀的战争和国际帝国主义的压迫……不是中国科学文明发达的结果。”① 他的意思很明确，即中国科学还很落后，不配伴着罗素的节拍起舞，任何拒绝科学的借口都是错误的。事实上，科学和科学的运用是两个有联系却又有区别的事物，所谓欧战后科学“破产”说，是把两者相混淆。科学揭示的是客观规律，是真相，至于怎样运用科学成果，运用得好与坏，则不是科学本身的事了。

署名沧生的文章《中国的科学》细数了中国科学落后的种种表现。首先是专门的科学研究机构的极度匮乏。中国的大学虽然也开设“物理化学一类的课程”，但仅仅是“一种教书的机关”，“研究自然无从说起”。其次是社会上虽然有一些科学机构并办有刊物，但数量很少，而且有一些还掌握在外国人手里。作者评论道：“我们虽然不敢附和说中国的科学还没有萌芽，但是我们也没有法子否认中国的科学程度，比人家差得还远。”再次，一些科技类刊物的内容往往不属于独立研究的成果，“拾人唾余，东拉西扯，凑成篇幅”。第四，物理、化学类基础学科的科研机构和刊物仍然阙如。②

科学的对立面是迷信，当时一般民众对迷信的热衷，反映出科学在中国的尴尬处境。杨幼炯的《民众思想与社会科学》一文失望地指出：一方面百姓为战乱和贫困生活所折磨，对未来没有信心，听天由命情绪泛滥；另一方面社会上的迷信组织如同善社、悟善社等又在传播迷信，“妖言惑

① 现代评论［J］. 岳麓书社，1999 年影印版，4（89）：5.

② 现代评论［J］. 岳麓书社，1999 年影印版，5（118）：4 -6.

众”、“报纸上关于‘降仙’‘问卜’以及‘接神’‘迎佛’的消息，差不多天天都有记载，甚而至于一省的长官，公然以命令行之。”作者感叹“我们更不得不疑是置身中古的黑暗时代了”。

新文化运动的宗旨之一在于弘扬科学，扫除迷信，《现代评论》在新形势下进一步揭示了科学滞后、迷信猖獗的现实，对于警醒世人，认清社会改造的目标具有积极的意义。

二、对科学地位、科学精神的认识与呼吁

作者们从多个角度强调科学（包括自然科学和社会科学）在国家和民族发展进程中的极度重要性。杨幼炯指出了自然科学在改造“国民性”中的关键作用：“现在要推翻一般民众的宗法思想，只有科学。因为科学是使人类思想进步的原动力：科学是研究物质实体方面，创造‘文明’同时又利用这种系统的、研究的，于精神思想方面，以创造新文化……明乎此，我们就可以进而应用科学的法则，以解释一切社会现象，使民众对于环境生活有明白的认识。”社会科学的社会改造功能更为直接：“社会科学是根据科学的客观性，考察社会现象，用归纳的方法，综观社会现象之公律，而求结论的。所以社会科学是推倒一切封建社会中神秘性文化的利器。”①

陶孟和撰文《科学研究——立国的基础》认为，内忧外患中的中国的立国基础既不是军阀，也不是“民气”——“民族自决，取消不平等条约，废除不平等待遇的呼声”（尽管也是“一个旺盛的势力”），“我现在所主张的就是科学乃是立国基础”。陶孟和的理由很简单：世界上各民族之间归根结底是竞争关系，只不过近代是以科学的打拼，而非中世纪无谓的玄学喧嚣，科学作为一种生活方式已被确立。表面上似乎国际间在拼军力，而军力的背后乃是“各种科学与科学的应用”。②

作者们比较多地谈到了与科学精神有关的论断，尽管他们并没有直接

① 现代评论［J］. 岳麓书社，1999年影印版，3（63）：9.
② 现代评论［J］. 岳麓书社，1999年影印版，5（117）：4-5.

使用“科学精神”的概念。陶孟和提出要正确地看待科学，科学是一个整体，不仅指自然科学，也应该包括社会科学。他认为时下片面为自然科学喝彩而冷落社会科学是很不正常的。他强调科学研究应“是指一切的科学研究，宇宙间一切的现象，自然的与人群的都包括在内”。他既否定传统文化对自然科学的轻视，也否定近代以来把国运不昌狭隘地归结为自然科学不发达。他在《社会科学的否运》中认为：“中国的前途，独立的，光明的前途仍然与社会科学同命运。”他指出，凡涉及到中国几亿民众的社会组织、生产分配、权利义务，以及“实现社会的平和，与社会的公道”等问题，离开了社会科学是根本无法解决的。[①] 忽视社会科学，也会使自然科学不能良性发展，陶孟和在《再论科学研究》中指出：“科学的研究必须各方面同时并进……在中国要提倡科学，便应该大计划的对于科学全体都同时提倡。相连带的科学不能同时发达，我们便不能希望某一种科学可以单独的发达。”[②]

作者认为，科学来不得急功近利，要耐得住寂寞，一步一个脚印。陶孟和把研究分为实际应用和非功利追求两部分，后者是前者的源泉和动力。他举例说，英国剑桥大学的科学家詹姆斯·克拉克·麦克斯韦发现的电磁基本定律的四元方程组，在其生前似乎没什么大的价值，可后来竟促成无线电报成功，迅速地改变着世界的面貌。陶孟和就此感慨：“寻求知识，毫无私利观念的寻求纯粹知识，可以说是人类最高尚的活动……假使中国没有科学的空气，没有科学的权威，没有一代代科学家在试验室里不断埋首于纯粹研究的工作，我恐怕中国永远不会有科学。”[③] 任鸿隽的《科学研究——如何才能使他实现》认为科学研究的最高境界“并不在物质的享受，而在精神上的满足”，“只是要扩充知识的范围，而得到精神上的愉快”。从根本上说，学术是非功利的，它“保持真正独立的性质”。[④]

作者们也探寻了中国科学长期落后，形不成大气候的原因。沧生认为

① 现代评论［J］. 岳麓书社，1999 年影印版，4（80）：6.
② 现代评论［J］. 岳麓书社，1999 年影印版，5（119）：7.
③ 现代评论［J］. 岳麓书社，1999 年影印版，4（117）：6 - 7.
④ 现代评论［J］. 岳麓书社，1999 年影印版，5（129）：5.

根本原因除了社会不良外，还在于国人目光短浅，对科学事业的重要性认识不足，以为回敬列强“飞机大炮的压迫”的办法仅在于武器，“只知道赶紧去弄飞机大炮”。作者感慨道：“科学的研究，绝不是易如反掌的事。”从图书到设备，再到人才，“断乎不是一口气可以呵成的”。[①] 陶孟和提出了一个发人深思的论题，统治者是不希望社会科学真正发展的，“军阀的意志便是法律，枪刺的权威主持公道”。[②] “统治阶级所最希望的是人民的愚鲁，人民的驯服……他们所最不喜欢的是学生，尤其是学社会科学的学生。”[③] 陶孟和还指出，中国社会存在的浮躁风气妨碍了正确的科学观的建立。他感叹很多中国人热衷于表面上的大轰大嗡，满足于浅薄的写作，陶醉于廉价的吹捧。“于是再没有人肯不求闻达的，安静地过他的图书馆内与试验室内的生活。科学的工作本来是一种‘贵族的’事业，只能行于极少数人的欣赏，而不能引起群众的了解与兴趣。”他反问道：“在现在一切事业都以群众做最终的权威的时候谁还肯做这种悖时的工作呢?”[④] 任鸿隽同样感叹：“我们晓得在现在的社会中，要找飞扬浮躁的人才，可算是车载斗量，但是要找实心任事，不务虚名的人，却好似凤毛麟角。”[⑤] 一个民族若不重视提倡和培养无条件的钻研精神，每一位个体若达不到以无条件钻研科学为乐趣的境界，真正的科学在这样的国度里是不会扎根的，属于全人类的创新和建树也与其无缘。中国自科举制度建立之后，读书人的行为就打上了功名的标签，对儒家思想的“信仰”也建立在功利基础之上，所读之书和科学也没什么关系。在这样的一种传统文化的氛围中若想培育起严谨、求真、心无旁骛的科学大树，谈何容易！

作者们在讨论中提出了科学态度的问题。在他们看来，科学态度的树立对个体，对国家都是非常重要的。这种科学态度，就是老老实实，就是实事求是。中国传统文化中夸大、讳言、矫饰是很突出的坏毛病，是科学特别是社会科学的死对头，这如同新文化运动时期胡适一针见血指出

---

① 现代评论［J］. 岳麓书社，1999 年影印版，5（118）：6.
② 现代评论［J］. 岳麓书社，1999 年影印版，4（80）：4.
③ 现代评论［J］. 岳麓书社，1999 年影印版，4（80）：6-7.
④ 现代评论［J］. 岳麓书社，1999 年影印版，5（119）：7.
⑤ 现代评论［J］. 岳麓书社，1999 年影印版，6（144）：14.

的："明明是男盗女娼的社会，我们偏说是圣贤礼仪之邦；明明是赃官污吏的政治，我们偏要歌功颂德；明明是不可救药的大病，我们偏说一点病都没有！"① 胡适一向提倡讲老实话也正是基于这种认识。新文化运动时期任鸿隽也强调科学的本质在于承认事实："我们要晓得科学的本质，是事实不是文字。"东西方文化的区别就在于"一个在文字上做工夫，一个在事实上做工夫的缘故"。② 周刊对科学态度的宣传正与《新青年》精神一脉相承。杨幼炯在《民众思想与社会科学》中批评说，中国社会科学界存在的诸多问题的实质，多为不尊重事实，不重视实际，主观臆断，投机取巧。他说有的学者"抄袭外国材料，以外国学者片面的理论作根据"；还有的学者把社会科学"当做哲学研究，不从事社会实地调查，对于民众思想与社会现象漠不关心，缺乏科学家实验的精神造成'闭门造车'的谬误"。针对流行的所谓对社会的"破坏与改造"，他强调社会调查的作用就在于"供给破坏与改造的实际材料"，"没有实际的材料来讲破坏，是隔靴搔痒，没有实际的根据，来讲改造也是乱七八糟"。③

周刊的文章有理有据，循循善诱，在揭示中国科学发展水平落后的基础上系统阐释科学地位、科学精神及自然科学和社会科学的关系，具有很强的现实针对性。其宗旨在于让国人充分认识科学在国家现代化进程中举足轻重的地位，让国人摒弃妨碍科学发展的陈规陋见，推动自然科学和社会科学比翼齐飞。

三、科学知识宣传与中西医对比

周刊传递了中国科学活动的信息和科学研究的动态，如 1925 年 1 月 24 日一期刊登了李四光（署名仲揆）的《中国地质学会开会纪略》，记述了中国地质学会第三次年会的情况。文章特别提到几篇研究中国鄂西及甘肃、青海地质构造的论文的价值。李四光也特意提到有的论文能引起"普通社会"等非专业群体的兴趣，如古生物学与勘探的关系的话题。有的文

① 胡适．胡适文集［M］．北京：北京大学出版社，1998：476.

② 袁伟时．告别中世纪：五四文献选粹与解读［M］．广州：广东人民出版社，2004：373.

③ 现代评论［J］．岳麓书社，1999 年影印版，3（63）：10.

章的话题恰好满足人们的好奇心，译文《火星有人类居住么?》是译者从法国里昂发回来的，所讲述的内容和21世纪人们对火星的认识没有本质的差异。[①] 有的文章向人们介绍了世界范围内科学分类理论的发展、变化，并结合作者自身思考提出了新的观点。许士廉的《科学之新分类法》批评既有的国内外科学分类不合理，他的观点不仅挑战了国内的权威，而且批评了英、德科学界的既有理论。[②]

中西医对比是由“西滢”（本名陈源）的一篇《闲话》批评协和医院误诊梁启超病情而引发的。梁启超在协和医院因错误的诊断而施行手术，被误切一侧肾脏。陈源因此激烈抨击西医，质问道：“为了这没有什么要紧的病，割去了一个腰子，拔去了七个牙，弄得精疲力尽，肌瘦目陷，究竟是怎样一回事？并且还得花好几百块钱！”陈源是留学英国的博士，时为北京大学教授和周刊的主编，大概是出于对他所崇拜的梁启超遭遇不应有的医疗事故的愤慨，所以行文之间不免表现出明显的情绪化：他认为协和医院在拿病人“做试验品”；他凭空断定“协和的医生，在美国，也许最多是二三流”；他“疑心就是西洋医学也还在幼稚的时期，同中医相比，也许只有百步和五十步的差异”。[③]

周刊发表了支持和批评陈源的两方来信。前者指责协和医院，言语之间激愤多于说理。后者指出所谓梁启超被无端地拔了七颗牙属于道听途说，不满意陈源作为热心“提倡科学的人”，居然对中医“大致其拳拳之意”。此信总体上说理充分，逻辑性强，有比较强的说服力，不足之处在于爱之愈深，护之愈切，担心批评西医不利于科学的成长和进步，虽然用心可嘉，但也是有违于科学态度的。

陈源后来有所调整，辩称他不是有意替梁启超鸣不平，而是针对于各医院普遍存在的“最大的弊端”——“不把病人当一回事。”[④] 陈源的变化显然也与梁启超本人对待协和医院及科学的一番高姿态表态有关。梁启超1926年6月在《晨报副刊》上发表的《我的病与协和医院》是专门澄

---

① 现代评论［J］. 岳麓书社，1999年影印版，2（47）：18-19.

② 现代评论［J］. 岳麓书社，1999年影印版，3（66）：4.

③ 现代评论［J］. 岳麓书社，1999年影印版，3（75）：9-10.

④ 现代评论［J］. 岳麓书社，1999年影印版，5（114）：20.

清对西医误会的。他说，院方是在征得患者意见后才手术的，虽未发现病灶，便血也未根治，但症状明显减轻了。梁启超对关心他的人和憎恨协和医院的人说：“协和这回对于我的病，实在很用心……我真是出于至诚的感谢他们。协和组织完善，研究精神及方法，都是最进步的，他对于我们中国医学的前途，负有极大的责任和希望……但是我们不能因为现代人科学智识还幼稚，便根本怀疑到科学这样东西……我盼望社会上，别要借我这回病为口实，生出一种反动的怪论，为中国医学前途进步之障碍。”①

这场辩论有助于人们理性地看待西医和科学。辩论的特殊意义或许是刊物和编辑们所始料不及的：陈源在倡导民主、科学的旗帜下，一反常态地没有像人们通常以为的那样“呵护”西医，却以严厉的态度批评协和医院，批评西医，但最后却因梁启超在情在理的“声明”而草草结束论辩。对于刊物来说，发起这样的辩论显得有些仓促，甚至结果不免有些尴尬，弄得不好或许会演变成声讨科学的导火索。这当然不是陈的本意，但若变成事实，则是周刊的一大败笔。对于提倡和捍卫科学这个大目标来说，这场辩论的最终结局未尝不是理想的。

总体看来，《现代评论》的科学传播有助于强化科学理念、营造科学氛围、丰富科学知识和培养科学情趣，有助于驱除社会上弥漫的反科学的雾霾。但从报刊业务的角度审视，有的文章偏专业化倾向，抽象理论阐述偏多，读起来不免枯燥。这说明周刊对科学内容的正确定位还未尽如人意，还没有很好地解决专业、科普和舆论导向三者关系。文章的学科分布也有些不平衡，地质、天文、生命科学等不算少，其他学科的内容显得薄弱。另外，历时五年的科学宣传偏于四平八稳，轰动性的、棱角性的东西少，没有形成必要的“热点”。相比之下，此前胡适主编的《努力周报》存续不过一年半的光景，却在科学传播上曾发起过声势浩大的“科学玄学论战”，有力地捍卫了科学的神圣地位。

① 夏晓红．饮冰室合集·集外文（中）［M］．北京：北京大学出版社，2005：1001.

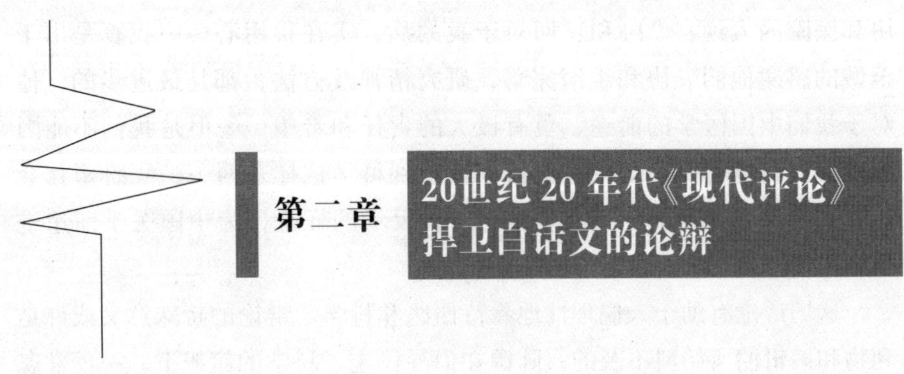

第二章 20世纪20年代《现代评论》捍卫白话文的论辩

自从胡适在新文化运动中举起文学改良的大旗后，白话文的长处和优点很快为人们所接受，地位不断巩固，甚至徐世昌在做总统时还下令废止文言的小学教科书，改用国语课本。① 但反对白话文的势力并没有偃旗息鼓，有时还显得喧嚣。1925 年鲁迅感慨旧文化的卷土重来，“看看报章上的论坛，‘反改革’的空气浓厚透顶了，满车的‘祖传’，‘老例’，‘国粹’等，都想来堆在道路上，将所有的人家完全活埋下去。”② 同年胡适也指出，“有几行省公然禁令白话文，学校也不取做白话文的学生”。③ 1927 年 10 月之际，行将就木的北洋政府垂死挣扎，竟下令“所有国文一课，无论编纂何项讲义及课本，均不准再用白话文体，以昭划一而重国学”。④ 章士钊青年时代鼓吹反清、讨袁，名气很大，但他的文化观却是保守的，对新文化运动抱有很大的偏见。20 世纪 20 年代中期他做了北洋政府司法总长、教育总长后，更是在《甲寅周刊》上频频撰文攻击白话文。1927 年掌权的国民

---

① 胡适．胡适文集（5）［M］．北京：北京大学出版社，1998：579.

② 鲁迅．鲁迅全集（3）［M］．北京：人民文学出版社，2005：22.

③ 胡适．胡适文集（12）［M］．北京：北京大学出版社，1998：579.

④ 周作人．周作人散文全集（5）［M］．桂林：广西师范大学出版社，2009：144.

党所管辖的南方若干省份也上演过“取缔白话”、“祭孔”等闹剧。[①] 面对这种情况，主张新文学，反对旧文化的人士勇敢地站出来捍卫白话文，北京大学教授们的同人周刊《现代评论》就是当时一个重要的舆论阵地。

一、文言文不利于繁荣文化和普及教育

章士钊在1925年8月的《创办国立编译馆呈文》中称，中国自古便是一个出版大国，历代好书层出不穷，可惜白话文把大好形势葬送了：“计自白话文体盛行而后，髦士以俚语为自足，小生求不学而名家，文事之鄙陋干枯，迥出寻常拟议之外。黄茅白苇，一往无余；诲盗诲淫，无所不至：此诚国命之大创，而学术之深忧。”[②] 陈源（署名西滢）在《现代评论》一则《闲话》中指出章氏“实在可笑”，“好像只要大家废止白话，高文典册便可叱嗟而来似的。可是试问在《新青年》提倡白话的前十年里有过什么伟大的作品……这二十年来，有过什么文言著作可以比得上吴稚晖先生的《一个新信仰的宇宙观和人生观》，胡适之先生的《中国哲学史大纲》，梁漱溟先生的《东西文化及其哲学》——都是些白话作品？”[③]

10月章士钊在《评新文学运动》文中指责胡适的讲演《新文学运动的意义》提出旧文学为死文学，乃是煽惑之词：“此最足以耸庸众之听，而无当于理者也。”章氏给“死文学”下的定义为：“凡死文学，必其迹象于今群渺不相习，仅少数人资为考古而探索之，废兴存亡，不系于世用者也。今之欧人，于希腊拉丁之学为然。”[④] 郁达夫在《现代评论》撰文《咒＜甲寅＞十四号的评新文学运动》，对章氏的逻辑提出质疑：“新近出土的古物和一般考古学家所不容易识破的材料……都是死文学，而八股文，五言八韵的试帖诗之类，因为我们现在还认得它们，还读得下去，却都不是死文学了。”[⑤] 章氏还诡称旧时代寒门子弟如“牧童樵子，俱得以时

① 周作人．周作人散文全集》（5）［M］桂林：广西师范大学出版社，2009：315－317.

② 章士钊．章士钊全集（5）［M］上海：文汇出版社，2000：147.

③ 现代评论［J］．岳麓书社，1999年影印版，2（37）：13.

④ 章士钊．章士钊全集（5）［M］．上海：文汇出版社，365.

⑤ 郁达夫．郁达夫全集（10）［M］．杭州：浙江大学出版社，2007：125.

入塾”，学习诗书，靠科举而功名，“自白丁以至宰相，可依人之愿力为之”；及至新学校兴，诗书废，寒门子弟求学之路日难一日，学校成为“贵族教育之所”，其原因尽在于白话文太容易掌握了，有助于“佻达不学者之恣肆”，挤占了聪慧而贫寒的人脱颖而出的机会。① 胡适的讲演本来说得很明白：提倡新文学不仅是“为普及教育的”，也不仅是为读书有兴趣和能看懂读物才呼吁白话文的，若是那样的话“未免太小视白话文学了”，那“并不是新文学运动之真意义”。胡适不同意所谓为“愚妇顽童稚子”做白话文，为有文化的人做文言文，因为其结果反而不利于普及教育：读白话长大的人最终依然读不通文言文，依然不能跻身于“智识阶级”，比不过自小“子曰诗云”的人。总括胡适在多种场合讲过的白话文学的意义，核心思想是反对拘泥于古人和死人，强调语言文字的时代性，“什么时代的人说什么时代的话”，以充满生命力的时代语言行文，以经过洗练的白话文进一步优化日常语言，“国语的文学，文学的国语”，从而繁荣文化，提升民族素质。以僵死的文字做不出好文章，少数穷人科举成名也无法改变整体上劳动阶级没文化的现实，更何况科举恰恰是民族文化复兴的一大障碍。章士钊罔顾事实，拼命为旧文学辩护，结果破绽百出，郁达夫质问道：章氏说前清其乡里“读书识字的牧童樵子，比现在的数目还要多”，意思就是说，前清的教育，比现在还要普及。这句话，大家能够说它不是撒谎么？”②

二、恐“白”症的病因：自私与无知

唐擘黄（署名擘黄）的《告恐怖白话文的人们》一文有理有据地剖析了人们恐惧白话文的原因。文章认为，恐惧者不外乎出于两个原因，一是自私，二是无知。关于自私，擘黄很赞成此前北大教授陶孟和的判断，即白话文打破了那些以文言文为生的人的饭碗，使之不再奇货可居了。擘黄引述陶孟和的话：

---

① 章士钊．章士钊全集（5）［M］．上海：文汇出版社，2002：365－366.

② 郁达夫．郁达夫全集（10）［M］．杭州：浙江大学出版社，2007：126.

“等到白话文风行全国，人人都可以多少用文字发表他的意思，那士的阶级向来所居奇的能力也就无所施其技了……中国文字的通俗化，对于人民一方面是使他们得到一个新的发表意思的工具，几千万以先缄默的人如果学到三五百字就可以发表他们简单的意思，而对于士的阶级一方面正是剥夺了他们唯一的武器。他们所宝贵的奥秘完全为人所吐弃了。老先生们反对白话文不是无意识的，那正是他们最末次的奋斗，他们生命最终的光焰。”[①]

还有的人反对白话文是出于无知。擘黄列举了无知者的种种“误会”，并逐条给予反驳：其一，词汇量不够用。章士钊有意混淆概念，称各阶层人都有各自的“白话”，农牧者虽人数多，但日常词汇又少又简单，若他们的语言写入文章，岂不是白话文越做越干巴？擘黄反驳说：“因为今日的白话文，不过要使文字接近白话。实际上，农牧之白话文接近农牧之言，士大夫之白话文接近士大夫之言；并不是要人人的白话文，都做得与农牧的说话一样。”如此说来，白话文的词汇量，肯定要比文言还要丰富两三倍。[②] 其二，文法呆板。擘黄认为该项指责是“对于白话文完全没有经验的人的话”。他举了很多例子来说明“白话文的文法上变化，全局看，止有比文言多，不会比文言少”。其三，不古雅。擘黄不同意把古雅与否作为标准，“愈古雅则愈模糊，愈‘鄙俚’则愈明白——‘鄙俚’何害？而况白话文并不真是鄙俚哩。”其四，不简洁。擘黄承认他本人也曾担心白话文“冗赘”，但仔细考虑之后，却不加以认同，“因为天下止有用不着东西才是冗赘的”。比如“夜梦不祥”改为“昨夜做一个不祥的梦”，虽添了几个字，却没有一字是多余的，反而更加的明白和准确。擘黄感慨“好文章虽然字数越多而越不冗赘”。此外，白话文中采用了很多白话的“复音字以代文言的单音字”，目的在于“使文字兼诉于耳目两官罢了”[③]，效果更好，故也不能视为“冗赘”。其五，文言、白话势同水火。擘黄认为此种看法是片面的，白话文不仅未曾刻意地回避一切文言文中的字句，实际上还吸取了好多大家都熟悉的字句 。他总结说，白话文与文言文的区别并不在于名词、动词、形容词、副词上，而在于代词、关联词、助词，

---

① 现代评论［J］. 岳麓书社，1999 年影印版，3（54）：4.

② 现代评论［J］. 岳麓书社，1999 年影印版，3（54）：5.

③ 现代评论［J］. 岳麓书社，1999 年影印版，3（54）：6 – 7.

一定程度上文言文是“之乎者也”之文，白话文是“的了么呢”之文。即便如此，白话文也在普遍地使用着“之”、“也”、“者”，也在使用着文言文中使用过的很多成语，如“相形见绌”、“变本加厉”等。其六，灵感缺乏，没有文采。擘黄指出，文章有无文采，与做白话文还是文言文没有必然的联系，反倒是旧文人喜好卖弄玄虚，写出来的文章华而不实。如果以为白话文的摹本就是《红楼梦》、《水浒》更是大错特错，好的现代白话文从词汇、句法、观念、意象、结构及风格等方面，“无论那一件，其繁富变化都非《水浒》、《红楼》所赶得上。总而言之，现在白话文之‘取精多……用物宏’，不特非‘古文’所能梦见，并且也非从前的白话文所能梦见。”①

擘黄讲道理，重事实，语气和缓，一些地方还联系自己思想变化的实际来谈感受。对“自私”和“无知”的总结很到位，也很全面。是一篇很有说服力的好文章。

三、提倡白话文并非源于不擅文言文

《新青年》时代胡适擎起文学改良大旗的时候，有人妄猜胡适动机不纯，说他不擅文言文才来鼓噪白话文的好处。孰料胡适这位留美学生不仅会写白话文，而且文言文也写得很棒，于是攻击者失守了道德制高点。《现代评论》的同人们又一次拿起同样的武器，去论证白话文并非懒汉和笨蛋的最爱。

陈源（署名西滢）在一篇连载的《闲话》中写下了一个断语：

“人们都说白话文好做，古文难做，我总觉得白话文比古文难了好几倍。古文已经是垂死的老马了。你骑它实在是用不着鞭策，骑了它也可以慢慢地走一两里，可是它的精神早就没有了。你如要行数百里，或是要跋涉数千里，那么你就不得不另觅坐骑。白话文是沙漠里的野马。它的力量是极大的，只要你知道怎样的驾驭它。可是现在有谁能真的驾驭它呢？”②

---

① 现代评论［J］．岳麓书社，1999 年影印版，3（54）：8.

② 现代评论［J］．岳麓书社，1999 年影印版，3（62）：11.

陈源的意思很明确，时代在进步，生活日益丰富多彩，旧有的文言文表达形式严重落伍了，远不能满足需要了。陈源的切入点与新文化运动时又有所不同。新文化运动时强调喜欢白话文的人同样写得出来文言文，固然很有说服力，但也容易授人以柄，即写好白话文要以古文为基础。胡适曾出于全面审视传统文化的考虑给青年们开列了一长串的“必读”国学书目，无意中也使守旧者有了新的口实。还有一个因素也容易被人拿来做文章，就是白话文确实不能完全割断与文言文的关系，例如两者动词、名词相同，白话文借用文言文的成语和若干联词、介词等。其实，此类情况胡适等人最初提倡白话文的时候都预想过，也提出了很好的进一步优化白话文的办法：既在现实生活中寻求活的语言，也吸取外国文学名著的营养。陈源的文章正是对胡适原有主张的进一步发挥：强调白话文比文言文更难做。陈源认为，中国老百姓几千年来的语言中“实在有许多很优美的达意表情的字句”，但长期以来“语”和“文”是分离的，好的白话没有及时地化为文字，没能推广普及开来，“语”和“文”之间没有形成良好的互动。所以难免落入“白话文不得不采用文言的字句”的尴尬，也遭到守旧者“总之非读破万卷，不能为古文，并不能为白话”的奚落。[①] 陈源看不起“线装书”，称“读破万卷书的人，不一定能做古文，也不一定能做白话”，因为“一个潜心故纸堆里的学者，不一定有充分的表现力”，“反过来，会做文章的，也不一定要读破万卷书”。陈源还引用了泰戈尔访华时劝人少读书，多游山水，到自然里去找真、找善、找美、找人生的意义、找宇宙的秘密，用以告诫人们若掉进古书堆里，即便“读破了万卷书，他的一点独得的小气也就压在万卷书的底下了”。陈源还大段地摘引了胡适在《<老残游记>序》的话，证明浸润于古书中是不利于写出好白话文的。胡适在书序中感慨，之所以中国旧小说描写景物的好文字极为缺乏，一是在于旧文人多足不出户，缺少对山川草木的实地观察和感受；二是中毒太深，古书里大量华而不实的有关景物的骈文诗词禁锢了想象的翅膀，人们跳不出古人的窠臼，索性照抄了事。陈源的意思很明确，即文言文实在催生不出好的白话文。这和钱玄同的看法很相似。1925 年钱玄同告诫

① 现代评论［J］. 岳麓书社，1999 年影印版，3（62）：9.

说，胡适、梁启超的白话文比一般人写得好，并不是“因为他们古书读的很多”，而在于熟读了白话的古典小说；而他们的白话文之所以还有种种瑕疵，恰恰是因为“深受古文的束缚”、“古书读得很多”的缘故。①

陈源还强调新文化运动以来的文学成就是与外国文学影响密不可分的。他说，搞文学当然要靠读书，但恰恰不是去读中国古书，而只能是外国书，因为外国书“特殊的精神还是在尊自由，重个性，描写自然，实现人生”。他还告诉读者：

“中国的新文学运动，方在萌芽，可是稍有贡献的人，如胡适之、徐志摩、郭沫若、郁达夫、丁西林、周氏兄弟等都是曾经研究过他国文学的人。尤其是志摩他非但在思想方面，就是在体制方面，他的诗及散文，都已经有一种中国文学里从不曾有过的风格。”②

在另一期的《闲话》中陈源强调徐志摩取得文学成就是和引进、借鉴外国文学分不开的：

“他的最大的贡献在他的文字。他的文字是受了很深的欧化的，然而它可不是我们平常所谓欧化的文字。他的文字是把中国文字，西洋文字，融化在一个烘炉里，炼成的一种特殊的而又曲折如意的工具。它有时也许生硬，有时也许不自然，可是没有时候不流畅，没有时候不达意，没有时候不表示它是徐志摩独有的文字。”③

陈源把徐志摩抬出来说事，看似有些吹捧和溢美，但实际上徐的文学天才和成就也受之无愧。陈源对线装书的看法，或许有些偏颇，但他的意思是古书代表着“死文字”，近代外国文学是“活文学”，代表着时代性和生命力，是刚刚起步的中国白话文借鉴的主流。这，大概是不错的。

四、结语

总体看来，《现代评论》为了捍卫白话文的成就和地位而进行的宣传和报道是很成功的。无论是组织起来的文章的数量，还是文章选择的论述

---

① 钱玄同．钱玄同文集（3）［M］．北京：中国人民大学出版社，1999：298.
② 现代评论［J］．岳麓书社，1999 年影印版，3（63）：12.
③ 现代评论［J］．岳麓书社，1999 年影印版，3（72）：9－10.

角度，以及所提出的观点和使用的材料，都是经得起质疑和推敲的，说明编辑者对问题的重视和筹划宣传所花费的心血。

提倡白话文，是《新青年》时代最重要的诉求之一。所以《现代评论》捍卫白话文地位的论辩，实质上就是旗帜鲜明地捍卫新文化运动的精神和成就，也是中国处在文化变革和倒退十字路口之际以北大教授为主体的同仁们一次理直气壮的集体发声。白话文的意义首先在于它是一种与时俱进的传播载体和工具，方便生活，方便受众，促进交流。特别是在近代中西交流、追求现代化的大背景下，白话文对于促进国人打开眼界，走向世界，探寻真理，追赶时代和进步的大潮均具有重要的意义。提倡白话文是一场思想解放，同样的，捍卫白话文也是新形势下的思想解放。《新青年》时代提出的白话文原则，如不模仿古人、不无病呻吟、不要烂调套语等，实质上反映的是独立的意识、老实的态度、科学的精神。同理，《现代评论》再次向世人重申和强化了这一可贵的思想主张，而在一个具有两千多年专制传统的国度里要建设现代民主与法治社会，白话文的价值或许还包括唤醒人们的主体意识和尊严。包括《现代评论》在内的社会舆论界的呼吁在缓慢地发酵和生效，1930 年初国民政府教部下令中小学厉行国语教育，禁止采用文言教科书，而教部的文件用的就是白话。① 1934 年胡适给《大公报》撰文《报纸文字应该完全用白话》欣慰地指出了几年来报纸上标点符号已经普遍使用，白话文章进一步增多。他称赞福州的政府公文通用白话和标点符号。他也希望报纸能进一步“白”起来，新闻和电稿也用白话。② 21 世纪的今天，作为日常传播载体的文言文已经退出了历史舞台，但由于一些原因，某种意义上的现代“文言文”，即套话连篇、了无新意的文章还有回潮之势。这时我们重温白话文运动的历史，或许会引发一些深层次的思考。

① 胡适．胡适日记（5）［M］．合肥：安徽教育出版社，2001：660.
② 胡适．胡适文集（5）［M］．北京：北京大学出版社，1998：386.

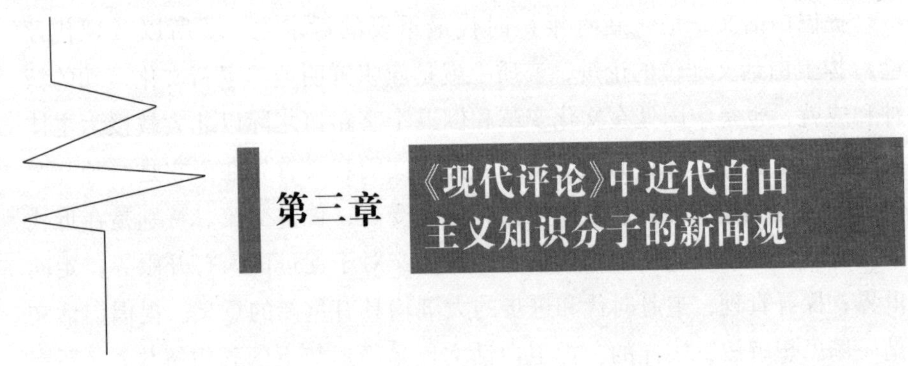

第三章 《现代评论》中近代自由主义知识分子的新闻观

《现代评论》是20世纪20年代中后期以北京大学自由主义知识分子为主体的教授们的同人期刊，其有关新闻理论和新闻现实的论说性文章总计有20余篇，涉及国际新闻报道、外国在华媒体作用，以及民族报业和新闻自由与新闻业务等诸多话题。它系统彰显了自由主义知识分子的新闻理想，也反映出反侵略、反专制的鲜明政治立场。

一、对国际新闻的重视

关于中国报界对待国际新闻报道的态度及读者相关反应，陈源（西滢）揭示说，虽然报刊上并不缺乏国际新闻报道，但往往内容失真，不受读者欢迎，原因在于报馆舍不得花钱聘用懂外文的编辑，只是廉价转载其他媒体的消息，[①] 难免不辨真伪，贻笑大方。《现代评论》为了让国人了解真实的外部世界，并树立起了解国际事务的紧迫感和良好习惯，很重视国际时事评论，编辑们利用自身外文好的优势，直接从外文报纸上获取新闻来源，再进行评说。陈源提请人们注意一种令人担忧的苗头：反帝运动风

① 现代评论［J］．岳麓书社，1999年影印版，1（11）：20.

起云涌之际，有的青年人摆不清反侵略和学习、借鉴世界先进文化的关系，不屑于了解外部世界，甚至把中国千百年来根深蒂固的政治腐败不分原委地归诸于外国。可想而知，在这种情况下加强国际新闻报道就有着多重意义。同理，积极开展国际新闻报道特别是客观评论外国事务，其所面对的压力，尤其是来自一部分激愤有余、冷静不足的青年群体的压力，也是不言而喻的。

《现代评论》国际新闻报道所采用的文体，最多的是时事短评，很多时候每期都有，有时还不止一篇；其次是时事评论，往往针对重大的国际新闻事件进行较为深入和全面的评述。国际新闻报道涉及政治、经济、文化、教育等众多领域和美、苏、法、英、日、德等重要国家。作者差不多都是北京大学学识渊博、具有留学背景的学者与教授。文章的观点往往不尽相同，甚至还有截然相反的。如此安排，反映了刊物为打开人们的眼界，尽可能全面地报道世界大事，也说明刊物须照顾到同人们各自观点的自由表达。

二、对外国媒体的借鉴与批判

《现代评论》高度关注在华的外国媒体，意在提醒国内新闻界下大力气了解外国媒体对华宣传的特点、动机和先进的经营管理经验。王伯衡在《中国之西字报纸》文中一针见血地指出，外国媒体的本质在于为其在华利益服务，“各依其本国对华政策定其办报之方针，或就殖民主义发表言论，或就帝国主义大放厥词，要不脱侵略政策各为其本国谋利益”。[①] 陶孟和的《宣传》一文揭露五卅运动中外国媒体颠倒是非，恣意炮制“新闻”并向全世界传播的不光彩做法：“即如此次沪，汉，广州诸事件，与各处人民爱国的运动一切消息要经路透社的炮制传递到世界各处，要经日本各通讯社炮制传递到日本各处。‘暴徒’、‘暴动’、‘赤化’、‘排外’、‘义和拳’无论什么名称任凭他们叫唤，我们束手无策。我们虽然也曾发表宣言，通电外国，暴露真相，但是那个功效如何比得过一个普遍全世界的通信机关?”文章认同罗素所说：“中国国外没有电报通讯社，所以中国以外

① 现代评论［J］．岳麓书社，1999年影印版，第二周年纪念增刊：92－93.

的世界所得到关于中国事情的消息，总是于中国的仇敌有利的。”① 一封读者来信揭露日本人的《盛京时报》的立场及其野心：“该报向来受日本驻奉总领事署的指挥，专以外交手腕挑拨中国内乱为目的，对于日本侵略东省政策，维护粉饰，无所不至。”②《现代评论》对外国新闻媒体的本质保持着比较清醒的认识，反映出鲜明的爱国主义立场。

《现代评论》并不以外国媒体的政治态度而拒绝研究其业务成功的原因和经验，而是敢于正视外报的业绩，细心探寻和总结其有益的做法。《东三省的报纸》一文称中国东北地区的日本媒体“心思之周密，手段之高妙，也就真能令人望而生畏了”。③ 评语实事求是，却饱含无奈和辛酸。王博蘅很详尽地总结了《字林西报》成功的经验：第一，政治上有后台，上海租界工部局做后盾，“非特经济上随时以各种名称补助，即工部局如有公文或消息发表时，均交由字林西报登载，而字林西报之编辑部，与工部局之当事人亦莫不息息相通，互相联络。是以字林西报为非正式之上海工部局机关报”。第二，注重报纸内容，加强“通信员”队伍建设。《字林西报》创办六十年来蒸蒸日上，“其内容之刷新，当为销行远大之主要原因……其最为特长之处，则为中国内地之通讯。凡内地设有教会之处，即有字林西报之访事员”。第三，重视人才，舍得花钱招揽能干的媒体才俊，“字林西报罗致人才之力，尤为余报所不能及”。第四，报馆主持人至为关键。《字林西报》主笔葛林氏“思想能与时势以俱新，交游甚广，作评论能恰到好处，惟好酒，终日豪饮而不乱公务，盖亦一奇才也”。④ 从政治靠山到能干的主笔，从内容建设到网罗人才，分析到位，总结全面。

《现代评论》对方兴未艾的“通信社（通讯社）”这种媒体形式高度关注，认为国际间的交往越来越密切、频繁，人们对新闻信息的需求也越来越迫切，通讯社在新闻报道中的作用日益凸显。皮皓白撰文《国际新闻通信事业的组织》对世界几种类型的通讯社的特点、功能及利弊作了划分和阐释：第一种：通讯社和报馆之间彼此独立，只存在简单的买卖关系，

① 现代评论［J］. 岳麓书社，1999 年影印版，2（32）：10.

② 现代评论［J］. 岳麓书社，1999 年影印版，4（84）：19.

③ 现代评论［J］. 岳麓书社，1999 年影印版，4（84）：20.

④ 现代评论［J］. 岳麓书社，1999 年影印版，第二周年纪念增刊：93 - 94.

好处在于报社无从掣肘，有助于提高效率。弊病在于新闻价值较高的消息往往会因报馆拒绝高价格而难以面世，且由于内部财务状况不透明，容易招致人们对其是否接受了政府或资本家津贴的怀疑。第二种，股份公司性质的通讯社，各报社是股东，有发言权，大股东话语权更大。此种通讯社既可以保证效率，也可以对通讯社和报社间的矛盾进行必要的调节。此类媒体与政府关系往往并不单纯，如路透社和唐宁街即有很深的渊源。第三，各报社联合组建而成的通讯社，以美联社为代表，其实质为“新闻的生产消费合作社”。此类通讯社经费有保障，可以和政府及商界保持距离，从而避免受人“津贴”之类的怀疑；可以避免同业间不必要的竞争；可获得新闻交换的最大利益。在作者眼里，美联社是“现今通讯社中组织最完备者”。第四种，与前三种截然不同，最典型的便是前苏联国营的塔斯社。前苏联的新闻事业的理论基础在于强调新闻具有公益性。文章对前苏联的情况仅仅是一笔带过，并未就这种“国家独占主义的通信社”是否适用于其他政治制度的国家展开讨论。[①]《现代评论》的意图是很清楚的，强调在与外国进行舆论战必须重视通讯社的作用：应搞好国际公关，“结纳现在的大通讯社”；办好中国人自己的通讯社，为国际传播服务，“由政府或私人自设通信社报告自己的消息”，“现在英国正在设法压伏我们的民众的爱国运动，保存并且发展他的侵略政策的时候，我们要防备他这样在中国，尤其在美、法、日及其他各国的宣传”。[②] 民族报业在国际竞争中处于弱势地位固然有很多外部原因，但与此前新闻界自身对通讯社认识的滞后性也分不开，所以有关论述对转变观念是有积极意义的。

二、对新闻自由的矢志追求

《现代评论》非常推崇西方的新闻理念和新闻价值观，不遗余力地向国人进行宣传。其现实针对性是很明确的，即反对军阀政府的专制统治，反对当局对于言论界的打压政策，也反对社会上某些看起来有违新闻自由

① 现代评论［J］．岳麓书社，1999 年影印版，第二周年纪念增刊，第 102 – 104 页。

② 现代评论［J］．岳麓书社，1999 年影印版，2（32）：10 – 11.

理念的行为。有的文章重在理论阐述，有的则重在现实批判。

陶孟和的《言论自由》等文章偏重于理论阐释，他强调世间没有全能的政府，政府存在的意义在于为人民谋利益，政府不可能没有过错，人民也并非都是愚不可及的“阿斗”，“言论自由便是每个公民所应有的权利”。针对当局诬称批评言论是“推翻政府”，陶氏“推测有两个理由：不是政府自认为全能全知，便是政府所谋的不是人民的利益”。作者借拿破仑、沙皇及袁世凯以“治安”为幌子取缔言论自由，反而加速灭亡的史实，告诉人们只有舆论自由，才有长治久安。“用限制自由，剥夺自由的方法以保全治安，已经变成了不治安。政府有可以受指责的地方便好似政府有了破绽。政府可以觉察自己的破绽，可以有机会去修补那个破绽，那正是他的幸福，正可以保持他的永久的存在。”①

段祺瑞“临时执政”时期，虽然总体上舆论界的自由度要明显好于袁世凯时期，但军阀们为了一己私利，对报界仍然十分敌视，以至扣押报刊、查封报馆、拘禁记者的事情时有发生。《现代评论》每每在事件发生时都能站出来讲话，抗议军阀暴政，传播新闻自由的理念。《现代评论》在抗议报道中所阐述的立场包括：第一，依法捍卫自身的权益。一则短评抗议扣押《现代评论》，称依照当下实行的《出版法》，任何报刊创刊只须事前“禀报”警察部门即可，无需批准，故警方责难《现代评论》“出版不曾经警厅批准”是荒谬的。短评尖锐地质问：“《出版法》已经是一种苛刻法律，倘执法的人还要于法律以外，摧残言论，北京怎会还有言论!”短评警告说，政府处于“四面楚歌不可终日的局势之下”，本应积极地“去做几件差强人意的事体，以缓和舆论，却只消积极的向压迫民众的方面做工夫，我们固然自危，同时我们也就要为政府诸公危了”!② 第二，为新闻界伸张正义和人权。时事短评《人权的保障在那里?》针对北京的一名记者被抓往天津一事，震惊于“地方军阀”公然在首都“擅自拘捕新闻记者送押京外”。短评厉声喝问：“报纸不敢说话，政府置若罔闻……执政府纵不重视人权，不爱惜言论出版自由，独不要维护中央政府自己的权威

① 现代评论［J］. 岳麓书社，1999年影印版，1（19）：6.

② 现代评论［J］. 岳麓书社，1999年影印版，1（16）：2－3.

吗?"[①] 高一涵不满意冯玉祥的国民军控制下的北京当局只对“本党或友党所办的报纸”宽容，“对于异党或超然派的报纸，其压迫的程度，不见得就比张作霖吴佩孚时代好得多少”。[②] 高一涵在《革命军与言论自由》文中希望“以革命军自命的国民军，以后不要以势力压迫言论自由，应当以法律保护言论自由；并希望以后不单是尊重本派报纸的言论自由，并应当尊重异派甚至于敌派报纸的言论自由”。[③] 第三，要求废除钳制言论的“恶法”。北京大学法学教授王世杰呼吁废止《管理新闻营业规则》等“恶法”：尽管饱受诟病的《出版法》‘日前已经明令禁止’，但《管理新闻营业规则》比《出版法》还坏，创办媒体竟要警厅‘核准’，手续异常繁琐，对媒体人资格的规定也极尽刁难，故应尽速废除。[④]

1925 年 11 月 28、29 日连续两天北京爆发了大规模的群众游行示威活动，矛头直指军阀统治者，策应南方已形成的国民革命高潮。但游行示威中出现了暴力焚烧《晨报》报社事件，令《现代评论》极度反感，刊登出好几篇文章给予谴责。谴责的理由只有一个，即焚烧事件侵犯了他们孜孜以求的言论自由理念，不能容忍。《晨报》一般被认为是属于梁启超及其研究系的，其言论体现的是拥护宪政、反对军阀专断的政治立场。《晨报》曾经开辟过苏俄问题的专门讨论，所刊文章多数指斥前苏联对华政策具有帝国主义色彩。不喜欢前苏联，特别是厌恶其损害中国国家利益的外交政策，大概是当时不少自由主义知识分子的共识。于此看来，焚烧报社的针对性就很明显了。但《现代评论》认为，无论何种政治诉求都属于言论层面的事，而新闻自由的原则正体现在允许和保护不同意见。一则时事短评谴责“为善不足，为恶有余的段政府”，肯定群众示威是“对于段氏和他的部下同恶的人们当然应有的表示”，同时也批评焚烧报社的行为：“在示威运动里大声疾呼的要求言论、结社、集会的自由，同时便自己用暴力去破坏言论机关，这真是矛盾之极呵!”[⑤] 燕树棠的《爱国运动与暴民运动》

---

① 现代评论［J］. 岳麓书社，1999 年影印版，2（39）：3－4.
② 现代评论［J］. 岳麓书社，1999 年影印版，3（64）：4.
③ 现代评论［J］. 岳麓书社，1999 年影印版，3（64）：4－5.
④ 现代评论［J］. 岳麓书社，1999 年影印版，3（61）：6.
⑤ 现代评论［J］. 岳麓书社，1999 年影印版，2（52）：3.

呼吁划清“爱国运动”和“暴民运动”的界限，“我们希望国人努力继续爱国运动，极力反对暴民运动。”① 言论自由是自由主义知识分子所追求的基本权利之一，他们对于来自任何方面践踏新闻自由的行为都表现出不能妥协的决绝姿态。

四、对民族报业的反思与期待

基于维护国家主权、民族独立和捍卫新闻自由，《现代评论》对民族新闻事业进行了较为深刻的反思和总结，提出了健全舆论、陶冶国民素质的应对措施。

新闻界有的言论违背新闻伦理，滥用“自由”。王世杰的《对于中国报纸罪言》认为，和英、美等国相比，一方面中国新闻界的自由往往被束缚和扼杀，另一方面却有许多报刊存在着“自由”过度的现象。军阀政府对于报界违反公安、损害个人名誉以及妨害社会风纪的惩治规定不可谓不严厉，但在实际执行上却只盯着所谓“妨害公安”的内容，对其他两项反倒听之任之。报界慑于淫威，一方面回避敏感的政治话题，一方面津津乐道于他人隐私和低级趣味，官方对后者听之任之。② 王世杰从“传闻”、“事实”、“更正”、“广告”、“函件”、“匿名”、“批评”、“诲淫”、“诲赌”等九个方面，结合国外做法和国内生活实例，站在法律的高度很详尽地展开论述和分析，提出了净化报界的具体建议。其目的如所说：“《现代评论》出版已经一年了，他在这一年，虽不能说已经做到了上面所述的各种理想标准，可是他总算努力向那些标准做去。西方政谚有云：怎样的一个民族，就有怎样的一种报纸。这话如果属实，中国报纸的种种弱点，便是中国国民性的表现。我盼望《现代评论》的同仁，继续努力，能为中国报纸或民族争一点体面。”③ 对于有些报刊对权贵丧失气节，阿谀逢迎，有些则明哲保身，不敢披露真相，《现代评论》进行了不客气地揭露和批评：“最糟糕的是政府党的机关报，最令人肉麻的是替政府捧场的言论……就

---

① 现代评论［J］. 岳麓书社，1999 年影印版，2（52）：6.

② 现代评论［J］. 岳麓书社，1999 年影印版，第一周年纪念增刊：2.

③ 现代评论［J］. 岳麓书社，1999 年影印版，第一周年纪念增刊：8.

是十分麻木的人，也要叫你浑身上下的皮肤一阵阵的乱皱。”①

《现代评论》强调媒体的社会责任和自身素养问题。社会风气的好坏，根本在于制度的设计和建构，但强化媒体责任和素养，保持正义和良知，也是不断推进近代社会由沉沦中振作，呼唤民族从迷醉中奋起的重要保证。署名华声的《闲话》针对上海某报格调低下，“注重奸杀两件事”，阐述新闻事业的崇高使命：“新闻事业本系公益事业，对社会负有重大指导的责任。若是它利用个人的弱点，借着奸淫杀伤抢劫的故事，多卖几份报纸，那么，它就完全违背了对社会应负的义务。”文章承认中国社会状况还很不好，但也并非乏善可陈，报界负有营建良好社会风尚的责任：“难道说除了杀人放火奸淫抢劫的事情以外，就没有好一点的事情可以登载了吗？上海某报这样妨害社会公共精神的卫生，实在有忝新闻职业的使命！”②《闲言》不“闲”，立意很高，切中时弊，《现代评论》强烈的社会责任意识可见一斑。

五、结语

《现代评论》对此前的《新青年》和《努力周报》既有继承，又有发展。《新青年》最初几卷每期均辟有“国外大事记”栏目，点评国际大事，后终止此栏目。《现代评论》的国际时事报道则始终在坚持，影响之大不言而喻。对外国新闻事业的关注，《新青年》和《努力周报》的文章数量远不及《现代评论》。在传播和捍卫新闻自由方面，《新青年》和《现代评论》既阐发原理，也抗议当局打压言论，并呼吁废止钳制言论的“恶法”，表现出理性、执著和勇气。此外，《现代评论》有关媒体社会责任的阐述有的放矢，对外国媒体的认识冷静而客观，在当时具有较强的现实意义。总体来看，在新文化运动的基础上《现代评论》同人们的新闻追求更加丰富、深刻，也更加理性。

---

① 现代评论［J］. 岳麓书社，1999 年影印版，4（89）：8.

② 现代评论［J］. 岳麓书社，1999 年影印版，7（161）：7.

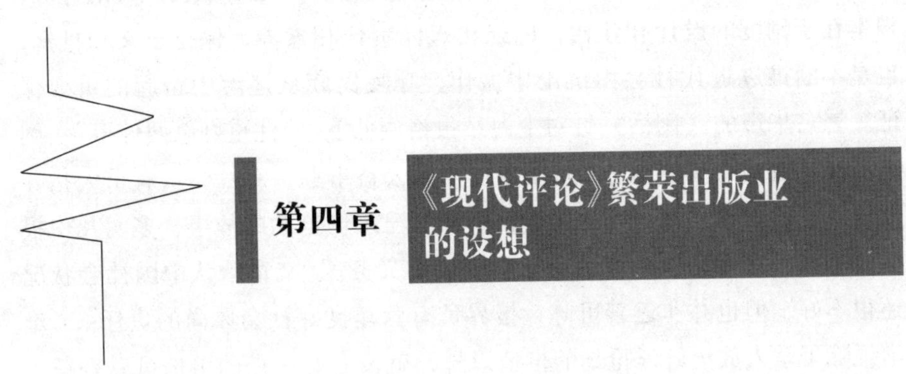

第四章 《现代评论》繁荣出版业的设想

一、对出版现状的总体看法

从《新青年》创办到《现代评论》时期，新文化运动已持续了十余年的光景，出版界为之付出了很大的努力，但社会舆论对出版界的批评却一浪高过一浪。1919 年作为北京大学学生的傅斯年在其主编的《新潮》上撰写《出版界议》，不留情面地说："今日中国出版界暗淡极矣。有价值之作，能有几何？所累出不穷者，皆不堪寓目者耳。"[①] 1925 年《现代评论》载文《对于现在出版界之批评》称：各类报刊、书籍"汗牛充栋"、"斑驳陆离"，"但仔细考究起来，真正有价值的，真是天上的晨星，空谷足音罢。"[②] 北京大学教授陈源（西滢）对比讲述了一个令人心酸的事实：全世界每年出版的书籍约有 10 万部，其中属于"杰作"的不超过四百种；中国每年大概出版新书不超过两千种，其中精品大概不超过五种。[③]

① 傅斯年．傅斯年全集（1）［M］．长沙：湖南教育出版社，2003：111

② 现代评论［J］．岳麓书社，1999 年影印版，2（31）：15.

③ 现代评论［J］．岳麓书社，1999 年影印版，3（71）：8－9.

事实上出版界也并非无所作为，以规模较小的亚东图书馆而言，1919年至1928年间出版的近百种图书中的精品就相当多，如胡适、陈独秀、陶行知等人的文集，康白情、汪静之等人的新诗集，新式标点的中国古典名著等。① 即便陈源在抱怨精品太少的同时，也披沙拣金般地找出了胡适、鲁迅、顾颉刚、吴稚晖、郭沫若、郁达夫、徐志摩、杨振声、丁西林、冰心等作者的十余本他认为出版界拿得出手的好书（剧本）。②

当然，出版界自身确实存在着诸多缺点和不足。即如商务印书馆，面对着新文化运动的磅礴大潮，深感难以完全适应新形势的挑战，编译部主任高梦旦就是在这种形势下很有自知之明地举荐胡适接任自己的工作。本着“一时高兴来看看”的胡适1921年夏天特意从北京跑到上海的商务印书馆，呆了两个月。随着对馆里情况的不断熟悉和深入了解，胡适也发现了不少问题：“馆中最大的弊是不用全力注重出版而做许多不相干的小买卖。”③ 胡适荐举王云五接替高梦旦，而王走马上任即着手出版学者们的著述，学术丛书出版工作的局面迅速改观④。所以说，《现代评论》等舆论界所发现的问题，有许多应该是出版界已经认识到的，有的则属于正在采取措施去解决的。此外，出版物遭人诟病的社会因素也很多，如学风等问题则非出版界所能左右。

二、对出版领域具体问题的评析

《对于现在出版界之批评》一文指出了出版领域诸多问题。许多著作选题避重就轻，对很多有研究价值的社会问题视而不见，却津津乐道于男婚女爱。一些人学识积累不够，偏要著书立说，东抄西抄，玩弄概念游戏。⑤《出版界的怪事》一文特意对两本新闻学书籍的章句比较，发现“至少十分之七相同”。⑥《翻译》一文感叹“近来国内翻译的东西真是糟到不

---

① 汪原放．亚东图书馆与陈独秀［M］．上海：学林出版社，2006：274－277.

② 现代评论［J］．岳麓书社，1999年影印版，3（71）：8－10；3（72）：9－11.

③ 胡适．胡适日记全编（3）［M］．合肥：安徽教育出版社，2001：386.

④ 王云五．《岫庐八十自述》［M］．上海：上海人民出版社，2007：58－59.

⑤ 现代评论［J］．岳麓书社，1999年影印版，2（31）：15.

⑥ 现代评论［J］．岳麓书社，1999年影印版，1（25）：15.

成样子了"，"许多人听见了翻译的东西就头疼。碰见了翻译的东西就丢得远远的"。

什么原因导致问题丛生呢？首先是社会责任意识的普遍丧失。《翻译》揭露说："只要你高兴译，有的是日报杂志替你登载，有的是名流替你作序，有的是学会替你保镖，有的是大书馆替你发行，你利用我，我利用你，彼此名利双收，又何乐而不为呢？好在丢脸，吃亏的是中国学术界，倒霉上当的是好学的青年，于他们没有什么相干！"① 其次是社会性的浮躁心态。陈源着重指出不劳而获心理的影响："现在的社会是不是鼓励人们用脑筋的社会？社会的种种方面，总是用心用力的役于人，不用心不用力的役人；心力用得愈多得的得到的报酬愈少，心力用得愈少的得到的报酬愈多。那么著述界又哪能得特别的立异。"② 第三，学术领域发展失衡。题为《社会科学界与出版界》的读者来信称，近代社会科学传入中国已有十余年了，"国内对于社会科学的刊物很占少数。至于坊间关于社会科学的名著，更不多见。各中等以上的学校，关于社会科学的用书，非采用外籍不可，不然便无所施教"。作者呼吁"一般富有社会科学研究兴趣的同志们，大家联合起来，快从事于社会科学出版事业"。③ 显然，一个重大的学术方面——社会科学被人忽视，未形成必要的研究高潮和成员众多的研究队伍，甚至连相关的教材国人都不能编写的情况下，期盼着出版界全面欣欣向荣也是不现实的。第四，不合理的教育体制和政治气候对著述质量的影响。陈源提到，中国的大学里远没有形成学术研究的良好风气和激励机制：一般大学里薪金低微且经常拖欠："教员们妻怨子号，负债累累，忠厚的整日为柴米蹙眉，聪明的东兼差，西兼课，惶惶然到处奔波。在这样状况下，温习故业已经不可能，怎样会望他们阐发新知，获什么心得呢？"关于政治因素的影响，他认为大学不再是圣洁而庄严的探讨真理的地方，"因为政治的腐败，教育状况的不安宁，学校渐渐失了讲学的风气"。④ 第五，社会效益被忽视。《出版界的根本问题》一文毫不留情地把矛头对准

---

① 现代评论［J］. 岳麓书社，1999 年影印版，1（25）：14－15.

② 现代评论［J］. 岳麓书社，1999 年影印版，2（50）：9－10.

③ 现代评论［J］. 岳麓书社，1999 年影印版，5（117）：19.

④ 现代评论［J］. 岳麓书社，1999 年影印版，2（37）：14.

了商务印书馆和中华书局，抨击其只赚钱，不问社会效益，“出版家的主义——发财主义一日不改，出版物的成色万难改良。他们的目标专于发财，只若是生财大道，任何卑鄙手段都可以取，任何芜滥译著都可以印。”书商最热衷的是印制商品的包装、广告，以及翻印古书和影印字画，此外也喜欢出版中小学教材，而学术书籍“也只为装点门面而已”。如果书稿作者“有来头儿”，属于书商“所畏惧，所巴结”的人，则优先给予出版。劣质教科书能流入市场靠的是花钱堵住主管官员的嘴，“定期或不定期给他们送干薪或干礼。”① 第六，不尊重市场规律。《著述的稀少》一文从受众需求特点考察，认为即便“专门科学的著述”，如果可读性不强，“死板板的”，也不会有销路。同样是学术书，威尔士的《世界史》、房龙的《人类的故事》因生动有趣，才成为畅销书。② 陈源指出，中国侵犯版权现象十分严重，出版商不仅毫不顾忌地翻译出版外国书，对中国著述人的利益也不手软，如以“小说选”的名义，擅自把胡适、鲁迅、郁达夫等人的作品“选”出来结集出版。陈源对此深恶痛绝：“蠹虫不除，著述界是不会有健全的希望的。”③

三、繁荣出版业的设想路径

《现代评论》积极为出版业健康繁荣献计献策，一是打破垄断，二是开展学术批评。有的文章建议：兴办大规模的出版公司同商务印书馆和中华书局抗衡；礼聘学者撰写好书，重金收购好书稿；创办专业出版社同大书商竞争；设立发行事务所，负责接收稿件，帮助委托印刷企业安排后续事宜。着眼点在于增加著作者的收入，激励其积极性，促进更多好书问世。④

《现代评论》在书评方面所下工夫是值得称道的。据不完全统计，《现代评论》的书评类文章总计约七八十篇。一封读者来信不满“国内缺乏专

① 现代评论［J］. 岳麓书社，1999 年影印版，2（41）：14－15.
② 现代评论［J］. 岳麓书社，1999 年影印版，2（46）：19－20.
③ 现代评论［J］. 岳麓书社，1999 年影印版，2（48）：14－15.
④ 现代评论［J］. 岳麓书社，1999 年影印版，2（41）：16.

做书评的出版物”，导致建设性指导的缺位。上海圣约翰大学一位读者来信，希望“今后遇着机会，多做些批评和介绍中西书籍的功夫，使读者有鉴别真伪的文艺作品的机会，吸收些新鲜而康健的文艺空气”。[①]《现代评论》书评的作者包括学界领袖胡适、现代评论社主编陈源、著名小说家郁达夫，以及其他学者和专家，阵容强大而严整。书评关注的对象包括各类教材，也有译诗和古书新编，涉及文学、哲学、经济学、地理学、史学等诸多领域。被评论的作者有名不见经传和文名初起者，也有成就显著者。批评家们多数是给著作挑毛病，也有正面褒扬和倡导的，如胡适评价顾颉刚的《古史辨》（第一册）：“是中国史学界的一部革命的书，又是一部讨论史学方法的书。此书可以解放人的思想，可以指示做学问的途径，可以提倡那‘深彻猛烈的真实’的精神。”[②]

书评本着实事求是的原则和态度，就事论理，对事不对人，如同《结社出书与书报评论》一文指出的：“批评家最不可少的是同情的精神与商榷的态度。批评的目的在于求艺术之完美，是非之辨明，不在暴人之短，炫己之长……凡是生在同一时代的人都当互相勉励，不必有意气之争。一染意气，批评立即流为辩护与攻讦；辩护与攻讦二者都足可以隐蔽实情，毫无实益。”[③]《现代评论》还安排有批评和反批评，编辑部有时也走向前台充当裁判，以明是非。

有的书评在理论层面上探讨如何提高翻译著述的水平，尤以丁西林（署名西林）的《国粹里面整理不出的东西》见解深刻而独到。丁时任北京大学教授，虽然是自然科学出身，但文字天分很高，曾任《现代评论》编辑。针对语言学家赵元任的译著《阿丽思漫游奇境记》，他比较系统地提出了翻译主张：第一，关于译本选择的原则，译者必须是在吃透原著的前提下，才能决定是否翻译。[④] 第二，推崇“神译”。他对翻译界长期以来所秉持的“直译”和“意译”二原则给予充分肯定，但认为仅靠这两个原则又不够用。他概括赵元任的翻译风格为“神译”，高度赞赏，认为当下

---

① 现代评论［J］. 岳麓书社，1999 年影印版，2（44）：20.
② 现代评论［J］. 岳麓书社，1999 年影印版，4（92）：14.
③ 现代评论［J］. 岳麓书社，1999 年影印版，2（39）：21－22.
④ 现代评论［J］. 岳麓书社，1999 年影印版，1（16）：13－14.

没谁能超过。第三，最高境界应是“魂译”。丁氏感到《阿丽思漫游奇境记》的翻译也未臻于完美，唯有“魂译”才是最高境界的攀梯。他形象地比喻说，“这魂译法就是把一本书的味儿都吞下去，把全书从头至尾全忘了，然后把这味儿吐在你的墨盒子里面，用里面的墨汁写出一本书来。”①“魂译”堪称是在充分吃透、消化原著及准确把握作者心灵后的一种自然流淌，是译者和作者间最成功的心灵沟通和最高度的精神叠合。

《现代评论》是在胡适的支持下，由北京大学教授为主体的自由主义知识分子在新形势下启蒙、论政的舆论阵地。撰稿者们旨在推进启蒙和现代化，对出版事业繁荣与建设的观察、思考是深刻和有预见性的。中国出版事业能在艰难曲折中不断行进，是与自由主义知识分子报刊的批评、帮助和监督分不开的。当年风云激荡，越来越多的人对启蒙的手段和效果产生怀疑，不断远离改良的阵营。历史已经证明，社会改造的力量是多元的，启蒙并未过时，现代化任重道远。《现代评论》所阐释的自由主义知识分子出版观自有其历史的地位和价值。

① 现代评论［J］. 岳麓书社，1999 年影印版，1（16）：15.

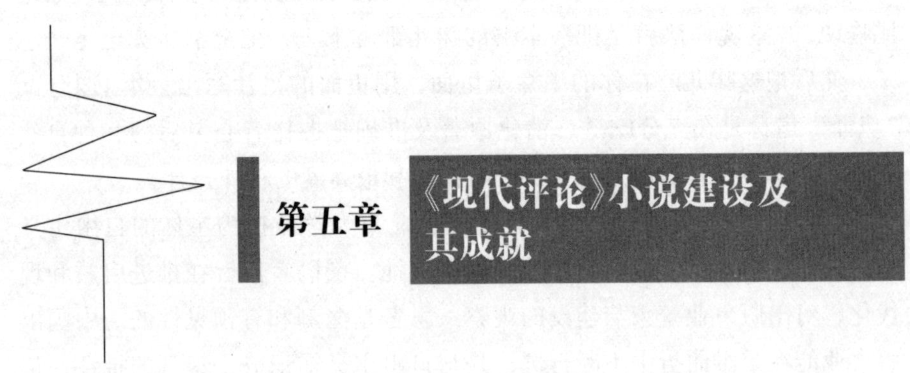

第五章 《现代评论》小说建设及其成就

一、小说创作受青睐，作者群体多元化

《现代评论》是北京大学部分教授的同人综合性期刊，1924 年创办，1928 年终刊。内容除政治、经济、教育、法律类时政评论、学术论文及杂文外，便是文学作品和文艺评论。据笔者统计，《现代评论》全部 9 卷 209 期刊登小说计 240 篇左右。除少数属连载形式的中篇小说外，基本上都是短篇小说。署名懋琳（沈从文）的《旧梦》连载达 28 篇之多，够得上一部中篇小说了。其他如王实味、胡也频等少数几人的连载小说，不过连载三五期，还属于短篇小说。据笔者统计，《新青年》前 9 卷 54 期刊登小说（创作、译作）不少于 60 篇。这说明《现代评论》和《新青年》对小说都很重视。实际上，早在《现代评论》酝酿创刊阶段就确立了政治和文学各"半壁江山"的双重关注，如同 1924 年《现代评论启事》所说的："国内的空气，近来更觉沉寂了。无论在哪一方面，我们觉得非有一番强大的变革不可；本评论就是为成就这种使命而产生的。拟每周出十六开三十页的小志一册，内分政治文学两部。"① 所说的"政治"其实是广义的，包括

① 郁达夫．郁达夫全集（8）［M］．杭州：浙江大学出版社，2007：8.

现实的政治、法律和经济。据笔者统计，《现代评论》全部9卷209期的诗作品及诗论为120篇，加上小说及剧本、剧评及少量的美术评论等，总计文学艺术类稿件接近五百篇，小说占到其中的一半，可见其地位的重要性。胡适早在《新青年》时代就提倡短篇小说，强调短篇小说的最大生命力在于“用最经济的文学手段，描写事实中最精彩的一段，或一方面，而能使人充分满意”。[①] 他认为伴随着世界经济节奏的加快，文学体裁的生命力越发体现在“写情短诗”、“独幕剧”和“短篇小说”三个方面，所以小说创作上“不可不提倡那最经济的体裁，不可不提倡真正的‘短篇小说’”。[②] 胡适是“现代评论派”的核心人物，自然他的主张得以体现在办刊宗旨中。

在《现代评论》发表小说的作者大概有70余位，可分为几种类型。第一种是学者型的业余作者，他们有比较体面的职业，衣食无忧，社会地位较高，搞创作的动机更多的是要实现自己的人生价值、社会责任及启蒙理想，如胡适、陈源、丁西林、徐志摩、彭泽沛、杨振声等。除了创作，因多有留学经历，外语基础好，所以翻译作品也多出自其手。第二种是热爱文学却生活艰难的群体，多为青年人，最典型的当属沈从文、胡也频等人。他们最初为养家糊口，改变社会地位，如同沈从文倾诉的，“做几篇白话诗，短篇小说”，“总想在国立大学弄到毕业，毕业以后至少生计问题总可以解决”。[③] 艰难的卖文生涯如沈从文所记：“我们的意思只是能有机会让我们把日子过得下去，把竭尽自己能力写成的作品，编辑看来以为用得着的，把它登载出来就得了。”[④] 沈以多种笔名在《现代评论》发表了23篇（部）文学作品，其中最多的为小说。在沈从文的帮助下，胡也频得以在《现代评论》和《晨报副刊》发表作品，[⑤] 前后《现代评论》共有17期刊登他的小说（包括连载）。第三种作者多为大学毕业不久的青年人，有的则刚跨入大学门槛，如凌叔华、冯文炳、蹇先艾、王实味等。他们矢

---

① 胡适．胡适文集（2）［M］．北京：北京大学出版社，1998：104.

② 胡适．胡适文集（2）［M］．北京：北京大学出版社，1998：114.

③ 邵华强．沈从文研究资料（上）［M］．北京：知识产权出版社，2011：2.

④ 沈从文．沈从文全集（13）［M］太原：北岳文艺出版社，2009：73.

⑤ 吴世勇．沈从文年谱［M］．天津：天津人民出版社，2006：33.

志于创作，如凌叔华共在《现代评论》发表14篇小说。第四种作者以创造社成员郭沫若、郁达夫、成仿吾为代表。原本《现代评论》是太平洋社和创造社商议共创的，但由于郭沫若所提每期“清一色”，政治、文艺内容轮换未被采纳①等原因，郭及成对《现代评论》转而疏离，郭只给《现代评论》写过两篇稿子，成发表有一二篇。郁达夫相对积极，发表有5篇小说，并和杂志一班人始终维持着朋友关系。

《现代评论》的小说题材呈现出多样化的特点。知识女性题材以凌叔华为代表，其短篇小说《酒后》曾被丁西林改编成同名独幕剧，并搬上舞台上演。主题是一位少妇在爱着自己丈夫的同时对夫妻两人共同的一位男性朋友微妙的情感。《花之寺》以巧妙的构思表现年轻夫妇间的关爱。乡间题材的作家主要有冯文炳、蹇先艾、沈从文等。作者离开自己最熟悉的乡间，在不满意城市生活、又不可能重返乡间的情况下，笔墨徜徉、流淌于山峦、篱笆和田畴，以及乡间的人事和风俗、礼俗。冯文炳发表有《鹧鸪》和《初恋》。冯作基调平淡，语言平实，没有纷纭的人物设计，没有繁复的情节安排，在对凡常人事的叙述中透出丝丝惆怅和凄楚。蹇先艾的《水葬》表现的是乡民淳朴、愚昧、善良和残忍的多重性格侧面。沈从文的《猎野猪的人》既不同于冯文炳的低沉、压抑和忧郁，也不同于蹇先艾给人的震撼和惋惜，读来轻松畅快，情节跌宕。汪敬熙的小说《瘸子王二的驴》是农村题材的，却嵌进了军阀混战扰民害民这样一个政治元素。汪的《怎样办呢》毫不掩饰地表达了对军阀拖欠教育经费和教员工资的厌恶、愤怼之情。汪具有经济学和心理学的双重知识背景，作为北京大学心理学教授，对业余创作情有独钟，这和物理学教授丁西林有些相似，但丁的作品往往和社会现实保有一定距离。

二、域外文学的引进，翻译理论的升华

此前的《新青年》很重视翻译外国文学作品，据笔者统计，全部9卷共刊载翻译小说40余篇，而创作仅10余篇。《现代评论》则相反，创作

① 郭沫若．郭沫若自传（上）［M］北京：求真出版社，2010：295.

小说200余篇，翻译小说34篇（有的为连载，实际完整刊登18篇）。同期文学研究会的《小说月报》翻译小说的数量更多些，[①] 文学译著的出版事业发展也很快。[②]《现代评论》翻译小说相对较少并不说明它忽视域外小说的引进，更可能的应该在于编辑人手、刊物定位及版面有限等因素上。加之胡适等人正在高调宣传提高翻译质量，创刊号《现代评论》即刊登有胡适的《翻译之难》一文，胡适、徐志摩、朱家骅等讨论译诗质量的文章也在《现代评论》上刊登好几期。对翻译质量的高度重视，或许等于拦起一道过滤严密的"大网"，淘汰掉不少不够标准的译稿。

梁实秋1926年时曾批评过国内翻译界不择良莠，随意取材的现象，"翻译者对于所翻译的外国作品并不取理性的研究的态度，其选择亦不是有纪律的，有目的的，而是任性纵情，凡投其所好者则尽量翻译，结果是往往把外国第三四流的作品运到中国，视为至宝，争相模拟。"[③]《现代评论》的翻译工作则表现出计划性和选择性。译本多属前人关注不够，或暂无人翻译的。陈源（西滢）所译、连载10期的《少年哥德的创造》（前2期译为《少年哥德的烦恼》，从第3期起改名），原著为法文，据陈源译后记，他选择的译本是法国作家安德·莫洛怀1926年出版的关于歌德的传记式小说，共翻译发表了10篇。莫洛怀法文新著出版不到一年已经重印43版。陈源为了准确把握译文，翻译时还参阅了英文译本，发现法、英文本之间"有时很不相同"。为了照顾中国读者此前阅读郭沫若《少年维特的烦恼》所熟悉的人名、地名，陈源"都依照郭译"，只因在取得郭译《少年维特的烦恼》时，第一章已经付印，陈氏的"哥德"已亮相于读者，所以就不必统一于郭氏的"歌德"了。[④] 陈译适应了中国晚清以来对歌德及其创作的需求，译文后来就汇集成《少年哥德的创造》于1927年出版，并在三年间再版三次。[⑤]《现代评论》译者少而精，集中于陈源、胡适、凌

---

① 贾植芳，等．文学研究会资料（下），［C］．北京：知识产权出版社，2011：934－942.

② 贾植芳，等．中国现代文学总书目·翻译文学卷［C］．北京：知识产权出版社，2010：24－82.

③ 梁实秋．梁实秋文集（1）［M］．厦门：鹭江出版社，2002：39.

④ 现代评论［J］．岳麓书社，1999年影印版，5（109）：10.

⑤ 贾植芳，等．中国现代文学总书目·翻译文学卷［C］．北京：知识产权出版社，2010：47.

叔华、徐志摩、袁昌英等几个实力派人物。他们大多都有海外留学的经历，并长期关注外国文学，其中陈源最为勤奋，共发表译作23篇（次）。

《现代评论》对翻译理论的探讨比翻译小说的价值要大。丁西林的书评《国粹里面整理不出的东西》针对语言学家赵元任的译著《阿丽思漫游奇境记》，提出了很多新颖的观点：第一，关于译本选择的原则。他强调透彻而深刻地了解和熟悉翻译对象的重要性，只有切身感受到译本的精妙所在，“他的翻译的工作就由辛苦的变为愉快的，因此他成功的希望也就增加了”。① 也就是说，匆忙之间寻出一个译本，连自己都没弄懂，说不出喜欢或不喜欢的理由，是不可能译好的。第二，“神译”比“直译”、“意译”更重要。他肯定翻译界长期以来所秉持的“直译”和“意译”两个翻译原则是不错的，但又认为仅靠旧有的原则来对付像《阿丽思漫游奇境记》这类理解起来难度相当高的书“也一定是不够用的”，因为中国传统文化里没有“Humor”，而此书又是一部“笑话书”。他认为赵元任译书采用的是一种“神译”法，所以取得了不菲的成就。第三，翻译的最高境界是比“神译”还要精妙的“魂译”：“这魂译法就是把一本书的味儿都吞下去，把全书从头至尾完全忘了，然后把这味儿吐在你的墨盒子里面，用里面的墨汁写出一本书来。”② 丁西林是在强调全面、深刻、彻底理解原著，不仅是原著的情节，更应该包括原著的风格和韵味，是吃透、消化原著及作者的全部核心与灵魂后的自然流淌。

三、不菲的成就，深远的影响

如前所述，胡适对翻译质量高度重视，丁西林站在理论高度对赵元任翻译工作所进行的总结，以及丁所阐释的“魂译”主张，是《现代评论》对翻译理论的不俗建树。有了理论指导，文学翻译就会少走弯路，多出成绩，有助于新文化事业的建设和发展。梁实秋在1926年的《现代中国文学之浪漫的趋势》一文强调“外国文学影响侵入中国之最显著的象征，无

① 现代评论［J］. 岳麓书社，1999年影印版，1（16）：13－14.

② 现代评论［J］. 岳麓书社，1999年影印版，1（16）：15.

过于外国文学的翻译。翻译一事在新文学运动里可以算得一个主要的柱石”①，“全部影响之最紧要处乃在外国文学观念之输入中国”。② 郁达夫1925年的《小说论》所持看法很相似，“新文学运动起来以后，五六年来，翻译西洋的小说及关于小说的论著者日多……所以现代我们所说的小说，与其说是‘中国文学最近的一种新的格式’，还不如说是‘中国小说的世界化’比较得妥当。”③ 中国文学走向世界的前提之一是学习、借鉴近代以来外国文学的成就，而翻译特别是高质量的翻译则具有举足轻重的作用。我们有理由说，在推进国人不断提高翻译水平的理论建设中，《现代评论》发挥了不可替代的作用。

《现代评论》中小说创造的成就也不容低估。一些作者的影响在当时及稍后已经表现出来，历史越向前发展，越在持续地焕发出特有的魅力。鲁迅很关注凌叔华的创作，如他1935年的《＜中国新文学大系＞小说二集序》所说：“《现代评论》比起日报的副刊来，比较的着重于文艺……凌叔华的小说，却发祥于这一种期刊的，她恰和冯沅君的大胆，敢言不同，大抵很谨慎的，适可而止的描写了旧家庭中婉顺的女性。即使间有出轨之作，那是为了偶受文酒之风的吹拂，终于也回复了她的故道了。这是好的，即使我们看见和冯沅君，黎锦明，川岛，汪静之所描写的绝不相同的人物，也就是世态的一角，高门巨族的灵魂。④ 鲁迅所说的“出轨”、“文酒”、“故道”，指的是凌叔华《酒后》的几个情节。在鲁迅看来，同样是家庭爱情题材的作品中，凌叔华与众不同之处在于发掘了一个新的领域——“高门巨族的灵魂”，也即年轻的知识精英们的内心世界。周作人作为燕京大学的教员，对凌叔华这个学生十分欣赏，也曾给予很多具体指导和帮助。凌叔华的《酒后》刚发表出来，他即撰文称“在《现代评论》里读得一篇叔华先生的小说《酒后》，觉得非常的好”。⑤ 沈从文1926年撰文对《酒后》别具一格的风格和视角很推崇，称“从最近几篇作品中，看

① 梁实秋．梁实秋文集（1）［M］．厦门：鹭江出版社，2002：39.
② 梁实秋．梁实秋文集（1）［M］．厦门：鹭江出版社，2002：40.
③ 郁达夫．郁达夫全集（10）［M］．杭州：浙江大学出版社，2007：129.
④ 鲁迅．鲁迅全集（6）［M］．北京：人民文学出版社，2005：258.
⑤ 周作人．周作人散文全集（4）［M］桂林：广西师范大学出版社，2009：28.

出她有与曼殊菲尔相似的地方来，富于女性的笔致，细腻而干净，但又无普通女人那类以青年的爱为中心那种习气。这是可信的……但这是另外一个阶级中的爱了。这类爱不是一个二十岁少年男女所希望的，也不是他们所想得到的。"①

鲁迅还关注过蹇先艾，并特别提到了蹇的《水葬》。他认为蹇先艾的作品"虽然简朴，或者如作者所自谦的'幼稚'，但很少文饰，也足够写出他心曲的哀愁。他所描写的范围是狭小的，几个平常人，一些琐碎事，但如《水葬》，却对我们展示了'老远的贵州'的乡间习俗的冷酷，和出于这冷酷中的母性之爱的伟大——贵州很远，但大家的情境是一样的"。②

冯文炳小说的"起家"，与胡适的《努力周报》、《现代评论》及周作人主持的《语丝》是分不开的。周作人称"冯文炳的小说是我所喜欢的一种"，喜欢的理由在于"隐逸"的心理。"有时候很想找一点温和的读，正如一个人喜欢在树阴下闲坐，虽然晒太阳也是一件快事。我读冯君的小说便是坐在树阴下的时候。"③

大概可以把沈从文创作之旅起点确定于《晨报副刊》和《现代评论》。虽然他的处女作发表在《晨报副刊》上，但他名气渐盛却是与他同时或交替地在《晨报副刊》、《现代评论》上发表作品分不开的。沈从文小说无论从风格还是内容上看，都经受住了历史的检验，表现出了应有的永恒价值。乡土文学这个文学"物种"在现代化进程中不断得到价值彰显，而沈从文正是这个"物种"的播种者和培育人中的重量级人物，自然的《现代评论》就成为了这个"物种"的"温床"。在沈从文看来，"五四"以来开创"清淡朴讷的文字"、"原始的单纯"、"素描的美"的人是周作人；④冯文炳的小说显示出周作人的"趣味"；⑤ 沈自认为在现代中国作家中他和冯文炳的风格"最相称"。⑥ 可贵的是，沈从文小说所闪烁的人文关怀的光焰，越来越为人们所接受和称道，如朱光潜20世纪80年代初所高度肯定

① 沈从文．沈从文全集（17）［M］．太原：北岳文艺出版社，2009：22.
② 鲁迅．鲁迅全集（6）［M］．北京：人民文学出版社，2005：254.
③ 周作人．周作人散文全集（4）［M］．桂林：广西师范大学出版社，2009：307.
④ 沈从文．沈从文全集（16）［M］．太原：北岳文艺出版社，2009：145.
⑤ 沈从文．沈从文全集（16）［M］．太原：北岳文艺出版社，2009：145－146.
⑥ 沈从文．沈从文全集（16）［M］．太原：北岳文艺出版社，2009：149.

的，他“不是一个平凡的作家，在世界文学史中终究会有他的一席之地”。①

新文化运动的宗旨和目标按照胡适的说法就是“中国文艺复兴”，具体着眼点包括文学革命和思想革命。新文学运动到20世纪20年代中后期已经走过了十余年的历程，成就不小，但还是一个新生事物，《现代评论》传承新文化运动的精神，坚持白话文，倡导多题材、多风格的创作，积极开展外国文学的翻译及翻译理论的探索，对于新形势下的思想启蒙可谓功不可没。

① 邵华强．沈从文研究资料（上）［C］．北京：知识产权出版社，2011：286.

第二篇

传媒品牌建设研究

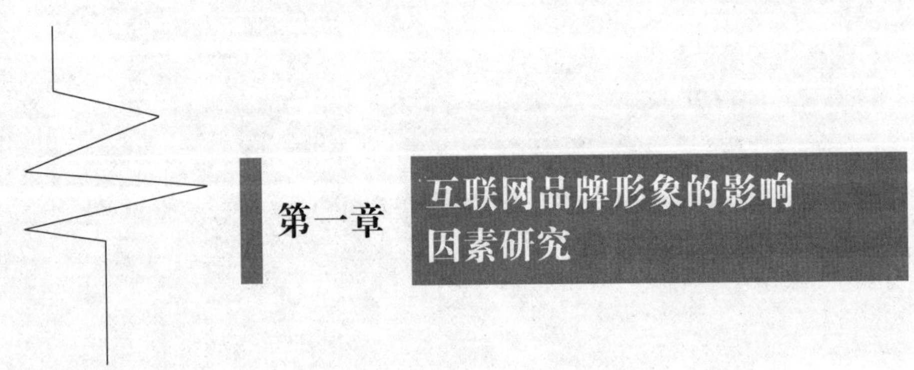

第一章 互联网品牌形象的影响因素研究

一、研究背景及意义

（一）研究背景

从世界上第一个网络的建立——阿帕网开始，网络技术便得到长足的发展，Internet 成为不可回避的发展命题。21 世纪的人类社会，必然以计算机技术、互联技术、网络技术等为代表的现代信息技术为依托，高效、快速、准确地建立起人类新的发展和进步体系。管理学大师、经济学家彼得·杜拉克将现代经济的发展历史分成了五个阶段（如表 2－1 所示）。按照杜拉克的理论，我们在 1995 年进入了现代经济历史的第五个时代，即信用网络时代。在信用网络时代，品牌成为了企业最具有竞争力的一个因素。

表 2－1　现代经济发展历程进程表

时代	时间	成功要素	企业竞争优势
自然资源时代	1875 年前	充足的自然资源	知道如何开发自然资源
工业生产时代	1875～1915 年	充足的劳动力，先进的技术，低成本的原材料	拥有充足的劳动力，先进的技术、低成本的材料
大众生产时代	1915～1955 年	媒体广告，低成本促销	强大的广告、公关和促销活动

续表

时代	时间	成功要素	企业竞争优势
信息时代	1955~1995年	生产和消费信息	具备信息技术的基础设施和相关数据的质量
信用网络时代	1995~2035年	信用网络的出现	品牌

英特尔原总裁安迪·葛洛夫曾说过："互联网对企业来说，如同哥伦布所发现的新大陆，充满了新奇、刺激及无限可能性。"国际互联网的产生不仅意味着一种新兴媒介的出现，更标志着一个崭新时代的到来，它引领人们走向数字化生活。互联网出现和广泛应用给人们的生活方式、态度和经济的发展等都带来了不可预知的变化。它改变了人们传统的消费观念、支付方式等，使人们拥有了更为多样的产品选择权、更为方便快捷的服务、在购买中更具有主动性和个性化。

1995年5月中国第一家互联网公司瀛海威成立到今天，中国互联网已经走过了近20年的发展道路。互联网在中国高速的发展使中国成为世界上互联网发展最快的几个国家之一。继2008年6月中国网民规模超过美国成为全球第一之后，截至2013年12月，中国网民规模达6.18亿，互联网普及率为45.8%，较2012年底提升3.7个百分点。其中，手机网民规模达5亿。中国互联网的发展速度可见一斑。互联网的高速发展不仅催发了以互联网企业为代表的新经济，而且也激发了传统企业潜在的营销能量。互联网的应用越来越宽广，它是一种新的营销理念、新的销售渠道、新的信息交换方式，改变了企业的竞争优势和运作方式，推动了企业向更高层次竞争迈进，把握不住互联网的优势，就等于走向没落。互联网已经成为任何企业都无法忽视的一个新的领域，企业纷纷投向这个能够创造新的竞争优势和改变企业命运的领域。随着互联网发展主题从"数量"向"质量"转换，互联网在经济社会中地位不断提升，与传统经济结合紧密，各类互联网应用对网民生活形态影响力度日益加深。

互联网的发展也不是一路高歌。2001年，遭遇网络经济泡沫破灭，一批互联网产业巨人一边崛起一边随着网络泡沫的破灭而消亡，留存下来的和新兴的网站通过务实经营，使互联网产业进入良性发展时期。他们节约和控制成本，尽可能地降低支出；他们积极推出各种丰富多彩的网络服务，切实为生存和发展而进行企业化运作；同时门户网站确立了多元化的收入模式。例如搜狐，收入来源包括网络广告、无线增值服务、在线游戏以及电子商务等，反映了门户网站多元化发展的轨迹。同时，多样化的应用服务吸引了用户的使用，又反之带动了广告收入的增长。另一方面，网站的形式也从门户走向多元化，互联网产业进入了 Web2.0 时代，出现了像博客、微博、SNS 等较为新兴的网站形式，新技术、新概念的出现成为一种潮流。

于是，中国的互联网产业初具规模并实现整体起飞，一个突出的标志是，中国形成了一批以门户网站和专业网站为代表的产业巨人。门户网站毋庸置疑应首推新浪、搜狐、网易；即时通讯市场有腾迅的 QQ 和微软的 MSN；网络游戏有盛大和联众；网络搜索有百度和 Google 等。不论是门户网站还是专业类网站，国内互联网产业均已产生了自己的产业巨人。

（二）研究意义

1. 中国互联网品牌研究亟待深入

2008 年，中国科学院计算机网络信息中心下属的中科三方互联网研究部开展了对互联网品牌认知度进行了调研活动，公布了《我国互联网品牌认知度调查报告》，报告从网民的角度反映了中国互联网行业十几年来的品牌建设状况。

调查采取线上调查的方式，除在中科三方互联网研究网站上放置问卷外，同时在各大网站设置问卷入口，由网民主动填答回收数据。此次调研的互联网行业品牌认知范围包括即时通讯、网络视频、财经网站、无线门户、搜索引擎、网络游戏、免费邮箱、博客、网络教育和网络交友。

其中，即时通讯还是腾讯一家独大，各项数据都占有绝对优势，品牌忠诚度更是接近 90%；而网民最常用的网络视频浏览方式是通过专业的视频网站，土豆网成了这类网站中最大的赢家，调查显示，听说过“土豆网”的网民中，有 91.4% 的人曾经浏览过该网站。专业视频网站的首选浏览品牌调查结果则显示，土豆网以 37.6% 的比例位居网民首选之首，并且远远高于其他同类网站，紧随其后的优酷网为 25.3%，我乐网为 11.6%；财经网站竞争比较激烈，新浪财经各项数据排名都比较靠前，网易财经则以微弱劣势排名第二。休闲类游戏中，腾讯公司旗下的 QQ 游戏以其庞大的用户群体及游戏的广泛性获得了较高的知名度和使用率，而跑跑卡丁车在网民对休闲类网络游戏的各项指标的评价也取得了较好的成绩；非休闲类的游戏竞争比较激烈，魔兽世界也当仁不让的成为了网民心中第一的网络游戏，但是与梦幻西游差距不大；免费邮箱则是网易完全独占的一种竞争态势，旗下的163、126和Yeah.net的市场占有率总和达71.2%。博客方面，QQ空间占据了较大的市场份额，网易博客排名第二，但是与QQ空间的差距并不大。新浪博客通过聚集知名专家和社会名流同样取得了不错的成绩；专业网络教育机构中，网民最常使用的是中华会计网校以及华夏大地教育网，这两个网校也是网民在内容、师资和服务方面评价最高的两所；整体来看，我国网络交友行业竞争者较多，没有一家网站具有绝对优势。从知名度、市场占有率及网民体验的各项指标来看，QQ交友比较突出。世纪佳缘、亚洲交友中心、51交友中心这三家婚恋交友网站在品牌知名度、用户群以及网友对其各指标评价等方面优势明显。而在无线门户网站方面，以往有“无线老大”称号的“移动梦网”仅排名第三，网民们更多网民则把票投给了3G门户和手机腾讯网。搜索引擎与即时通讯类似，也是国内品牌百度占据绝对优势，但在“第一页面获得的有效信息”这一项百度略有下降，而谷歌则上升明显。

可以说，这是官方所做的较为全面的针对中国互联网市场的品牌知名度的调研，也是对互联网品牌的研究范围从一个角度进行了界定，即研究的互联网品牌指的是必须以互联网为生存空间的网络品牌，主要包括提供网上销售为主的网络零售商的品牌如亚马逊网上书店，和提供网上信息服务为主的网络公司的品牌如新浪网站两种类型，不包括传统品牌的网络化，也就是研究仅以互联网为生存空间的网络品牌。同时，调研结果中反映的大部分互联网品牌现今仍然挺立于互联网产业的发展前沿，具有参考性价值。

但是这个调研存在两个不足，一是缺乏对中国互联网品牌范围的界定，如Google、MSN都不应视为中国互联网品牌；二是调研的目的缺乏深度，即调研的目的是甄别互联网品牌的知名度，而并没有在此基础上继续深入下去，这就给我们带来了研究空间，从另一个方面说为我们指出了深入研究的方向。

2. 互联网品牌的重要性凸现

2001 年 8 月 4 日，《中国经济时报》发表了一篇题为《互联网消灭品牌》的文章，文章认为，互联网技术为产品的个性化定制奠定了基础，将会给品牌产品带来致命冲击，在互联网时代，品牌将难觅立身之地。文章的观点引来不少批评，迄今仍有持此论者。现代营销学鼻祖里吉斯·麦肯纳也曾预言“营销将死，品牌将亡”。然而事实并非如此。在实践中，消费者在定制产品的时候，往往是在品牌基础上作出选择。美国网络对话（Cyber Dialogue）以及国际商标协会（The International Trade mark Association）的调查显示，有 1/3 的网络使用者会因为网上的品牌形象而改变原有的品牌印象，有 50% 的网上购物者会受在网络中购买的产品的品牌影响，进而在离线后也购买该品牌的产品，网络品牌形象差的企业，年度销售量的损失平均为 22%。这些数字说明，网络品牌形象相当重要。因此，品牌在互联网时代决不会消亡，并且日益重要。

网络品牌已经出现而且正在走向成熟。越来越多的人在网上查询信息、购物和娱乐，有些消费者每天在网上看到网络品牌为他们提供的产品信息，网络为他们提供很多好的服务。2008 年 Screaming Media 的一项调查说明：数百万美国人信任网络，因特网、电视、报纸和其他传统媒体一个也不能少。调查数据显示，65% 的被调查者认为因特网是最方便的信息源，有 63% 的人认为因特网上的信息更详细。参加调查的人有的还表示在阅读离线信息时，他们同样信任从因特网中下载的资料。这表明越来越多的人将因特网作为信息源的首选，网络品牌将从人们的信任中得到强大的发展动力。

3. 互联网品牌短暂的生命周期

传统的品牌建立观念是：“冰冻三尺，非一日之寒。”品牌需要一个长期过程。百度、搜狐、新浪等这样的网络公司，其品牌建立是以月，而非以年为计算单位。

前人极少对互联网品牌生命周期进行研究，即使对网络品牌生命周期有所涉猎，也是按照传统的生命周期理论进行研究，而忽略了网络品牌可以依据网络优势双向的信息沟通、及时了解顾客需求、持续创新、为顾客提供便利等特点，依托 Internet 为平台，将互联网的优势与网络品牌的优势相结合，实现网络品牌的扇形生命周期。

从 1995 年 5 月国内第一家互联网公司成立到今天，多少声名赫赫的互联网企业，现在大多都已经消失在人们的视线里，崛起的新一代网络企业，如百度、阿里巴巴、盛大等，还能否延续今天的地位？传统经济中像宝洁这样的百年品牌在互联网上会不会出现？21 世纪，互联网品牌的经营与传统企业的品牌同时受到商家的关注，已经成为企业在“网络经济”时代的制胜之宝。

但是，在互联网飞速发展带来的互联网品牌的繁荣景象背后是网络品牌短命的现实。目前蓬勃发展的网络公司的平均寿命只有 2 年。而在中国，网络公司的平均寿命甚至还不到 2 年。面对复杂多变的网络环境，如何在飞速发展的网络经济时代延长网络品牌的寿命将是广大企业关注的重点。

“中国互联网品牌形象影响因素研究”就是围绕这些互联网品牌发展的现实问题展开，力图找到中国互联网品牌发展的合适之路，这是本研究的意义所在。

二、文献研究综述

品牌是一个恒久的话题，不管是企业还是个人，品牌都有无形的价值。在企业中，它成为竞争的有利武器，也是生存和发展的有力保障。美国营销专家拉里·莱特这样评价品牌的作用：“拥有市场比拥有工厂更重要，而拥有市场的唯一办法就是拥有占统治地位的品牌。”因此，对品牌的研究显得迫切而有必要。当品牌从消费者立场作为出发点时，就会延伸出新的理论形式——品牌形象，就是人们对品牌的总体感知，它作为认知概念是消费者信息加工过程的重要组成部分。塑造品牌形象则成为业界争相关注的热门话题。

（一）品牌

品牌概念经历了把品牌用作是区分标志（识别功能）、沟通代码（信息浓缩功能）、承诺和保证（安全功能）及提供无形资产价值（价值功能）这一演进过程。品牌是消费者进行质量感知、服务产品挑选、信息搜寻与评价的重要依据，品牌是为顾客创造并传递价值，为顾客提供心理满足的形象符号。

关于品牌的定义，学者们给出了不同解释：

美国市场营销协会在《营销术语词典》中将品牌定义为：“品牌是一种名称、术语、标记、符号或设计，或是它们的组合运用，其目的是借以辨认某个销售者或某群销售者的产品或服务，并使之同竞争对手的产品和服务区别开来。”强调品牌最重要的不在于它的名称而在于它的价值、文化与个性，而这些正是竞争对手所不能复制的，也正是在这个方面品牌区别了与竞争对手的产品。在此基础上，他认为品牌应包含属性、利益、价值、文化、个性和消费者等6个方面的内容。

大卫·奥格威认为：“品牌是一种错综复杂的象征，它是品牌属性、名称、包装、历史声誉、广告方式的无形和总和。品牌同时也因消费者对其使用的印象，以及自身的经验而有所界定。”营销学者麦克威廉认为，品牌是区分标志，用以识别。同时品牌是速记符号，是更有效沟通的代码。

（二）品牌形象

1. 品牌形象的概念

关于品牌形象的概念界定，早期有四个流派：品牌形象的总括说、品牌形象的象征意义说、品牌形象的个性说、品牌形象的认知（心理）说。

品牌形象的总括说。该流派定义范围很广，对品牌形象的定义简洁、概括。表达了品牌形象作为一个抽象概念的整体涵义。如Newman（1957）提出品牌形象是人们对品牌的总体感知，其建立是基于产品的属性和广告等营销活动。

品牌形象的象征意义说。该学派认为产品通过品牌形象表达象征意义，消费者据此来区别品牌，同时这些象征意义强化了消费者自我认知。Sommers（1963）指出品牌形象是产品所体现的意义，是消费者对产品象征的感知。

品牌形象的个性说。该流派认为品牌形象具有类似人的显著个性特征。Bettinger（1979）等提出了产品“成人”和“孩童”形象。

品牌形象的认知（心理）说。该流派认为品牌形象产生基于认知或心理的过程。品牌形象主要决定因素是精神因素，并用想法、感觉、态度、心理构念、理解或期望等词来描述。Gardner 和 Levy（1955）提出品牌形象是消费者对品牌的观点、情感和态度的组合，体现产品社会性和心理性的本质。

综合来说，品牌形象是人们对品牌所具有的全部联想，它包括品牌的商标、包装、价格、服务、历史、声誉、符号、广告风格的整体印象。因此也可以说，品牌形象也是消费者与产品有关的全部体验。是消费者对某种品牌的一种深信不疑的印象。在许多产品的销售过程中，起决定性作用的不是商品本身，而是一个产品独特鲜明的品牌形象。

2. 品牌形象构成模型理论

对于品牌形象的影响因素，说法不一。通过不同的品牌形象模型，可以对品牌形象的影响因素有一个较为详细的了解。国内外学者对品牌形象的模型概括如下：

艾克模型。其模型性质是品牌权益模型，模型中涉及到的品牌形象维度包括品牌认知、品牌忠诚度、品牌联想、品牌质量感知以及其他。品牌形象模型与品牌权益模型密不可分。艾克就是在品牌形象的基础上提出了自己的品牌权益模型。该模型认为品牌权益包括品牌知晓度、品牌忠诚、品牌联想，以及品牌的感知质量和其他独占的品牌资产。

科勒模型。该模型从建立基于顾客的品牌权益的角度把品牌知识（Brand Knowledge）分为品牌知晓度和品牌联想两个部分。他认为虽然品牌联想很重要，但是并不总是消费者记忆中对品牌感知的反映。而品牌联想是顾客与品牌的长期接触形成的，它们反映了顾客对品牌的认知、态度和情感，同时也预示着顾客或潜在顾客未来的行为倾向。

克里斯南模型。心理学家提出联想网络记忆模型，从联想网络记忆理论出发，克里斯南认为应从联想的数量、联想的偏好、联想的独特性和联想的来源四个方面来考察品牌联想。同时，必须评估积极与消极联想的相对数量。消费者从很多渠道了解产品，并形成联想。主要的来源是品牌的直接经验（试用和使用）和间接经验（广告和口碑）。拥有大量联想的品牌不仅受益于免费传播，还得益于不断增长的信任度。这样的联想就成为品牌形象和品牌资产的标志。

贝尔模型。贝尔认为品牌形象通过公司形象、使用者形象和产品/服务自身形象三个子形象得以体现，而描述品牌形象好的起点是消费者对品牌相关特性的联想。这些联想可以分为“硬性”和“软性”两种属性。所谓“硬性”属性，是对品牌有形的或功能性属性的认知。而“软性”属性反映品牌的情感利益软性属性现在已成为区分品牌越来越重要的因素（如图2-1所示）。

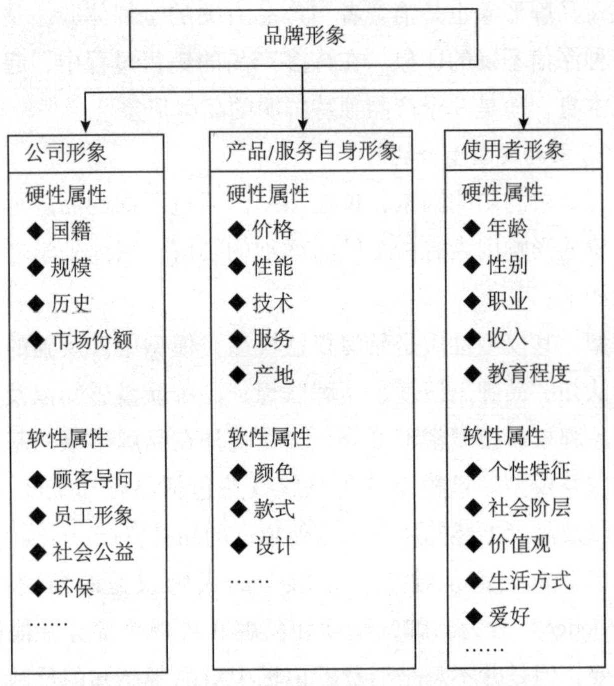

图2-1　贝尔模型品牌形象因素构成图

范秀成、陈洁（2001）以品牌识别系统为企业进行品牌建设的基础，参照大卫·艾克提出的品牌识别系统，提出下图的品牌形象综合测评模型。该模型将品牌形象分为四个维度：产品维度、企业维度、人性化维度和符号维度。将5种模型图进行集中整合与梳理，对比信息如表2-2所示。

表 2－2 五种品牌模型图对比说明

模型	模型性质	品牌形象的维度
艾克模型	品牌权益	品牌联想 品牌的品质感知
科勒模型	品牌联想	产品特性 利益 态度
克里斯南模型	品牌联想	品牌联想的数量 联想的净值 联想的独特性 联想的来源
贝尔模型	品牌联想	公司形象 产品及服务形象 使用者形象
范秀成、陈洁模型	品牌识别系统	产品维度 企业维度 人性化维度 符号维度

（三）网络品牌理论

1. **网络品牌的概念界定与内涵**

对网络品牌概念界定与特点分析，有助于理清文章的研究脉络。罗瑞生将市场营销协会对传统品牌的定义延伸到了网络品牌的定义，他认为："网络品牌是用以识别某个销售者或某群销售者的产品和服务，并使之与竞争对手的产品和服务区别开来的商业名称及其标志，通常以 Internet 为平台，有文字、标记、符号、图案和颜色等要素或这些要素的组合构成。"从两者的定义可以看出，网络品牌与网下品牌的区别就在于是否以 Internet 为平台发展品牌。

从内涵上讲，网络品牌代表了企业（包括网络企业和传统企业）和企业的产品或服务；从外延上讲，网络品牌不仅是一个标志，一种符号，它更象征着一种风格、精神或是一种生活方式。在研究网络品牌之前首先要明确研究范围，就是什么是传统品牌，什么是网络品牌，哪类品牌才是要研究的。首先，将现在的企业划分为三类，即传统企业、在网络上拥有品牌的传统企业、网络企业。为了研究的需要现将第一类和第二类企业所拥有的品牌统称为传统品牌，而传统品牌与网络品牌的根本区别在于这个品牌是不是仅仅在网络上存在。朱洁等学者将网络品牌主要概括为三类：提供网上销售为主的网络零售商的品牌（如 Amazon. com）；提供网上信息服务为主的网络公司的品牌（如 sina. com）；企业的网站品牌（如宝洁公司的网站）。我们在此界定：网络品牌指的是前两种，而企业的网站品牌我将其划归为品牌的网络化。

要了解互联网品牌的含义，必须要区别网络品牌和品牌的网络化。两者最明显的区别就是，网络品牌必须以互联网为生存空间，而品牌的网络化指的是将传统品牌在网络上进行推广。网络品牌是以互联网业务为核心的品牌，例如搜狐、淘宝、腾讯等，网络是这一类品牌存在的基础和土壤，没有网络就没有这一类的品牌。而对品牌的网络化来说，网络只是传统品牌增强影响力和巩固品牌实力的得力工具，例如曼秀雷敦、宝洁、通用等。这一类品牌发轫于传统经济，但是利用新兴的互联网来塑造和经营品牌，网络不过是增强品牌影响力的一个工具，没有了网络，它们仍然能够存在。网络品牌以网络为基础，而品牌的网络化以传统品牌为基础。通常塑造一个传统品牌需要漫长的时间，而塑造一个互联网品牌需要的时间可能短的多。本文在此研究的网络品牌是指以 Internet 为平台，仅仅在网络上存在的品牌。

网络品牌的内涵回答“什么样的品牌是网络品牌”。对网络品牌的内涵认识不同的学者提出了不同的看法，但是对网络品牌基本构成要素的认识还是形成了共识：网络品牌并不是传统概念的品牌要素与因特网的简单结合和叠加。在因特网上，品牌有其特定的客户因素：能提供无数机会，吸引消费者以自己的节奏参加到“互动”中来；允许消费者随时随地体验一个品牌；能提供延伸个性化服务的特性；为信息更新提供快速有效的通道；可以与目标消费者单独联系；经常并即刻改正缺陷；经常用新的或不同的东西吸引和奖励消费者；能大大增强、补充、支持非在线品牌（如管理得当）；直接面对全球范围；能以较低成本提供无限的交流空间。网络不只是一种工具，也是一种体验。

2. 网络品牌的特点

互联网的飞速发展引起了一场翻天覆地的变化，不仅对人们的日常生活，而且对全球经济都产生重大影响。新的市场空间需要新的观念、新的营销策略，对传统方式的创新势在必行。“网络品牌”正是适应这一变化而产生的，表现出许多新的特点。

全球性。在互联网上，无论发布什么信息，一旦发布，这条信息就会立即属于全世界了。在网上没有国界、没有特权，这是互联网复杂的一个方面。无论有心还是无意，每一个在网上的品牌都会成为全球性的品牌。企业可以充分利用互联网所形成的全球信息网络空间面对全球的客户开展全球范围内的营销活动。网络营销独具的时空优势为跨国营销、直销的企业提供了良好的发展机遇。

服务的连续性。互联网 24 小时开放，使得网络品牌服务具有连续性(24 小时运转，没有下班时间，没有节假日)。在网上，当一项服务（或一家店）有相应的消费者时，它就可以开张了。

互动性和双向性。信息交流互动就是一种通过交流双方或多方相互影响的过程。这里的互动主要指在程序界面和用户之间完成的行动：用户完成的选项控制着程序，程序反应的方式依靠用户开始的行动，选项才有结果。一个互动的版本，以顾客的需要和愿望为基础，以个性化用户为目标选项，呈现给顾客。而那些静止不动的媒体（如电视等），只包括了大量的信息，用户却无法影响并进行选择。在互联网上，用户除了“听”和“看”，还能积极地参与各式各样的活动和讨论。这是所有的企业都应该利用的东西：“允许用户说出他们想说的。”从中了解网站的设计和将来内容的优先发展方向。

个性化。定制化品牌的出现是网络时代品牌宣传上科技含量提高的结果。传统经营时代无法满足顾客个性化的需求，但网络科技提供了了解个性化需求、满足个性化需求的机遇和可能。在互联网上，消费者可以根据自己的喜好点击所需信息。网络品牌的信息传递也是针对消费者的个人需求来进行的。

动态性。互联网比电视等其他媒体更具动态性。在网上，用户可以经常看到与之相关联的信息不断更新。

品牌造势成本下降。品牌造势是传统品牌效应的一种体现。但是传统品牌的造势多是宣传上的“轰”势，广告上的“炸”势，价格上的“降”势。这种造势成本太大，往往效应大，效益小。但是网络品牌的造势范围广，成本低，效应与效益成正比。

3. *网络品牌信任与品牌忠诚度*

网络的品牌力主要体现在吸引顾客重复消费的能力，而重复消费需要以信任为基础。一个品牌一旦拥有了顾客信任，企业的主要任务就是积极拓展这种信任，使其转变为对网络品牌的满意和忠诚。因此，品牌信任是品牌忠诚的基础。高度的品牌信任会将满意的顾客转化为忠诚的顾客。Smith 和 Wheeler 在 2002 年的研究发现，在网络环境下，以顾客经验为基础高度的品牌熟悉度会对品牌信任产生强烈影响，而品牌信任会影响品牌忠诚。Smith 和 Wheeler 通过对 198 名韩国网络用户的 E－mail 调查中发现，网络品牌忠诚是由品牌信任决定的。而品牌信任又与网络安全、隐私保护、品牌名称、口碑效益、经验、信息等因素相关。具体而言，如果网站能提供良好的安全系统并保护用户的个人隐私，那么网站就会赢得高的信任度；网站美誉度的提升会带来品牌信任度的增加；人们的口碑效应比媒体的广告宣传更能带来品牌信任；从与网站接触中积累的品牌体验也会对品牌信任产生影响：提供有效的信息会提高品牌认知，提供满足网民需要的信息会带来品牌信任。

4. *互联网品牌满意与品牌忠诚度*

过去有很多企业认为，只要有了较高的品牌满意度就可以维持顾客关系，但现在情况变了。仅仅关注品牌满意度的企业很可能被同行超越，并失去差别化的品牌特质。在竞争日益激烈的市场中，长期顾客关系的建立需要以品牌满意度为基础，建立稳固的品牌忠诚度。Eun－Ju 和 Jeffrey 在 2004 年的研究中探讨了网络品牌的满意度和忠诚度的关系。网上调查发现，品牌满意影响品牌忠诚的传统法则在网络环境中依然适用，只是导致网络品牌满意的因素发生了变化。影响网络品牌满意度的因素是网络的使用价值和体验价值。使用价值包括省钱、省时、选择性和服务质量。体验价值包括娱乐性、可视性、互动性和差异服务。相比之下，网络使用价值对品牌满意度的影响更大。戚虹（2007）提出，在网络购物过程中，顾客满意度受到五个次级因素的影响，分别是消费体验、网站性能、定制化、情感投资以及感知价值等。

消费体验指的是顾客在网上购物过程中心理上形成的一种情感反应，体现在购物过程的顺利、产品（服务）与期望的符合程度以及购物经历是否愉快等；积极的消费体验对顾客满意的形成有促进作用。网站性能主要包括网站的美观性、易操作性、处理速度、容量以及延伸性等方面，好的网站性能能促进顾客满意的形成。定制化是指电子商务企业根据顾客的需要，为每一个顾客提供独特的产品、服务和交易环境；在互联网环境下，企业可以根据顾客的个人资料、购买历史以及当前的购买要求为顾客提供定制化的商品、服务和交易环境。情感投资通常体现为企业对顾客的关心，对顾客生活上的帮助，在情感方面对顾客进行投资，逐渐培养顾客对企业的良好印象，从而与顾客建立起更高层次的关系。顾客感知价值的核心是感知利得与感知利失之间的权衡；感知利得包括物态因素、服务因素及与产品使用相关的技术支持等质量要素；感知利失则包括顾客在购买时所付出的所有成本。Lloyd 和 Mark（2004）提出的网络环境下信任、满意与忠诚之间相互关系框架，如图 2－2 所示。

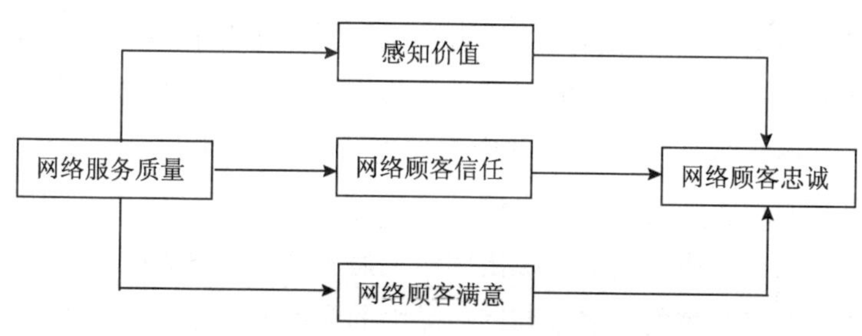

图 2－2　信任、满意与忠诚的关系模型

刘艳阳等人认为，网络时代的顾客忠诚驱动因素有品牌形象、网站形式、产品、服务质量、转换成本、信任安全和顾客个人特征等 7 个变量，它们共同作用，形成顾客满意和顾客信任，最终达到顾客忠诚的目的，如图 2－3 所示。

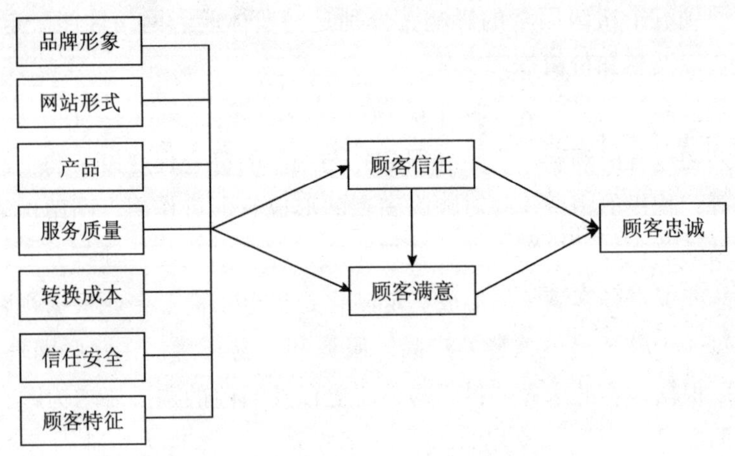

图2－3　网络时代顾客忠诚驱动因素模型

5. 网络品牌资产论

网络企业拥有品牌名称，而品牌资产却是植根于顾客心目中的。对于一个刚刚建立的网站，它的首要任务是提升访问者的浏览量。在对网站不是很了解的情况下，品牌对消费者来说，起到了一个保障作用。从网站产品的角度，消费者更愿意付高价钱去尝试购买一个品牌网站的产品。从促销的角度讲，一个知名品牌的促销，比如广告，是很容易被消费者记住并接受的，与不知名品牌相比，其广告要有力的多。对于一个成功的网站，要吸引更多的顾客和建立品牌忠诚就应超越单纯的交易模式，积极延伸品牌与顾客的关系。原丽丽等人提出网络品牌资产的核心构成部分主要有两部分构成：网络品牌的知名度与网络品牌的形象。

网络品牌知名度。在经济活动和社会活动高度数字化、网络化的网络经济过程中，信息的非竞争性促使信息量以几何级数高速增长。因此，在信息供给无限扩张的环境中，信息非但不是稀缺资源，而且大为过剩，与之相应的，网民的注意力却成为一种稀缺资源。只有占有这种资源的企业才有可能获利。品牌知名度高低在消费者的购物决策中扮演着举足轻重的角色，注意力作为一种资源与网络品牌知名度关联度较大。但是，仅仅是高知名度还是不够的，它要有相应的品牌形象与之匹配。

网络品牌形象。网络品牌形象由三个方面构成：第一，网站体验，即访问者访问该网站所体验的愉悦感。网站访问速度、网站页面设计、网站的浏览和使用的便捷性以及网站社区的情感交流等都会让访问者产生良好的网站体验，进而会让访问者对网站产生信任感。第二，网站内容，包括资讯网站所提供的信息、网上商城的产品及产品说明等。网站商城产品的质量与价格、内容的及时准确和不断更新的信息都有利于提高访问者对网站的信息和参与热情。第三，访问者对该网站的态度，包括消费者心目中的网站形象以及网站给访问者的整体感受等。网络品牌有关这三方面的表现最终决定了网站的品牌形象。一个好的品牌，应该是根植于顾客心目中的、受到喜爱的、独特的品牌。

网络品牌形象对网站知名度的影响若访问者通过对网站访问的良好体验对网站产生信任，访问者的口碑宣传便能让更多的网民浏览信任该网站。于是，更多网民的访问会让搜索引擎更容易找到网站并使其排名靠前，从而也更有利于相关网民发现该网站。可见，网络品牌形象能建立网站卓越的信誉。而卓越的信誉及消费者的口碑是网站成功的关键。网民注意力与网络品牌知名度之间关联度较大，两者之间的相互影响共同推动了网络品牌知名度的建立。网站特征、网站体验与网民态度有利于网络品牌形象的建立。而网站知名度、网络品牌形象作为品牌资产的核心部分共同影响网络品牌，如图 2 –4 所示。

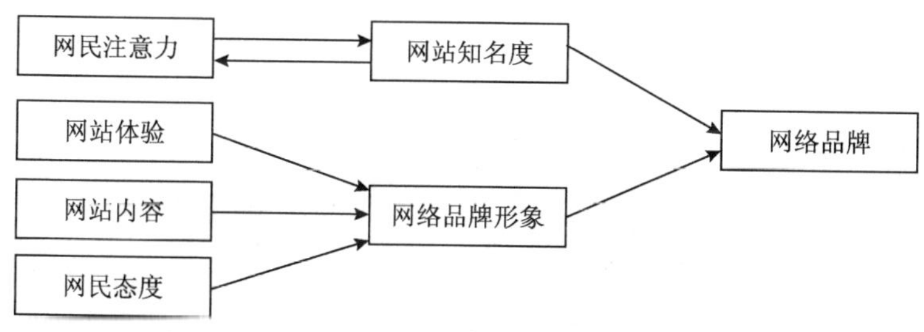

图 2 –4　网络品牌影响因素模型

6. 浏览频次和时间影响因素

2004 年 Heige 和 Magen 研究了网络使用习惯对品牌忠诚的影响。他们发现网民对品牌的忠诚度越高，浏览网站的频率就越高。浏览网站的频率越高，每次浏览持续的时间越短。品牌忠诚度越高，浏览网站持续的时间越短。这说明忠诚的网络用户一般都是经常光顾网站并很快就结束浏览的人。那些不常光顾网站并一来就停留很长时间的人并不是忠诚的顾客。

7. 转换成本因素

转换成本是顾客者重新选择一家新的产品和服务时所付出的代价。除了货币成本外，转换成本还表现为在面对一个新的服务提供者所导致的不确定性引起的心理上和时间上的成本。转换成本不但具有经济特征，事实上，转换成本还由心理和情感成本构成。戚虹指出，转换成本有三个方面的次级影响因素，即利益相关性、替代者竞争力和转移风险。

利益相关性在组织购买决策中也是一个重要因素，它影响组织成员的外部搜索力和组织购买群体的行为结构，取决于产品特征、产品对个人的重要程度以及顾客对某种品牌产品的依赖度。替代者竞争力是指市场中可供选择的替代产品或者服务对顾客的吸引力；在高度竞争的市场中，产品或服务的替代选择性较高，为此顾客满意对顾客忠诚的影响较大；而在低度竞争的市场环境中，产品或服务的替代选择性较低，顾客满意对顾客忠诚的影响较小。转移风险是指顾客转移到其他同类网站购物时所产生的各种风险，如可能失去原来经常光顾的网站即将提供给他的好的产品和服务，也可能觉得转移后的网站不如原来网站的综合评价高等，这些都会形成一种转移壁垒，阻止顾客的转移。

8. 顾客个人特征影响因素

顾客的个人特征包括顾客的人生观、价值观、消费观、收入和前期交易经验等特征，顾客不同的受教育程度，不同的生活方式，个人的好恶等。虽然表面上看顾客的个人特征似乎不是企业可以掌控的因素，但是这提醒了企业在分辨忠诚顾客的时候要多加小心。其中，顾客个人特征中最重要的有三个方面，即人口统计特征、个人创新性和消费者涉网度。

人口统计特征，很多理论和实证研究表明由于消费者在年龄、性别、收入、教育程度等人口统计特征上的差异，影响其网络购物行为和对网络购物满意度的认知。首先是性别，Internet & American Life Project 的调查数据表明，男性与女性的网络使用行为有明显的差异，男性消费者网上购物较多。其次是教育程度，Case，Burns 和 Dick 通过对 425 位在校大学生和

MBA 学生的在线调查显示，网民的网络知识、收入和教育水平是消费者网络购物的重要预测变量。有实证研究表明，具有高收入的消费者，其网络购物的倾向越强，满意度和忠诚度也越高，因此 Case，Burns 和 Dick 认为收入水平是消费者网络购物的重要预测变量。此外年龄也是重要的影响因素，实证研究发现，年龄与接受新技术之间存在负相关关系，Harrison（1995），Lenhart（2003）等研究表明，越年轻的人群，比例越高，18～29 岁之间人群的网络用户比例达 74%。

个人创新性，大多数研究者认为创新性强的消费者更易于接受网络购物这种新的购物模式，并且他们对网络购物的满意度和忠诚度比创新性低的消费者要强。Goldsmith 和 Bridges（2000）发现创新性强的在线购买者更易于在线购物，而且在线购物创新性与在线购买量正相关。Goldsmith 和 Lafferty（2002）进一步研究表明，在线购物的创新使用者购买得更多，而且他们相信自己具备更多的网络购物的知识。网络使用创新性的水平与未来在线购物的可能性呈正相关关系。在庞川、陈忠民、罗瑞文（2004）的研究中，他们通过问卷调查了上海市范围内 224 名各行业的网络使用者，证明了对新生事物接受速度较快者比对新生事物接受速度较慢者具有更高的网络信任程度。

消费者涉网度，具有网络经验和在线购物经验丰富的消费者更易发生在线购物行为。庞川，陈忠民和罗瑞文（2004）等曾探讨网络涉入程度、网络经验与网站特征的认知之间的关系，并且得出了网络涉入程度越高，其线上购物的易用性认知程度越高的结论。

9. 品牌接触点理论

曾在北欧航空公司担任总裁的简·卡尔宗（Jan Carlzon）提出了管理接触点概念，简·卡尔宗把它形象地称为关键时刻（Moments of Truth）。他认为只要在最能给顾客留下好印象的地方竭尽全力就能成功。虽然简·卡尔宗仅说了在最能给顾客留下好印象的地方这句简单的话，但是却为我们留下了丰富的拓展空间，留下了如何透过科学的消费者洞察寻觅关键时刻的课题，这恰恰也就是品牌接触点传播模式的核心所在。Schult 和 Bames 将品牌接触（Brand contact）定义为：“现有顾客或者潜在顾客对品牌形象或者某种可传递信息的体验，不管该体验发生于何地，以及该体验是什么。”那么相对应的，品牌接触点为顾客体验品牌形象或者某种可传递信息的情境。有时候人们也把营销活动发生的时空称为品牌接触点，即消费者可以接触到产品和品牌信息的任何时间、空间。而科罗拉多大学整合营销传播研究所创始人、整合营销专家 Tom Duncan 将品牌接触点（Brand contact point）定义为顾客有机会面对一个品牌信息的情境。吕荣胜等在进行品牌接触点研究时提出，企业在实施品牌接触点管理过程中，要以顾客满意为导向，并依托组织内部和外部资源，对有关品牌信息传播、品牌价值提升的重要因素以及顾客接触频率较高的关键接触点进行重点管理，形成层次分明、重点突出的品牌经营体系积极打造企业强势品牌。消费者接触品牌有很多层次，每一个层次的体验都会有所不同。品牌接触点管理的中心内容就是要让这些不同的体验变成一种核心利益的共同感受。郑新安指出，按照消费者认识品牌到最终接受品牌的情感过程可以将品牌接触点划分为三个层次：第一层次是虚幻景象。消费者只能看和听，还接触不到产品。这个层面的品牌大部分都是通过企业单一角度传播出来的产品信息。这时企业往往把产品所有的益处与利益用夸张的手法传达给消费者，然后让消费者去想象、去体会、去迎合。第二层次是产品的实质接触阶段。消费者带着品牌传播出来的种种梦幻要素去实际体验这种场景。大部分消费者在消费时会体验到企业宣传时的品牌意境，有时也有可能没有体会到。但只要差距不大，消费者在见到实际产品时，就会忘却企业在传播品牌时的灿烂景象，并迷惑于其中，最后产生购买行为。第三个层次是品牌幻想。当消费者有了第一次消费和第二次消费后，如果与品牌传播的幻境差别不大，功能口味又符合喜好，就会形成连续消费，即产生顾客忠诚。这个时候物质功能的产品可能并不一定起主要的作用，而起核心作用的则是品牌的联想，也就是品牌的幻象。消费者接触品牌三个层次之间的关系是由表及里、由浅入深的。

了解了品牌接触的层次还要分析品牌接触点的路径。从理论上讲，任何品牌接触点都会对消费者的购买决定起或多或少的作用，牛燕涛指出，沿着两条线可以穷举所有的品牌接触点，即人流线和物流线。第一条线——物流线，即价值链，主要是指从产品准备生产、原材料采购到产品实现销售、完成价值增值，再到产品最终被消费者使用或消费，直到最后使用价值终结的全过程。所有在这个过程中接触到消费者的点，都可以列入研究的品牌接触点。第二条线——人流线，即信息链，就是 24 小时、360 度地分析目标消费者的工作、生活、娱乐等行为方式和心理，研究其所有可能接触到产品和品牌任何信息的点。如果说价值链是接触产品实体的话，那么人流线更多的是体现品牌的无形影响力，如产品的广告宣传、产品的使用者形象、产品出现的场合以及消费者口碑等。品牌经营者不可能，也没有必要对所有的接触点都进行管理，不过可以根据产品自身的特点和消费者的需要，从战略角度对影响品牌价值提升的关键接触点进行有效管理，这样才能使企业以最低成本迅速建立品牌，并不断扩大品牌的知名度和影响力。

10. 顾客价值理论

以顾客消费需求为出发点，以提升顾客价值为目标，将顾客价值理论作为模型构建的重要理论基础。

Levitt（1969）认为，在营销学的“扩展的产品概念”中，价值是核心产品的附加内容，如包装、服务、顾客指导、付款政策、储运等。Philip Kotle（1972）将营销界定为“在不同人们或组织之间促进价值交换。这里交换的价值不仅仅是物品、服务、金钱，还包括时间、精力以及情感”。也就是说，顾客价值可以从上述 6 个方面考虑。Zeithaml（1988）在一项探索性研究中根据顾客调查总结出感知价值的四种涵义：“一是价值就是低廉的价格。一些顾客将价值等同于低廉的价格，表明在其价值感受中所要付出的货币是最为重要的。二是价值就是我在产品或服务中所需要的东西。与关注付出的金钱不同，一些顾客将把从产品或服务中所得到的利益看作最重要的价值因素。三是价值就是我的付出所能获得的质量，有顾客将价值看作其付出的金钱和所获得服务间的权衡。四是价值就是我的全部付出所能得到的全部。一些顾客描述价值时考虑的既有其所有付出的因素（金钱、时间、努力等），还有其得到的所有利益。”Philip Kotle（1994）明确提出了“顾客让渡价值”概念，它指的是顾客总价值与顾客总成本之差。顾客总价值就是顾客从某一特定产品或服务中获得的一系列利益，它包括产品价值、服务价值、人员价值、形象价值，而顾客总成本是在评估、获得和使用该产品或服务时而引起的顾客预计费用，它包括货币成本、时间成本、体力成本、精力成本。WoodRuf（1997）将顾客价值定义为："顾客在一定的使用环境中对产品性能、产品属性的表现以及使用结果达成（或阻碍）其购买意图的感知偏好和评价。这一定义强调了顾客价值的主观性，并揭示顾客价值或顾客偏好是可以通过挖掘等知识发现方法和手段加以识别和测量的，它存在于产品性能、产品属性的表现和顾客意图这三个层次，因此挖掘顾客价值就可以循着这三个层次进行。" Gronroos是从关系营销的视角来阐述顾客价值的。他认为顾客价值是关系营销的起点和结果，关系营销应该为顾客和其他各方创造出比单纯交易营销更大的价值。将顾客感知价值定义为顾客根据付出了什么和得到了什么的感知而对产品的效用做出总的评价的看法，没有考虑到提供物的关系方面，实际上关系本身对总的感知价值可能有重要影响。

目前，有关的理论研究和很多成功企业的实践已经取得基本一致的认识：顾客价值的驱动因素主要由产品质量、服务质量和价格因素等构成。针对以前的感知价值研究主要集中于将产品质量作为"利得"因素，将价格作为"利失"因素，却忽视了服务的质量同样也是一个合乎逻辑的感知价值驱动因素，Berry（2000）提出："企业仅仅依靠优质产品和合理定价不足以在市场上维持长久的竞争优势；无论一个公司的核心产品是有形的产品还是无形的服务，出色的服务质量都是优异的市场表现的基本决定要素。此结论的基本原理在于，服务质量要比产品质量和价格更加难以被竞争对手有效复制。"关系营销视角或理论范式的有关观点认为："顾客在感知价值时除了关注企业供应物外，还关注相互间的整体关系；顾客价值不仅来源于核心产品加附属服务，还应包括维持关系的努力，可以通过发展良好而持续的顾客关系来创造价值。" Ravald和Gronroos（1996）提出的测量"全情景价值"（Total Episode value）以及顾客感知价值的模型表明："与关系本身有关的成本和利益都是顾客感知总价值的决定因素。Simpson，siguaw和Baker（2001）从供应商的角度，剖析了顾客价值的驱动模型，并认为："供应商的市场导向行为会影响顾客感知利得和顾客感知利失，进而对顾客价值产生正面或负面的驱动作用；供应商的价值导向行为一产品相关因素、服务相关因素和营销相关因素，如备选方案、产品质量、产品定制化、敏捷反应、柔性、可靠性、技术能力、供应商的形象、信任、供应商与顾客的团结亲密程度，价格、时间、努力程度、精力与冲突等构成了顾客价值的直接驱动因素。供应商的市场导向和价值导向的行为，是为了创造优异的顾客价值；而优异的顾客价值往往可以促使顾客更大程度的投入、更强烈的合作意愿和满意度，从而使企业获得更有价值、更深入的顾客价值驱动因素的信息，并增强其交付优异顾客价值的能力。”根据Wolfgang Uaga 等人的实证研究，可以把顾客价值的驱动因素分为三类：一是产品相关特性，如产品的一致性、产品特征、产品范围、便于使用；二是服务相关特点，如供应的可靠性与敏捷性、技术支持、快速响应、产品创新、技术信息；三是促销相关的特性，如形象、个人关系、公司的可靠性、公共关系、上游整合等。

网络品牌是一种动态实体，网络品牌管理则是一项系统工程，网络企业只有依据网络品牌特有的发展规律进行网络品牌生命周期的管理，通过不断地对网络顾客在长期的网络品牌使用过程中形成的网络品牌理解和态度进行检测和评估，随时掌握网络品牌的健康状况，定期追踪网络品牌的成长轨迹，才能及时修正网络品牌发展方向，调整网络品牌管理策略，促进网络品牌的永续发展。

总之，网络品牌借助了互联网对品牌理论重新进行了定义。某种程度上，互联网品牌在网络上提供的服务几乎是免费的，这一点就从根本上区别于传统意义上的品牌存在的价值。互联网品牌完全打破了传统品牌特别是产品品牌建立的模式。因此，我们将借助实物商品品牌形象理论与互联网品牌理论，提出互联网品牌形象评价维度，建立中国互联网品牌形象影响因素分析模型。

三、研究设计

（一）研究模型

依据各品牌因子在建立品牌与消费者关系的方式及影响力方面的差异，我们将其划分为功能属性，情感属性和企业形象三个维度，构建中国互联网品牌形象影响因素分析模型（如图 2 - 5 所示）。

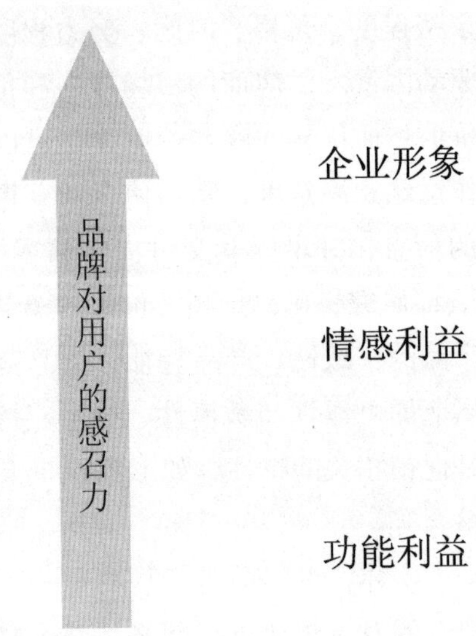

图 2-5 互联网品牌形象影响因素分析模型图

本分析模型主要是参照传统品牌形象研究中的贝尔模型，依据网络品牌相关研究理论而建立。

贝尔模型对品牌形象的分析通过公司形象、使用者形象和产品（服务）自身形象三个维度体现，而描述品牌形象好的起点是消费者对品牌相关特性的联想。公司形象即对应本分析模型的企业形象，产品（服务）自身形象对应本模型的功能利益，而消费者对品牌相关特性的联想可以对应于本模型的情感利益。

（二）模型说明

该模型建立的维度反映的是网络品牌核心价值。品牌核心价值让用户明确、清晰的记住并识别品牌的利益点和个性，是驱动消费者认同、喜欢乃至爱上一个品牌的主要力量。因为有了自己清晰的核心价值和个性，品牌可以凭借差异化特征，在所选择的目标市场上占据较高的市场份额。用户也因此对核心价值的认同，而产生对品牌的美好联想，并进一步对品牌产生忠诚度。

1. 功能利益

功能利益反映的是基本的功能价值形象，与满足用户基本的需求直接相关，即品牌给用户提供的物质层面。在功能利益维度下，本研究细化出具体的品牌形象影响分析指标，包括简单易使用的；能提高工作/生活效率的；信息更新及时的；贴近生活的；人性化的；为生活带来便捷的。

2. 情感利益

情感利益指的是用户在购买和使用某品牌的过程中获得的情感满足。品牌的情感利益让用户拥有一段美好的情感体验。品牌与用户建立了情感联系，给予消费者情感愉悦。在产品同质化、替代品日益丰富的时代，如果产品只有功能利益，就会变得苍白无力。在情感利益维度下，本研究细化出具体的品牌形象影响分析指标，包括适合您使用的；满足您需求的；受大众欢迎的；值得信赖的；亲和/亲近的；专业的/权威的；与众不同的。

3. 企业形象

企业形象代表着企业具有某种魅力，从而真正赋予品牌生命和价值，使品牌成为消费者表达个人价值观、财富、身份地位与审美品位的一种载体和媒介。本研究细化出具体的品牌形象影响分析指标，包括有影响力的；有实力的；行业领导者；是一家令人尊重的企业；有社会责任感的；技术领先的。

情感利益和企业形象成为消费者认同品牌的主要驱动力，品牌的核心价值自然会凝聚到情感利益和企业形象上，这些又都是以卓越的功能利益为强大支撑的。表2－3反映的是三个维度下的所有影响因素。

表2－3　互联网品牌形象影响因子表

维度	分析指标
功能利益	简单易使用的 能提高工作/生活效率的 信息更新及时的 贴近生活的 人性化的 为生活带来便捷的

续表

维度	分析指标
情感利益	适合您使用的 满足您的需求的 受大众欢迎的 值得信赖的 亲和/亲近的 专业的/权威的 与众不同的
企业形象	有影响力的 有实力的 行业领导者 是一家令人尊重的企业 有社会责任感的 技术领先的

（三）研究假设

基于以上，我们研究提出的第一个假设：

假设：构成品牌核心价值的三层次对互联网品牌形象的影响程度是一样的。

另外，在探讨“互联网品牌形象影响因素”这个基本命题时，存在着两个变量：互联网企业和用户人群。

根据业务性质的不同，同时考虑用户面因素，本研究主要考察以下几类互联网企业：新闻门户类、即时通讯类、搜索引擎类、电子商务类。

而用户人群的分类则相对复杂，本研究主要从三个维度对用户人群细分：受教育程度、收入情况，以及网龄。

基于以上的因素，本研究提出以下两个假设：

假设：不同业务性质的互联网品牌形象影响因素有差异。

假设：用户人群的不同导致互联网品牌形象影响因素分析的差异。

四、研究方法

（一）抽样

本研究采取调查问卷的方法收集相关数据并依据数据进行相关研究和

分析。具体调查实施工作采取委托专业调研公司采用计算机辅助电话访问（CATI）方式，在一个月内完成，以保证样本采集的有效性。抽样通过以下步骤完成。

1. **地域划分**

表2－4　样本采集地域分布表

地区/级别	北部地区	东部地区	南部地区	中部地区	西部地区	合计
一级城市	北京	上海	广州			3个城市
二级城市	长春	南京	南宁	武汉、郑州	重庆、西安	7个城市
三级城市	2个	2个	2个	2个	2个	10个城市
四级城市	2个	2个	2个	2个	2个	10个城市
县级市	2个	2个	2个	2个	2个	10个城市
合计	8个城市	8个城市	8个城市	8个城市	8个城市	40个城市

（数据说明：本表只列明受访地域的一级和二级城市，其他级别城市在具体实施的过程中确定，未在表中列出。）

2. **样本量确定**

表2－5　样本量地域分布表

单位：个

城市级别	单位样本数	合计
一级城市	154个城市	462
二级城市	60个城市	420
三级城市	38个城市	380
四级城市	33个城市	330
县级市	31个城市	310
总计	/	1902

（数据说明：样本量共计1902个。）

3. **样本条件界定**

对受访者提出第 个问题：请问您或您的家人中，有没有在以下地方工作的呢？

表2－6　样本限定条件一

市场调查公司	终止访问
网站	终止访问
广告公司	终止访问
以上都没有	继续

对通过第一个问题的受访者询问其年龄。

表 2－7　样本限定条件二

15 岁以下	终止访问
50 岁以上	终止访问
15～50 岁	继续
拒绝回答	终止访问

对通过第二问题的受访者询问最近一次上网的时间。这里的上网指浏览网页，收发邮件，上网聊天，玩互联网游戏等任何需要接入互联网进行的活动，不包括在局域网内工作。

表 2－8　样本限定条件三

没上过网	终止访问
1 个月前	终止访问
半个月前，一个月内	终止访问
1 周前，半个月内	终止访问
1 周内	定义为网民

4．*样本数据配额*

对受访者所处年龄段进行划分并按占总样本比例配额。

表 2－9　样本年龄段配额表

<table>
<tr><td>15～19 岁</td><td>23%</td></tr>
<tr><td>20～24 岁</td><td rowspan="2">41%</td></tr>
<tr><td>25～29 岁</td></tr>
<tr><td>30～34 岁</td><td rowspan="2">41%</td></tr>
<tr><td>35～39 岁</td></tr>
<tr><td>40～44 岁</td><td rowspan="2">41%</td></tr>
<tr><td>45～49 岁</td></tr>
</table>

（数据说明：各年龄段可在总样本的 5% 以内浮动）

针对年龄在 15～34 岁之间的受访者提问是否全日制在校学生。包括大专、本科、硕士及以上学历，配额比例在 16% 左右。

表 2－10　样本性别配额表

对受访者性别做配额。

男	53%
女	47%

（数据说明：各性别段可在总样本的 5% 以内浮动）

（二）测量

本研究通过问卷调查，获得 1902 个样本量，根据互联网品牌影响因素分析模型，使用二级量表建立了一套由 19 个题项构成的互联网品牌影响因素量表。量表因子即为分析模型的维度，题项就是分析模型中每个维度下的分析指标。另外在问卷设计时，选取了不同类别的具有代表性的中国互联网企业进行测量，包括百度、腾讯、新浪、搜狐和淘宝网。

1. 影响因子的相关性

表 2－11　影响因子相关性分析结果

单位：个

题项	因子一	因子二	因子三
简单易使用的	391	/	/
能提高工作/生活效率的	344	/	/
为生活带来便捷的	338	/	/
信息更新及时的	333	/	/
贴近生活的	321	/	/
人性化的	321	/	/
适合您使用的	/	429	/
满足您需求的	/	402	/
受大众欢迎的	/	367	/
值得信赖的	/	341	/
亲和/亲近的	/	325	/
专业的/权威的	/	307	/
与众不同的	/	164	/
有影响力的	/	/	347
有实力的	/	/	344
行业领导者	/	/	318
是一家令人尊重的企业	/	/	301
有社会责任感的	/	/	283
技术领先的	/	/	261

2. 功能利益相对值

表 2－12　5 家互联网企业的功能属性相对值表现

	百度	腾讯	新浪	搜狐	淘宝网
简单易使用的	19	－4	－9	－1	－11
能提高工作/生活效率的	13	－8	－5	－3	－1
为生活带来便捷的	5	－5	－10	－6	24
信息更新及时的	－15	10	15	7	－14
贴近生活的	－5	4	－3	－3	24
人性化的	－2	1	－2	0	7

3. 情感利益相对值

表 2－13　5 家互联网企业的情感属性相对值表现

	百度	腾讯	新浪	搜狐	淘宝网
适合您使用的	11	4	－7	－7	2
满足您需求的	10	0	－9	－6	14
受大众欢迎的	5	7	－5	－6	11
值得信赖的	2	－7	3	3	－5
亲和/亲近的	－2	6	0	－1	1
专业的/权威的	－1	－7	8	4	－13
与众不同的	－27	1	－2	1	16

4. 企业形象相对值

表 2－14　5 家互联网企业的企业形象相对值表现

	百度	腾讯	新浪	搜狐	淘宝网
有影响力的	－2	9	2	0	－8
有实力的	－1	6	2	－1	－11
行业领导者	－2	0	2	2	－7
是一家令人尊重的企业	－6	－8	9	6	－5
有社会责任感的	－8	－7	13	9	－8
技术领先的	－10	1	0	1	－8

以上相对值的测量表中，本研究将相对值为负值的数据用灰色标注出来，与正值相区别。

5. 基于人群分类的数据测量

本研究将受访者划分为 6 类人群。见表 2－15。

表 2-15 人群细分说明表

人群	定义
中学生	包含初中生、高中生、中专生全日制在校学生
大学生	包含大专生、本科生、研究生全日制在校学生
高端人群	大专及以上学历，家庭平均月收入符合高收入条件的非学生被访者
高学历低收入	大专及以上学历，家庭平均月收入不符合高收入条件的非学生被访者
低学历小年龄	大专以下学历且年龄在 25 岁以下的非学生被访者
低学历大年龄	大专以下学历且年龄在 25 岁及以上的非学生被访者

（1）受访者为中学生的数据测量。

表 2-16 中学生人群数据测量表

单位：人

因子	题项	百度	腾讯	新浪	搜狐	淘宝
功能利益	简单易使用的	90	34	19	15	21
	能提高工作/生活效率的	75	33	31	21	34
	信息更新及时的	55	57	43	28	25
	贴近生活的	57	44	28	20	59
	人性化的	64	43	34	23	45
	为生活带来便捷的	72	37	27	18	64
情感利益	适合您使用的	87	59	34	21	40
	满足您需求的	86	48	28	19	57
	值得信赖的	71	35	29	22	34
	亲和/亲近的	60	44	31	17	31
	专业的/权威的	64	36	40	24	24
	与众不同的	19	32	23	18	43
	受大众欢迎的	82	59	34	21	53
企业形象	有影响力的	71	62	37	21	35
	有实力的	76	60	34	23	35
	行业领导者	60	39	31	16	20
	是一家令人尊重的企业	61	35	40	30	31
	有社会责任感的	59	31	40	29	30
	技术领先的	44	41	31	20	25

（2）受访者为大学生的数据测量。

表2－17 大学生人群数据测量表

单位：人

因子	题项	百度	腾讯	新浪	搜狐	淘宝
功能利益	简单易使用的	92	34	27	26	30
	能提高工作/生活效率的	74	28	35	22	36
	信息更新及时的	49	55	64	38	27
	贴近生活的	60	50	36	17	62
	人性化的	61	41	32	20	52
	为生活带来便捷的	78	41	32	23	64
情感利益	适合您使用的	84	56	43	25	54
	满足您需求的	77	50	33	20	59
	值得信赖的	64	24	41	23	26
	亲和/亲近的	60	37	34	20	42
	专业的/权威的	55	25	42	25	24
	与众不同的	16	23	25	15	50
	受大众欢迎的	80	53	39	19	63
企业形象	有影响力的	74	54	50	29	44
	有实力的	71	56	46	29	39
	行业领导者	57	34	29	23	26
	是一家令人尊重的企业	58	23	47	26	32
	有社会责任感的	41	24	48	26	20
	技术领先的	42	30	26	17	21

（3）受访者为高端人群的数据测量。

表2－18 高端人群数据测量表

单位：人

因子	题项	百度	腾讯	新浪	搜狐	淘宝
功能利益	简单易使用的	80	36	30	26	34
	能提高工作/生活效率的	77	27	24	19	39
	信息更新及时的	41	51	61	36	26
	贴近生活的	56	40	33	22	69
	人性化的	57	32	26	20	48
	为生活带来便捷的	68	37	26	20	72

续表

因子	题项	百度	腾讯	新浪	搜狐	淘宝
情感利益	适合您使用的	78	49	40	28	55
	满足您需求的	76	40	34	25	63
	值得信赖的	61	29	43	28	35
	亲和/亲近的	53	42	30	24	42
	专业的/权威的	48	22	42	28	21
	与众不同的	21	27	14	15	45
	受大众欢迎的	68	49	41	29	65
企业形象	有影响力的	64	50	47	33	42
	有实力的	63	48	51	38	40
	行业领导者	53	30	31	21	31
	是一家令人尊重的企业	50	24	43	28	34
	有社会责任感的	40	19	46	32	19
	技术领先的	40	27	26	18	27

（4）受访者为高学历低收入人群的数据测量。

表 2－19　高学历低收入人群数据测量表

单位：人

因子	题项	百度	腾讯	新浪	搜狐	淘宝
功能利益	简单易使用的	83	35	34	32	35
	能提高工作/生活效率的	80	29	27	20	39
	信息更新及时的	52	42	54	41	31
	贴近生活的	59	41	34	26	66
	人性化的	62	38	32	27	45
	为生活带来便捷的	75	38	31	26	71
情感利益	适合您使用的	84	44	40	30	56
	满足您需求的	78	38	35	26	58
	值得信赖的	62	31	43	32	38
	亲和/亲近的	56	39	33	25	40
	专业的/权威的	60	26	46	32	22
	与众不同的	21	27	18	16	45
	受大众欢迎的	76	51	41	34	62

续表

因子	题项	百度	腾讯	新浪	搜狐	淘宝
企业形象	有影响力的	72	50	51	39	39
	有实力的	64	49	49	40	42
	行业领导者	56	28	38	27	26
	是一家令人尊重的企业	51	31	43	33	34
	有社会责任感的	44	26	48	35	27
	技术领先的	48	30	26	20	19

（5）受访者为低学历小年龄人群的数据测量。

表 2－20　低学历小年龄人群数据测量表

单位：人

因子	题项	百度	腾讯	新浪	搜狐	淘宝
功能利益	简单易使用的	86	38	21	24	23
	能提高工作/生活效率的	75	31	30	23	33
	信息更新及时的	54	53	39	26	22
	贴近生活的	61	41	25	18	54
	人性化的	61	43	27	23	37
	为生活带来便捷的	70	33	24	16	59
情感利益	适合您使用的	83	57	22	22	46
	满足您需求的	78	47	21	18	52
	值得信赖的	70	37	30	25	35
	亲和/亲近的	60	45	24	17	32
	专业的/权威的	70	35	36	25	22
	与众不同的	29	28	23	20	36
	受大众欢迎的	78	63	31	23	50
企业形象	有影响力的	66	59	35	28	30
	有实力的	74	55	36	25	25
	行业领导者	60	32	26	18	25
	是一家令人尊重的企业	58	35	36	25	33
	有社会责任感的	59	30	37	23	30
	技术领先的	55	41	28	24	26

（6）受访者为低学历大年龄人群的数据测量。

表 2－21　低学历大年龄人群数据测量表

单位：人

因子	题项	百度	腾讯	新浪	搜狐	淘宝
功能利益	简单易使用的	81	41	25	22	30
	能提高工作/生活效率的	71	35	25	20	35
	信息更新及时的	51	43	41	29	23
	贴近生活的	58	38	29	23	56
	人性化的	56	35	33	24	34
	为生活带来便捷的	65	30	28	25	57
情感利益	适合您使用的	79	42	31	26	40
	满足您需求的	77	39	27	25	48
	值得信赖的	72	29	34	24	27
	亲和/亲近的	58	38	33	21	29
	专业的/权威的	65	33	36	28	22
	与众不同的	34	29	27	23	37
	受大众欢迎的	73	48	33	23	46
企业形象	有影响力的	67	53	41	27	31
	有实力的	71	50	37	27	30
	行业领导者	59	33	30	26	21
	是一家令人尊重的企业	62	27	32	27	24
	有社会责任感的	55	28	34	26	21
	技术领先的	52	32	30	24	20

在以上对六类人群进行的数据测量中，本研究对每类的每一题项出现的最大值与最小值分别用深灰色与浅灰色加以标注。

五、研究发现

在本研究的因子分析中，按照相关性的强度，功能利益排在前两位的指标是简单易使用的和能提高工作/生活效率的；情感利益排在前两位的指标是适合您使用的和满足您的需求的；企业形象排在前两位的指标是有影响力的和有实力的。对比于各因子属性反映的不同类型的互联网企业的相对值，研究发现：在功能利益维度下，体现前两位指标的企业中，搜索引擎类品牌百度是唯一的正相对值，而其他互联网企业是负相对值；在情感利益维度下，以正相对值体现前两位指标的企业有三个品牌，分别是代表搜索引擎的百度、代表即时通讯的腾讯，以及代表电子商务的淘宝；在企业形象维度下，体现前两位指标的企业是代表即时通讯的腾讯和代表门户网站的新浪，而百度却是负相对值。这表明，不同的类型的互联网企业，其品牌的影响因素的重心也不同，也就是说，不同类型的互联网企业在树立和维护自身品牌形象的时候所实施的策略重心应不同，尽可能的发挥自身优势，树立和维护有自身特色的品牌形象；同时，关注品牌形象的塑造方面的短板，如在企业形象维度下，百度和淘宝各项指标均表现出负相对值，说明企业形象的影响因素正对品牌形象起着负面影响效果。在现实中发生的百度的“屏蔽门”、“央视曝光”和“百度文库侵权门”事件，以及淘宝网的交易信用问题，都进一步证明了这个问题的存在。基于这样的研究发现，本研究的第一个假设不成立。

从整个指标依据相对值数据对不同的互联网品牌进行具体分析。在功能利益属性方面，淘宝网作为电子商务网站，“为生活带来便捷”、“贴近生活”的特点深入人心；新浪、搜狐、腾讯网等门户网站在“信息更新及时”方面受到较高认可；在情感利益属性方面，腾讯网在“亲和/亲近”方面具有独特的优势，淘宝网被用户认为“满足需求”、“受大众欢迎”以及“与众不同”；在企业形象属性方面，新浪大部分企业形象属性趋于正向的表现，值得关注，腾讯网被认为“有影响力”、“有实力”，但受到“360与QQ大战事件”的影响，“令人尊敬”和“社会责任感”形象受损严重。从以上可以看出，不同类型的网站依据各自不同的业务特点，在用户的心目中的品牌形象是不同的。基于此，本研究的第二个假设受到支持，可认为基本成立。

而根据6类人群所做的各类互联网品牌的影响因素的测量中，本研究发现，对于品牌形象的体验和感知，存在着高相似度。从具体数据看，6类人群的关注点基本上都集中于百度（正面效应，用深灰色标出）和搜狐（负面效应，用浅灰色标出）；而且人群相似度越高，对互联网品牌形象影响因素相似度越高，如中学生与大学生两类人群的相似度，高学历的两类人群的相似度，以及低学历的两类人群的相似度，表现出相似度基本重合的特征。所以，本研究的第三个假设基本不成立。

六、结论

对中国互联网品牌形象影响因素的研究应该是首次，互联网企业与传统企业有着本质的不同。它不仅凭借信息技术的飞速进步而发展，而且它对信息这一特殊商品的经营运作，使它还具有信息传播的功能，赋予了更多的企业责任和社会责任。从分析模型的维度来看，功能利益强调的是品牌基本功能属性，情感利益强调的是品牌与用户之间关系的维系，而企业形象则强调的是品牌的社会功能属性。当然，从维度的指标构建来看，本研究主要还是从市场的角度研究中国互联网品牌形象，并没有更深入的从互联网企业所应承担的更大的社会责任的角度来探讨，这有待后续的研究进行。

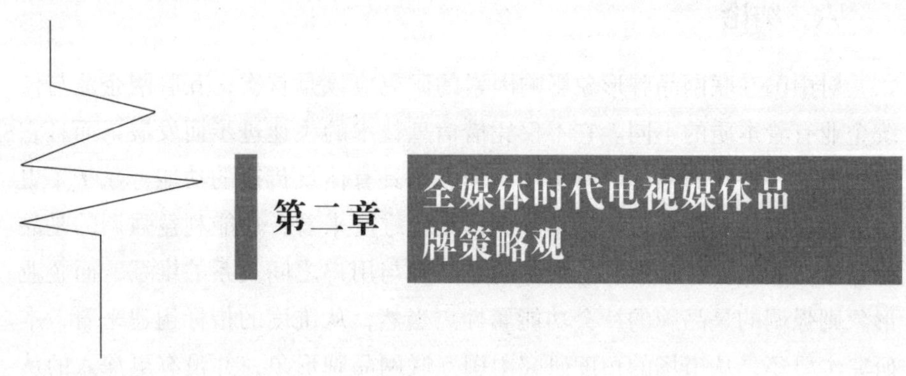

第二章 全媒体时代电视媒体品牌策略观

中国电视媒体从20世纪80年代电视节目的初步发展，到90年代电视逐步普及，2000年开始电视媒体品牌建设的探索，时至今日，已经走出了具有媒体特色的品牌发展之路，品牌成为电视媒体构筑核心竞争力、参与媒介市场竞争的法宝和利器。随着数字与网络技术的广泛应用，媒介融合已成为媒体发展大趋势，媒介经济正进入新的全媒体时代。发展全媒体，是所有传统媒体未来发展的必然选择，电视媒体也不例外。然而，全媒体时代不仅仅说明媒介形态发生的改变，而且预示着整个市场竞争格局正在改变。在全媒体时代所形成的新的竞争环境下，品牌的作用尤显突出。

一、中国电视媒体的品牌观

品牌，对于一般企业而言，它既是竞争的有利武器，也是生存和发展的有力保障，品牌是企业极具价值的无形资产。美国营销专家拉里·莱特这样评价品牌的作用："拥有市场比拥有工厂更重要，而拥有市场的唯一办法就是拥有占统治地位的品牌。"品牌概念经历了把品牌用作是区分标志（识别功能）、沟通代码（信息浓缩功能）、承诺和保证（安全功能）及提供无形资产价值（价值功能）这一演进过程。品牌是消费者进行质量感知、服务产品挑选、信息搜寻与评价的重要依据，品牌是为顾客创造并传递价值，为顾客提供心理满足的形象符号。

我们不得不正视这样一个事实，由于媒介市场的不充分竞争，中国电视媒体的品牌观还停留在初级阶段。具有参照意义的有三类电视媒体：代表国家级层面的中央电视台，代表地方级层面的卫星电视，以及代表完全市场竞争主体层面的凤凰卫视。

中央电视台作为国家最高级别、最具权威的电视媒体，虽然其品牌建设开始时间较晚，但凭借强大的经济实力和政策优势，在较短时间内树立起电视媒体品牌形象。以《焦点访谈》为开端，中央电视台以品牌栏目树立自身媒体形象，栏目品牌化、主持人品牌化，从“频道专业化”到“专业频道品牌化”，形成了央视在国内强大的媒介影响力。从某种意义上讲，中央电视台的品牌建设是为打造国家对外宣传的窗口、对外树立国家形象而需要。

以湖南卫视为代表的地方卫星电视台，在其品牌建设的过程中，表现出一个善于学习、勇于尝试、逐步创出有特色品牌的过程。围绕电视“娱乐”的媒介特点做文章，湖南卫视以“快乐中国，湖南卫视”为品牌理念，体现了其为观众制造快乐、丰富娱乐生活的意图；安徽卫视以“剧行天下，安徽卫视”为品牌理念，以电视剧联播为突破，打造国内专业电视剧频道；上海卫视更名东方卫视，依托上海国际大都市的定位，走国际化道路，与国外电视台频繁合作，吸引眼球，力图在全球华人中树立媒介品牌形象。在众多地方卫星电视频道交叉覆盖，收视市场成为买方市场的条件下，卫星电视台不得不走上凭借“品牌”的竞争发展之路。

作为非强势媒体的凤凰卫视，身处风险巨大、竞争激烈的电视媒体市场，在毫无政策保护前提下，从一开始就把媒体当作品牌来经营，走依托品牌的发展之路，凤凰卫视提出“提升媒体自身的品牌形象，就是提升广告客户的投资价值”。具体而言，凤凰品牌的快速成长，得益于凤凰鲜明的品牌定位、创新的差异化内容和独特的品牌宣传体系。由于资金的掣肘，凤凰卫视放弃了走“娱乐”路线，选择了打造以“新闻资讯”为方向的电视品牌定位，追求千姿百态的栏目创新，栏目内容的“内容为王”品质，以明星运作方式打造主持人，强化品牌栏目形象，营造差异性竞争格局，最终建立起“快”、“全球性”、“直播”的新闻资讯采播模式，构筑起自身市场竞争优势，成为各大中国电视媒体纷纷效仿的楷模。

从对以上代表性电视媒体的分析中我们看到，电视媒体无论初衷如何，品牌建设殊途同归。传统电视媒体市场竞争，主要体现在对受众注意力的争夺，而品牌，正成为受众取舍电视节目偏好和忠诚度培养的最重要因素之一。随着数字网络技术的广泛应用，传播手段的日益融合，以及传播市场的成熟，媒介内容产品越来越同质化，媒体的竞争在相当大的程度上就要依靠品牌竞争，媒体也唯有借助和创造和扩大品牌价值来争取广告，吸纳更多资金，从而赢得更大发展空间。这就是品牌价值所在。

不管怎样，这样的竞争还是属于在传统媒体市场内部的竞争，竞争市场的不完全性让品牌的价值没有得到充分的彰显。而进入全媒体时代，这样的格局随着新的新市场竞争者的进入发生着改变。

二、全媒体时代机遇与挑战并存

数字技术决定媒介内容形态的融合，包括文本、图片、音频、视频；互联网决定媒介结构形态的融合，打破原有固化的媒介边界，直致媒介边界的模糊甚至消失。全媒体是媒介融合所呈现出的多功能一体化的趋势，也是媒介融合的必然产物。有研究对“全媒体”的概念做了一个全面的解释：是以媒介融合为文化背景和以数字化为技术基础的大趋势下，经营者通过平面、网络、广播、电视、移动通信等不同媒体形态实现跨平台、全覆盖、立体式媒介服务，实现与受众的单向、双向、交互式复合传播的媒体形式。①

1. 机遇：构建无边界传播体系

全媒体化，即运用所有媒体手段和平台来构建大的传播体系，体现的是一种新媒介业务运作整体模式与策略；从技术实现层面，通俗地讲，就是“三网合一”、“三屏合一”。电视媒体的全媒体化过程，主要体现在电视流程再造和功能扩展，与不同媒介进行融合、互补，使受众更加及时地

---

① 吕岩梅，等．全媒体——广电媒体发展的方向［J］．电视研究，2011，10.

获取多角度的信息，并在融合、互补过程中不断提升为受众服务的层次，构建自己的核心竞争力。近年来，国内的电视媒体纷纷通过不同方式加快了全媒体化的过程，台网互动便是最常见的方式之一。以央视为例，借助央视网这一强大的网络平台，已经开通并运行了网络电视、手机电视、车载电视、IP 电视等四个平台。仅其开通的车载电视一项，就覆盖了全国 30 多个城市，5 万辆公交车，10 万块显示屏。

2. 挑战：争夺市场话语权

然而，数字技术和互联网促使的媒介内容形态一体化和媒介结构形态无边界化，给不同媒介的跨形态发展带来历史性机遇的同时，也改变了市场竞争格局，从而加剧了市场竞争。具体而言，在内容融合、网络融合、终端融合的媒介融合演化过程中，除涉及传统意义上的传媒产业，还包括以网络、通信为主导的信息产业，这就是“三网合一”趋势的必然所在。

所以，媒介融合又是一个资源整合的过程，在这个整合过程中，最终获得主导地位的媒介形态将赢得未来信息社会的话语权。可以说，在全媒体时代，将发生一场争夺信息话语权的媒介革命，媒体经营目标的重心由受众注意力的争夺转移到话语权的争夺。这给所有的媒介形态都提出了未来生存与发展的挑战，作为四大传统媒体之一的电视媒体不得不、也必须面对这样的挑战。

如此以来，对于电视媒体而言，整个市场主体既有传统意义上的媒体，又有通信运营商和网络服务提供商，甚至包括传统媒体自身延伸出来的新媒体。以凤凰卫视为例，在整个媒体业务转型、新旧媒体融合的过程中，传统媒体与新媒体发生“血液互斥”现象。2011 年以凤凰网为主体在纽交所上市的凤凰新媒体，打造综合门户网站、手机凤凰网和凤凰视频三个平台，标志着凤凰新媒体从来自凤凰卫视母体的内容驱动转向技术驱动，变成产品和服务的平台。在新媒体业务方向确定的同时，其内部提出了“离传统媒体远一些，再远一些”，欲与传统媒体划分界限。

三、中国电视媒体全媒体品牌策略

1. 在内部营造新旧媒体品牌共赢机制

传统意义上的电视媒体向全媒体转型，首先就是开发新媒体业务。而传统媒体的品牌生命周期与基于数字与网络技术的新媒体的品牌生命周期在节奏上却有着截然的不同。

所以电视媒体作为新媒体的母体，所要做的，就是顺应新媒体品牌的特点，保持新媒体品牌的活力，促进新媒体品牌的建设，同时依托新媒体带所注入的品牌新形象提升整体品牌价值。正如凤凰新媒体在开发过程中，也不得不承认凤凰卫视给其带来的品牌效应大于资源效应。

2. 线性发展模式向平台发展模式转变

电视媒体品牌建设由先行发展模式向平台发展模式转变包括两层含义：一是应对全媒体平台化趋势；二是融入平台型全媒体化趋势。

电视媒体的全媒体平台化发展趋势主要是适应新的竞争环境。“三网融合”的大背景下，参与媒介市场竞争的主体已不再仅限于传统意义的媒体，还包括通信运营商和网络服务运营商。这样的竞争主体有着各自的优势：传统媒体有着专业的媒介内容生产机制，通信运营商有着雄厚的亿数量级固定用户基础，而网络服务运营商则有着网络接入服务的先天优势。在市场话语权的竞争中，有一个共同的趋势，就是平台化。平台核心的功能是实现双边或多边体之间的互融互通。未来媒介市场竞争，是基于平台的竞争，[①] 抢占平台优势是获得市场话语权的关键因素。

在这样的过程中，必须清醒意识到的是，面对传播技术的更迭浪潮，最需要解决的问题依然有两个：一是内容，二是用户服务。内容仍然是媒体竞争的关键。电视媒体应抓住这一核心优势，在全媒体的进程中，实现节目内容的多样异质发展。当网速发展到极致，人们不再担心网速的时候，媒体运营应遵循的基本规律是：接口是标准的，内容是差异的；资源是有限的，服务是无穷的。[②] 在节目内容上实现多样异质发展，从而增强节目内容的吸引力，走节目内容差异化的品牌实施策略。

以凤凰新媒体为例，其横跨互联网、视频、无线通信网三大平台，不断探索活动营销等方面的增值服务。利用网络的技术和渠道与电信合作，用网络投票、网上直播活动、视频点播、博客等方式吸引受众，为电视媒

---

① 黄升民，等．数字媒体时代的平台建构与竞争［J］．现代传播，2009，5.

② 王虎．媒介融合背景下传统电视与新媒体的整合营销策略［J］．视听界，2009，1.

体开辟出另一个互动空间，获得新的经营增长点。

平台型全媒体化就是将电视媒体的全媒体趋势放在一个更宏阔的视野中思考发展问题。无论是数字平台、网络平台、电信平台、还是广电平台，未来都将基于“互联网交互式信息平台”。[①] 而在这样统一的大平台中，电视媒体品牌将成为一种资源，参与整合整个媒体产业链的产业资源、注意力资源和信息、渠道、影响力资源，促成全媒体产业平台经济、注意力经济和资本经济。

以卫星电视为例。江苏卫视 2010 年开播的《非诚勿扰》节目，与优酷进行了独家的联播合作。优酷在第一时间网上转播《非诚勿扰》的节目视频，以扩大该节目的收视人群，而江苏卫视则在网友评论中，采纳好的建议作为节目素材；2009 年 12 月，湖南卫视与淘宝网达成战略合作，整合湖南卫视和淘宝网双方的资源优势，建立“嗨淘网”，推出“快乐淘宝”节目，创建电子商务结合电视传媒的全新商业模式，在创新了经营业态的同时，也获得了较好的利润回报。

① 张金海，等．互联网交互式信息平台营销传播探析［J］．新闻界，2010，6.

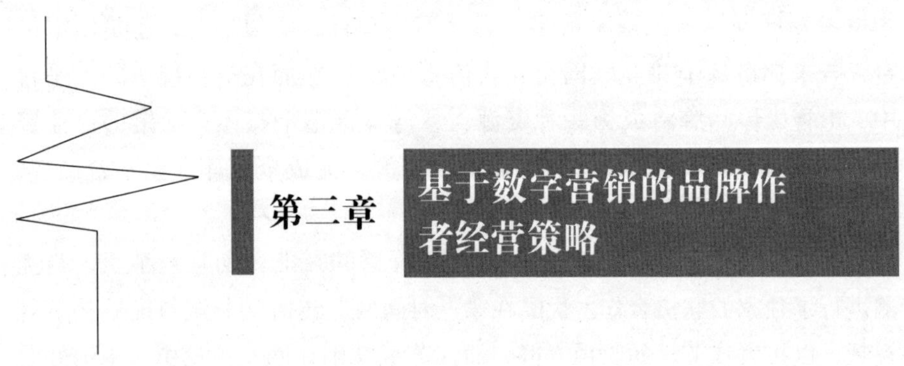

第三章 基于数字营销的品牌作者经营策略

一、图书品牌作者的多重价值

品牌作者是一种个人品牌。品牌作者为读者所熟知，其个人化的品牌特征与竞争对手形成了显著的差异，并依赖广泛的知名度和良好的美誉度得到相应的利益。

1. 品牌作者的价值

首先，品牌作者是提高图书销量、扩大出版社知名度、创造市场价值的重要手段。品牌概念经历了把品牌用作区分标志（识别功能）、沟通代码（信息浓缩功能）、承诺和保证（安全功能）及提供无形资产价值（价值功能）这一演进过程。品牌作者给出版社带来的最直接效益是经济价值，当签约作者成功塑造为品牌时，品牌的价值功能即得到了体现。表2－22显示，2011年虚构类畅销书排行榜排名前10的品牌作者中，郭敬明出版的图书达6本；同时，在排名前30的畅销书中，长江文艺出版社出版了包括郭敬明全部作品在内的11本图书，通过出版几位甚至一位品牌作者的图书，出版单位的市场排名与占有率就能获得大幅提升。品牌作者为出版社在畅销图书的收益上实现了规模效应，同时品牌作者的集群效应也同样突出，不仅降低了图书的生产和营销成本、增强品牌影响、带动相关图书销售，而且很大程度提升出版单位的市场占有率。

图 2－22　2011 年虚构类畅销书排行榜 TOP10

排名	书名	出版社	作者
1	临界·爵迹（Ⅱ）	长江文艺出版社	郭敬明
2	百年孤独	南海出版公司	加西亚·马尔克斯
3	临界·爵迹（I）	长江文艺出版社	郭敬明
4	1988：我想和这个世界谈谈	国际文化出版公司	韩寒
5	临界·爵迹：燃魂书	长江文艺出版社	郭敬明
6	独唱团（第 1 辑）	书海出版社	韩寒
7	小时代 3.0 刺金时代	长江文艺出版社	郭敬明
8	狼图腾	长江文艺出版社	姜戎
9	夏至未至（2010 修订版）	长江文艺出版社	郭敬明
10	幻城	长江文艺出版社	郭敬明

资料来源：北京开卷信息技术有限公司。

其次，品牌作者的知名度和美誉度带给读者更多的承诺和保证。品牌是消费者进行质量感知、服务产品挑选、信息搜寻与评价的重要依据，品牌是为顾客创造并传递价值，为顾客提供心理满足的形象符号。当作者不再是一个抽象写作的人而是成为品牌符号，其所包含的是文化产品带给读者特有的好感，并通过读者群体得到相应的扩大，这种承诺和保证对于品牌价值的提升和品牌资产的形成具有显性的效果。

第三，品牌作者经营是探索成熟商业模式的有效手段。国外相对成熟的文化市场形成了品牌作者的塑造模式，出版社以明星的方式经营签约作者，通过扩大知名度提高作者的品牌价值。这种运作模式中出版社掌握了对作者品牌塑造的主动权，编辑的角色也从简单的图书发行经营工作者转化为作者经纪人，负责统筹图书的宣传发行，以及后续衍生产品的规划等，品牌作者的价值发掘离不开出版社成功的商业运作。

2. **品牌作者的经营方式**

目前国内品牌作者大致分为两种。

第一种是传统出版途径的品牌作者。这种品牌作者有两类。第一类是通过出版多部著作得以成名，如王朔、毕淑敏、池莉等著名作家。他们初期并未签约出版社，陆续出版具有影响力的作品而成为品牌作者，品牌的形成是一个持久而缓慢的过程。第二类是通过其他渠道成名的品牌作者目前主要有“青春偶像型”作者和“学术明星型”作者。郭敬明、韩寒、张悦然等“青春偶像型”作者在10年前的“新概念作文大赛”中崭露头角，从文学新人成长为知名作家。“学术明星型”作者如于丹、易中天、阎崇年等，他们通过电视栏目的学术讲座获得受众认可继而形成品牌，后续的营销活动也是基于电视节目所形成的号召力。

相比而言，第二类方式形成的品牌作者商业色彩更加浓厚，且个人品牌影响力得到了强化，作者的品牌商业价值得以提升。然而这类品牌作者的成功多是由于偶然的契机，出版社并没有参与初期品牌塑造，经营重点在于强化品牌和促使品牌作者成熟化。

第二种是网络途径的品牌作者，即通常意义所说的网络写手。他们或是将原先已经成名的网络小说利用实体渠道出版；或是正式签约出版社，直接出版著作实体或者在网络上连载到一定程度再进行出版。由于网络作者的写作门槛较低，素质良莠不齐，因此出版社将其塑造成品牌作者的难度更大，其中也不乏成功跨入实体出版界的品牌作者，如顾漫、南派三叔、桐华等。出版社对于这种作者的品牌经营手段更加灵活新颖，且由于其初始受众集中于网络，对于新媒体的运用更加大胆，需探索更加有效的数字营销手段从而提高品牌价值。

二、图书营销的数字化变局

21世纪以来，数字技术和网络传播技术的快速发展，改变了人们的生产、生活方式和接受、处理信息的习惯。数字化浪潮对于出版业的影响既包括宏观产业构成方面的，也包含企业微观营销层面的变化。

从宏观角度看，数字技术改写了出版业的版图。随着移动互联网、云计算等新兴技术的迅速普及，以产品形态和传播渠道的数字化、网络化为特征的数字出版成为势不可挡的新军。2010年中国出版业总产出为127万亿元，其中数字出版达1000多亿元。调查显示，传统出版物阅读人数每年以12%的速度下降，而数字出版物的阅读人数却以30%的速度在增长。随着互联网、手机普及率的提升以及3G的广泛应用，读者的阅读习惯发生了巨大变化，占中国总人口的40%以上的网络一代（1970年之后出生）正在成为数字阅读的主流人群，阅读、出版的数字化已是大势所趋。

此外，数字出版产业链的构成彻底变革。传统图书产业链为“作者——出版社——印刷——批发——零售——读者”，主要以内容收费为盈利模式；数字出版产业链改变为“作者——出版社——数字发行平台——运营商（支付）——终端商——读者”，盈利模式更为多元化。数字出版还提供了更加灵活，互动性更强的出版方式，作者能够以更方便、更便捷的方式与读者沟通，读者在出版过程中也更具深入的参与性。

从微观层面看，数字营销组合更加复杂多变，营销手段更加多元化。数字营销具有多媒体、跨时空、交互式、拟人化、高效率、经济性等特点。数字化营销组合策略不仅要从传统的4P组合（Product、Price、Place、Promotion）转向4C（Customer ´s wants、Cost、Convenience、communication），还应加入4D组合即数字化沟通（Digital－Communication）、数字化调研（Digital－Research）、数字化促销（Digital－Promotion）和数字化贸易（Digital－Trade）。因此，图书营销必须实现从传统营销观念转向数字营销观念的转变，以更加广泛的营销渠道、更加明确的营销对象和更有针对性的营销手段开展品牌活动。

三、数字营销背景下品牌作者的经营

目前多数出版社仍以传统的推销、广告等作为常用的品牌作者营销手段，随着数字化进程的加剧，基于数字营销的品牌作者经营策略必须随之发生转变。

1. 提供更丰富的品牌信息，与读者的品牌接触与互动

数字营销为用户提供了查找产品、价格、品牌等信息的便利条件。出版社采取与读者多点接触、实时互动的方式开展品牌作者的推广不失为有效的手段，通过运用灵活多样的数字营销渠道，如博客、播客、微博、论坛、个人网站、电子杂志等，全方位拓展作者与读者的品牌接触点。例如长江文艺出版社《悲伤逆流成河》的营销活动中，充分借力网络，在郭敬明的博客、猫扑、豆瓣网、榕树下、西祠胡同等发布新书信息，扩大新书

知名度。同时，利用网络实时互动功能，加深作者与读者的深度接触。出版社在新浪网举办作品主人公海选活动，投票胜出的网友可获得与郭敬明合拍 MV 的机会或签约《最小说》做青春漫画的模特。通过一系列的网络互动，树立起亲切的品牌形象，并获得获取真实有效的反馈信息。

2. 精心策划完整的消费体验

当今消费者在做出购买决定的过程中，不断与品牌进行互动。数字营销环境提供了供读者自主选择和有效互动的传播模式，通过更精确化的读者定位，提供个性化产品和服务，有效降低品牌营销的成本。出版社通过对读者的个性化需求和体验的追踪协调，及时把握读者的消费趋向，促进图书的销售增长。这一过程始终受到4 个因素的影响：一是在线访问流量，二是消费者更有效地参与，三是提升销售转化率，四是在售后加深消费者与品牌的关系。通过数字营销的互动与反馈，出版社不断强化作者与消费者的关联，这些手段对于传统出版途径的品牌作者尤为重要。

3. 促使读者更为直接的参与式沟通和分享式营销

与一般商品不同，图书消费者的产品选择过程投入了更多的情感，他们更愿意作为消费制作人（prosumer）参与到品牌作者的品牌传播活动中来，如通过社会化媒体自行编辑可供转发的原创内容，剧情歌、视频、心情故事、书评书摘，搜罗未被官方发布的小道消息，在门户网站或售书网站发表书评或感想等。以微博为例，由于精准性营销的特点，读者对作者微博的关注即是一种信息获取许可，而这种利用媒体满足受众信息需求的行为，显然比被动接受营销信息的灌输具有更明显的传播效果。作者与粉丝之间的信息传播更趋近一种人际传播，双向性更强、互动更及时、频率也较高。消费者由旁观者转变为参与者，营销也势必从推式营销转化为消费者自愿参与的分享式营销。出版社和品牌作者营销部门就是要在消费者与品牌作者之间建立更加深入的营销传播关联，引导和鼓励读者参与品牌建设与品牌营销。

4. 拓展品牌作者的商业价值

目前品牌作者较为成功的方式有以下几种：一是品牌作者独立创办或主编杂志与系列书籍。2004 年，郭敬明成立“岛”工作室并出版《岛》书系；2006 年 10 月，主编《最小说》全面上市，该杂志以青春题材小说为主，资讯娱乐以及年轻人心中的流行指标为辅，旨在刊登最优秀最精彩的小说，力求打造成年轻读者和学生最喜欢的课外阅读杂志。2008 年，张悦然主编的《鲤》书系发行上市，在内地开创“主题书”的出版物概念，主要针对青年女性群体。2011 年 8 月，通过网络出版途径成名的南派三叔主编《超好看》杂志创刊，主要面向 18 ~ 30 岁、有阅读习惯、追求新奇与另类、喜欢用好看的故事来打发闲暇时间的群体。二是品牌作者成立自己的公司。2010 年 7 月，郭敬明成立上海最世文化发展有限公司，担任董事长兼总经理，这是品牌作者拓展商业价值的一种尝试。三是将作品品牌延伸至其他领域，如授权改编影视剧、广播剧。如关锦鹏导演投拍的改编自韩寒小说的电影《他的国》；桐华的《步步惊心》、《大漠谣》等网络小说被有偿授权后改编为电视剧。出版社可根据上述几种模式，采用多种手段拓展品牌作者的商业价值。

5. 与作者共同承担品牌塑造的责任

传统的出版模式中，出版社对于品牌作者的营销和策划一般始于品牌形成初期，并未参与品牌的成长和塑造期，这无疑延误了品牌作者市场价值的实现。因此，品牌作者经营最重要的角色转换不是作者，而是编辑和出版社。出版社和编辑应改变传统营销观念，把品牌的塑造纳入营销的轨道中来。具体而言，编辑不再只是机械的“编”和“辑”的工作，需对品牌作者的整体活动进行规划，从开始参与选题策划，监督写作进度，甚至控制写作走向。同时，作为出版社应明确，图书产品是精致的文化盛宴，作者和出版社共同承担品牌塑造的责任，在发展完善营销手段的同时，生产更具价值的图书文化产品和创造优秀的文化财富。

本篇参考文献

[1] [美] 菲利普·科特勒. 营销管理 [M]. 北京：中国人民大学出版社，2001.

[2] 黄合水. 品牌与广告的实证研究 [M]. 北京：北京大学出版社，2006.

[3] 余明阳. 品牌传播学 [M]. 上海：上海交通大学出版社，2005.

[4] 杰弗里·兰德尔. 品牌管理 [M]. 上海：上海远东出版社，1998.

[5] [美] Will Murray. 品牌风暴 [M]. 北京：中国人民大学出版社，2007.

[6] [美] 迈克·莫泽. 品牌路线图 [M]. 北京：商务印书馆，2005.

[7] 菲利普·科特勒，凯文·莱恩·凯勒. 营销管理 [M]. 王永贵，于洪彦，何佳讯，陈荣译. 上海：格致出版社，2009.

[8] [美] 雷恩·艾尔伍德. 品牌必读 [M]. 北京：新华出版社，2003.

[9] 胡晓云，等. 品牌传播效果评估指标 [M]. 北京：中国传媒大学出版社. 2007.

[10] 舒永平，吴希艳. 品牌传播策略 [M]. 北京：北京大学出版社，2007.

[11] A. Parasuraman，Valarie A. Zeithaml，Leonard L. Berry. A Mutiple – item Scale for Measuring Consumer Perceptions of Service Quality [J]. Journal of Retailing，1988，64，(1) (spring)：12 – 40.

[12] Christian Gronroos. Creating a relationship dialogue：communication，interaction and value [J]. The Marketing Review，2000，(1)：3 – 14.

[13] Dayal S. Landesberg H，Zeisser M. Building Digital Brand [J]. The McKinsey Quarterly，2000，55 (1)：26 – 37.

[14] Goldsmith，R. E.，Lafferty，B. A. Consumers response to Websites and their influence on advertising effectiveness Intemet Researeh [J]，2002，12 (4)：318 – 328.

[15] GyeheeLee，LIPingA. Cai，Joseph T. O'Leary www. branding. States. An

analysis of brand building elements in the US state tourism website [J]. Tourism management 2006, (27): 815 - 828.

[16] Gronroos. Value driven Relational Marketing: from Products to Resources and Competence [J]. Journal of Marketing Management. 1997 (13): 407 - 419.

[17] Theodore Levitt (1969). The marketing imagination (N. E. Ed.) [M]. NewYork: FreePress, 1997.

[18] PhiliP Kotler, (1972) A generic concept of marketing [J]. Journal of Marketing. 1972, 36 (2): 46 - 54.

[19] Hui-chih Wang, John G. Pallister, Gordon R. Foxall (2006). Innovativeness and Involvement as Determinants of website Loyalty: III Theoretical and managerial contributions [J]. Technovation, 2006, (26), 1374 - 1383.

[20] Larry Chiagouis, Brant Wansley, Branding on the Internet, Marketing Management (9): 35.

[21] Biel A L. Converting image into equity [J]. Brand Equity and Advertising, 1993.

[22] David A Aaker. Building Strong Brands [M]. New York: The Free Press, 1995.

[23] Russell H. Colley (1965). Defining Advertising Goals for Measured Advertising Results. Association of National Advertisers Ine, 2008.

[24] Biel, Alexander L. How Brand Image Drives Brand Equity [J]. Journal of Advertising Research, 1992.

[25] David A Aaker. Managing Brand Equity [M]. New York: The Free Press, 1991.

[26] Kevin Lane Keller. Strategic Brand Management: Building, Measuring, and Managing Brand Equity [M]. Prentice - Hall, 1998.

·Culture·brands Media·Culture·brands Media·Culture

ure·brands Media·Culture·brands

·Culture·brands Media·Culture·brands Media·Culture·brands Media·Culture·brands

第三篇

变迁中的虚拟“迷群”

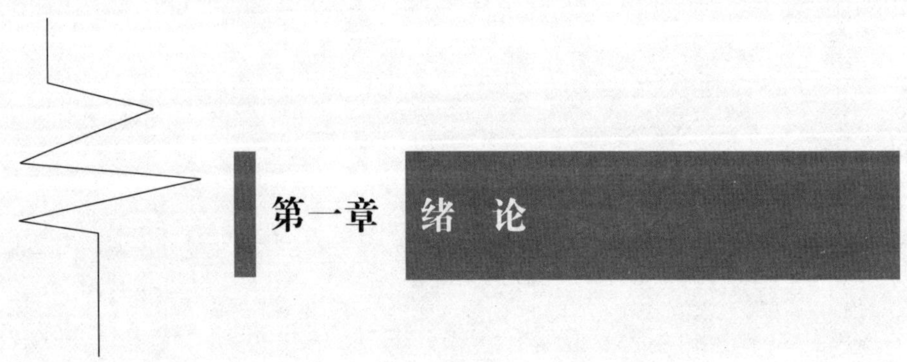

第一章 绪 论

一、研究缘起

媒介受众是传播学最为重要的一个研究领域。从20世纪40年代的"皮下注射论"、"子弹理论"到20世纪60年代的"有限效果理论"，从"愚昧的大众"到"积极的受众"，学界对于受众的认识在不断深入。而兴起于20世纪80年代的西方学界的"迷"① 研究，则把我们带入了一个崭新视角的"积极受众"的新时代。

尽管美国学者珍妮·史格特（Janet Stagier）研究认为，最早的"迷"出现在维多利亚时期。但是，"迷"作为一种社会现象真正引起学界关注，是随着电子媒介的发展，众多的"影视迷"——如"星际迷"、"X档案迷"以及"星球大战迷"② 的出现而开始的。

---

① 中文的"迷"，英文对应的单词有fans 、fandom。国内学界有根据音译分别翻译成粉丝，粉都。本文不作说明的情况下，一般在表示人时，使用"迷"、"迷群"，在表示文化时，则使用"迷文化"以作区分。

② 这些均是美国红极一时的电影电视剧，分别是《star war》、《X files》、《star trek》。

伴随着这些“媒介迷”[①] 产生的，是庞大“迷群”的出现。“迷”从一开始就不是孤独的个体。他们热烈期望与人分享作为“迷”的兴奋和喜悦，他们以兴趣和爱好来甄别“我者”与“他者”，不断寻找自己的同类。“迷”组织起了各种社会团体，通过定期杂志、交流会等方式进行沟通和互动。他们甚至组织起国家级规模的游行和聚会，来表达自己“疯狂的迷恋”。[②] 这些群体的诞生以及其独特的行为活动引起了广泛关注，学者们从传播学、心理学、社会学等多个视角对其进行了分析和研究，使我们对于“迷群”及其现象有了深刻的认识。

然而随着媒介的发展，尤其是互联网的出现，基于媒介发展而出现的“迷群”本身也发生了重大改变。正如詹金斯所说：“在互联网出现之前，业余爱好者可以写故事，创作音乐，或制作电影，但却没有向亲朋好友之外的人展示其作品的渠道。”互联网的出现，改变了“迷”之间的互动方式，扩大了“迷”之间的交流范围。“网络为媒介内容的公共讨论开辟的新的空间，互联网成为了草根文化表达的重要展示性窗口。”

由于“迷”都是积极的媒介使用者，网络的发展为其尝试新的互动方式提供了空间和技术。以网络虚拟社区为主要空间的新型“迷群”出现了。这类超越地域，超越传统的面对面交流，以符号互动为基本交流方式的“想象性社群”，基于网络的虚拟身份围绕某一话题聚集而成，带有鲜明的网络特色。

随着中国社会经济的进步，国内的媒介也发展迅速。中国也出现了“迷”现象，同时也诞生了数量巨大的“迷群”。[③] 由于中国媒介的跨越发展，中国“迷”与“迷群”的产生从一开始就与网络密不可分的，这也决定了中国“迷群”的虚拟性倾向。尤其对于完全得益于互联网技术才产生的“美剧迷”[④] 来说，更是充分的体现了这种虚拟空间的特性。

---

① 媒介迷：media fans，专指大众媒介受众，尤侧重肥皂剧迷，电影迷等。迷的种类有很多，比如说音乐迷，球迷，科技迷等。本文的研究对象不做特殊说明，均是指媒介迷这一形态。

② 科幻片《星际迷航》问世40周年，“星际迷”聚会，详见新闻报道 http://news.xinhuanet.com/ent/2006－08/21/content_ 4985832.htm.

③ 国内的“迷”最早为学界关注是开始于2005年的湖南卫视的超级女声选秀。

④ 美剧迷，意指专门观看和欣赏美国电视连续剧的人。美剧，这一说法来自网络，专指美国的电视连续剧，相类似的说法还有韩剧，日剧等。

新的媒介赋予了“迷群”新的特征，深入的详细探讨虚拟空间下的“迷群”，对于深入理解“积极的受众”，认知“迷”的本质，掌握“迷群”的运作机制有着十分重要的意义。

二、研究对象与目的

1. 研究对象

我们研究的对象为基于网络的虚拟“迷群”，侧重的角度为虚拟“迷群”的变迁。具体到本文的个案，研究的对象为由于迷恋美剧《越狱》而形成的虚拟“越狱迷”。

2005 年 8 月 29 日，美国的福克斯公司开始播出一部名为《Prison Break》（中文译名《越狱》）的剧情片。这部在全球吸引了高达 1800 万用户的美剧，在中国同样也造成了轰动。尽管中国没有正式的引进该部电视剧，但是由于互联网的发展，基于 P2P 技术，中国网民可以通过互联网与世界各国的受众同步收看该剧的最新剧情。

2007 年前后，该美剧在中国掀起高潮。《越狱》的观看群体迅速由小众蔓延到整个网络。尤其在“高学历”、“高收入”、“高素质”的“三高”人群中，在网络上收看美剧更成为一种日常的文化消费。2009 年 5 月 16 日，《越狱》在第四季①播放完后结束。

之所以选择“越狱迷”作为本文个案研究对象，是基于以下几个原因：

（1）该剧在中国的传播完全基于网络技术发展，是彻底的网络传播机制的产物。这种跨国界、跨文化的观看模式，在一定程度上摆脱了“版权”等商业因素的影响，是一种“共享”的互联网精神的体现。因此，基于美剧《越狱》而产生的“迷群”，无论是文本的获取，还是群体建构和交流的方式，都是彻底的“虚拟”的。这个“迷群”具有网络群体的典

① 季（season），美剧的播出周期与中国电视剧不同，它们以季（season）为时间段播出，这里的季不是自然季节，指的是电视播出机构按照观众的收视习惯、收视作息一季收视波动等因素划分出的电视剧放映的时间段。一般来说，每年的 9 年到来年的 5 月为黄金播出季。在美剧中，一般剧情都分多季播出，比如《越狱》本身就有 4 个播出季。

型性。

（2）我们的主要研究角度为虚拟“迷群”的变迁，侧重从时间角度上对虚拟“迷群”进行对比分析。《越狱》作为一部在2009年5月结束的剧集，其“迷群”正好经历了一个变化的阶段。从这点来讲，这一对象的选择符合本文的研究要求。

（3）由于《越狱》的巨大影响，“越狱迷”的数量巨大，且其群体成熟度也相对完善。从样本的选取要求来说，这样的群体作为研究对象也是合适的。

2. 研究目的

我们研究的主要目的是要探究，在虚拟“迷群”形成过程中起到核心作用的群体认同物“主文本”①结束之后，“迷群”呈现了怎样的变化，它是如何维系自己的存在和发展的。具体到本文研究的个案而言，即研究由电视剧《越狱》而产生的“越狱迷”，在剧情结束之后，在网络上由其形成的虚拟群体的具体变化。

一般认为，“迷群”的存在基础是群体认同的“主文本”。“迷”的身份和角色的定位以对“主文本”的认同为标志。而“迷群”的形成，则是以“主文本”的存在为前提。当“主文本”终结或者消失，即相关的剧情结束之后，“迷群”失去了存在的基础，理应逐步解散。但是现实情况并非如此，“迷群”仍然继续存在，其活跃程度仍然很高，甚至仍然存在着新成员的增加。

在网络空间下，依照麦克卢汉的理论，“媒介即人的延伸”，“网络的出现改变了人类的组织和认知方式”。基于符号互动的“迷群”由于身份的虚拟性等网络特性，被认为是缺乏认同感以及凝聚力的群体。然而作为虚拟群体的“越狱迷”，在认同的基础消失之后，并没有离开其依附的符号空间，他们仍然作为一个群体而存在。这种矛盾状况的出现，正是本文研究的起点。针对具有全新的群体结构与群体心理的虚拟“迷群”，本文试图研究并回答以下三个问题，用来揭示这种矛盾背后的真相。

① 主文本，在“媒介迷”研究中，一般把“迷”迷恋的电视剧或者电影称之为“主文本”。具体来说，对“越狱迷”而言，主文本就是电视剧《越狱》。

（1）在“主文本”结束之后，以符号互动为主要方式的虚拟“迷群”呈现的变化。

（2）作为个体的“迷”选择继续留在原“迷群”的心理动机以及原因。

（3）维系变迁中的虚拟“迷群”的具体机制及其实现途径。

三、研究视角与框架

基于网络产生的虚拟群体，由于其传播渠道和互动方式的“虚拟性”，造成了其自身在群体维系过程中的独有特点。对虚拟“迷群”来说，网络不仅是一种交流工具，它更已经成为了一种全新的社会模式。网络的传播特性不再是新社群的特征，而是具有新传播特性的网络本身就构成了新的社会关系，成为了新的网络群体的组成部分。“在今天，网络空间已不再只是传递信息的媒介，而且是一个实时、多媒体、双向互动的社会实践与社会生活场域，人们能够在其中进行社会互动，而不只是交流信息。这意味着，网络不是外在于我们的媒介，而是把我们吸纳进去的空间。而这正是网络空间形成所具有的最重要的社会意义。”

综上所述，本文的研究以网络的传播特性对虚拟“迷群”维系的影响为分析背景。在这样的背景关照下，首先通过定量的数据调查，明确作为变迁的“迷群”的真实情况，然后从社会心理学角度，通过深度访谈来分析为什么“迷”没有一哄而散。最后，通过文本分析来研究符号互动为主的虚拟“迷群”在“主文本”结束之后，通过怎样的群体机制与具体途径来维系群体。

四、研究范围与限制

为了研究的严谨性，特指出本文的研究范围与限制。

（1）我们的研究的对象为基于网络产生的“媒介迷”，在本文中特指“电视迷”，即由于收看相同的电视剧文本而产生共同兴趣的“迷”。其他类型的“迷”不在我们的研究范围之内。

（2）我们研究的场域为网络空间，具体为百度贴吧中的“越狱吧”。研究样本选择都以本贴吧为基准。其他类型的网络论坛及其“迷群”行为和影响都不在本文的研究范围之内。

（3）由于“迷”身份的认定具有很大的主观性，故在本文研究中设定，所有参与“越狱吧”互动的成员，无论是否注册，均为“越狱迷”。

（4）在我们研究中，我们预先设定“越狱吧”及其中的成员已经构成了一个虚拟社群。对于其是否构成虚拟社群则不在本研究的讨论范围之内。

五、文献综述

1. “迷”研究文献概述

“迷”研究是传播学受众研究的组成部分。对于它的研究最早均出现在“积极受众”的研究议题之中。“迷”作为单独的研究领域并且为西方学界所接受，是在20世纪80年代末期，以约翰·菲斯克（John Fiske）、亨利·詹金斯（Henry Jenkins）以及丽萨·威勒斯（Lisa Lewis）的几位学者的专门研究“迷”的文章发表为标志。其中菲斯克的《粉丝的文化经济》（The Cultural Economy of Fandom），詹金斯的《文化盗猎者：电视迷以及其文化》（Textual Poachers：Television Fans and Participatory Culture）与威勒斯的《狂热的受众：迷文化和大众媒介》（The Adoring Audience：Fan culture and Popular Media）均已经成为“迷”研究的经典著作。

“迷”研究的20多年的发展，根据西方学者Jonathan Gray、Gorel Sandvoss和C. Lee Harrington的观点，可以分成三个阶段：“迷是出色的”、“迷文化与社会阶层”、“迷与现代性”。这三个阶段对应了“题材的开拓——理论化——反思”的过程。

在第一个阶段中，“迷”被认为是最积极主动的受众。研究的着眼点在于作为积极受众的“迷”和阅读文本之间的关系。这个时期的研究，由于还处于“积极受众”的研究取向之中，因此，这一阶段的研究理论基础主要来源于文化研究学派。这其中主要包括早期法兰克福学派“愚昧的大众”的观点，随后伯明翰学派的斯图亚特·霍尔提出的编码/解码理论上的“能动的受众”视角，以及新近的法国文化学者米歇尔·德赛都的“符号消费理论”。这些都成为了“迷”研究的基础。

菲斯克的“迷文化”理论主要是从受众角度来进行分析的。他的“迷”研究基于他的大众文化理论。菲斯克关于大众文化的主要观点是：“大众文化是一个意义的生产过程，而决定这个过程的不是文化工业部门生产的文本，而是受众对于文本的接受和消费过程……大众从文化工业提供的产品中创造出了自己的、也是真正的大众文化。因此，真正的大众文化主任不是资本家而是大众消费者。”

菲斯克给予“迷”积极的评价。他认为虽然所有的大众都在一定程度的从事着符号生产，但是只有“粉丝们却经常将这些符号生产转化为可以再粉丝社团中传播，并以此来帮助界定该粉丝社团的某种文本生产形式，粉丝们创造了一种拥有自己的生产和流通体系的粉丝文化。”

菲斯克认为“迷”有三个普遍的特征：辨别力和区隔、生产力和参与性、文化资本积累。他认为“迷”会对“迷文化”的范畴做出严格的部分。由此，所谓的“迷群”与“非迷群”之间的界限也非常清晰。“这两类人都清楚的承认该分界线的存在。文本的和社会的分辨是这同一个文化活动的重要组成部分。”

菲斯克还区别了“迷”的三种生产力，分别是符号生产力、声明生产力和文本生产力。他认为“迷”通过这几种形式的生产达到了“迷文化”的自我生产。菲斯克还探讨了“迷文化”与普通的大众文化之间的区别和联系。

詹金斯的《文化盗猎者》同样也为这一时期的代表之作。在这本书中，詹金斯根据米歇尔·德赛都的理论，引用其用来描述积极受众消费的“策略”、“偷猎”、“游击战”等术语，来对“迷群”的产生机制、文化实践以及其阅读行为与反抗现实资本主义权力的关联等问题做出解释。这一阶段的研究主要为“在那些受德赛都启发和影响的学者研究中，大众媒介消费是一个权力斗争场，并且那些拥有极少资源的迷们运用游击战术赢得了此次战役。”

同一时期的著作还有丽莎·威勒斯的《狂热的受众：迷文化和大众媒介》，这是一部关于“迷”研究的论文集。书中大多的观点都从为“迷”正名的角度出发，试图从一个更加客观和积极的视角来评价“迷”与“迷文化”。而不是单纯的把“迷”看成是一群“过度沉迷的人”。

这一阶段是题材开拓的阶段，研究的方法也多种多样。不仅仅有实证性的数据统计，还有民族志、深度访谈、参与观察等一系列的定性方法。这个阶段研究的角度也很丰富，不仅关注了媒介迷，对于其他类型的“迷”，如足球迷、音乐迷、偶像迷等也进行了一定程度的探讨。

特别需要指出的是，这个阶段的理论基础不仅仅是文化生产理论，在研究“迷”产生的原因上，弗洛伊德的精神分析学也被大量的引用。受众的满足与使用的学术传统在“迷”的研究中再次体现。“迷”的出现是因为“粉丝对于某些实践与文本的投入使得他们能够对自己的感情生活获得某种程度的支配权，这又进一步使他们对新的意义形式，快感和身份进行情感投入以对应新的痛苦……粉丝几乎都是，至少潜在的，是一个乐观主义、激励和激情的场所，而这些乐观、激励和激情正是任何为改变个人生活环境所作斗争的必要条件。”

由于受西方女性主义浪潮的影响，并且在“迷”研究的初始阶段，由于“电视迷”的主体大多是家庭妇女，所以“迷”与性别也是这一时期重要的研究角度。这类文章的代表作有芭芭拉·艾伦赖希（Babara Ehrenreich）等人的《我为披头士狂——女孩们只想寻开心》（*BeatleMania：Girls Just Want To Have Fun*）、杰姬·斯泰西（Jackie Stacey）的《女性魅惑——一个认同的问题》（*Star Gazing：Hollywood Cinema And Female Spectatorship*）等。

在第二个阶段，学者们开始反思自己的研究，逐渐地摆脱了“迷”是出色的这种单一的论调。他们开始从社会学寻找新的理论支持和角度。“迷”不再是一个超脱于社会结构的“积极主动的大众文化的创造者”，他们在某些程度上“维系了资本主义社会中既有的社会与文化分类体系”。研究的角度也变成了“与其彰显迷是美好的，不如分析在既有的社会区别与分类模式中，导致了哪些迷是获得赞赏的，而哪些迷有是该被鄙视的。”这样法国社会学家布尔迪厄（Pierre Bourdieu）的“社会阶层与文化资本”[①] 概念就成为了这个时期的最为重要的理论基础。我国台湾在这个角

---

① 关于布尔迪厄的理论为“生成的结构主义”，主要有“生存心态（habitus）、文化资本（capital）、场域（field）等几个概念。

度的研究产生了许多成果，如台湾淡江大学的吴廷均的《再思考迷——一个Bourdieu理论的应用》、以及《艺术电影迷与台湾电影消费阶层化现象之研究——以布迪厄文化社会学为研究取径》分别从理论应用的可行性，和具体的个案研究来做了探讨。

菲斯克的理论在一定程度上也应用了布尔迪厄的理论，他借用了“文化资本”、“习性”等布尔迪厄的概念，并在一定程度上对其理论进行了修正。他认为虽然布尔迪厄在一定程度上看到了社会结构对“迷”的影响，但是，布尔迪厄的观点仍然不是很全面。其理论仅仅是指出了经济与阶层两个纬度。菲斯克认为，还应当考虑更复杂的因素，比如说“年龄、性别、种族”等“臣属文化”[①] 纬度，“他眼中低估了大众文化的创造性以及其在臣属阶层中所起到的区分不同社会形塑的作用。”

这个阶段西方的研究比如说切利·哈里斯（Cheryl Harris）的《电视迷的社会学研究》（*A Sociology Of Television Fandom*），唐卡尔（Tankel）等人的《收集连环画：一个迷和博物馆的消费研究》（*Collecting Comic Books: A StudyOfThe Fan And CuratorialConsumption*）等文章均从文化社会学的角度，对“迷”的行为和意义进行了重新的探讨和界定。

但是这个阶段的研究也充满了问题：“这样的分析框架与第一阶段并无二致，也预设了迷本身是有清楚意识的，并且知晓该运用什么样的文化资本来来进行社会区别于彰显的活动。”正如马特·希尔斯（Matt Hills）所说，这是一种“超理性”的观点。

正是有了如此多的问题，“迷”的研究才会发展到第三个阶段，也就是“反思”的阶段。学者们开始思索将“迷”研究与现代性，与现代传播技术融合，试图发现一个宏观的整合的研究框架。“迷这样的文化现象是非常复杂的，而非可以通过微观的分析模式活确实时间的回溯考证就可以一窥究竟……迷研究需要一种能回应迷经验复杂性现象的理论性反思，与其选用单一化的分析模式，我们或许需要一套整合性的分析框架。”

马特·希尔斯的《迷文化》（Fan Culture）是这种反思思维的代表作

① “臣属文化”是菲斯克针对布尔迪厄的“主流文化”提出的相对概念，用于说明其忽略的因素。

品。在本书中，作者梳理了“迷”研究途径，从消费理论到社会阶层，到精神分析学派，到“迷”研究中应用最广的民族志研究，作者均给予了批判性的点评。他认为目前的“迷”研究最大的问题在于一种预先设置的“道德二元论”，在这种“非好即坏”的前提下，“迷”的研究陷入了困境。无论是学者还是“迷”本身都在这种“道德二元论”的叙事下进入了泥潭。“决定性叙事主要在对迷文化的‘优’、‘劣’性质做出政治性决策：究竟我们要试迷们的感情与诠释为工业共犯的结构之一，而予以贬低，还是视之为听阅人的能东西你刚的创意表达，而予以表扬……最后都不免将文化塑造成为二分为善恶的课题，不是应‘理性的’加以诋毁，忽视甚至鄙视的客体，就是该‘理性的’赞扬、欢庆、重视的客体。”

面对这种状况，作者提出要以一种“悬置”的立场来超脱“道德二元论”。他“拒绝将迷的现象一刀二分的分成‘好’与‘坏’的立场……这也意味着，对于”迷“文化与以偶像崇拜为诉求的媒体所具有的矛盾特质，视其为本质上的文化协商（Essential Culture Negotiations）。”

相对于国外与港台地区研究的丰硕成果，国内的“迷”研究还处于一个发轫的阶段。由于经济文化发展的相对滞后，直到 2005 年的选秀节目“超级女声”引爆了所谓的“粉丝群体”，“迷”与“迷”现象才真正引起学者的注意。从 2006 年开始学界才陆续的有相关的介绍“迷”与“迷”文化的学术文章出现。

这方面最早的文章应该是张嫱的《迷研究理论初探》。在这篇文章中，作者将“超级女声”的“粉丝”作为研究对象，从主动受众的角度探讨了西方的“迷”理论是否适用于中国。在对“迷”的概念进行了梳理和界定的基础上，她通过问卷调查的方法，对这个特殊的群体进行了研究。

国内关于“迷”的学术文章从整体而言，一般分成对“迷理论”的相关介绍，对“偶像迷”的现象和行为的描述以及网络下“迷群”的传播模式的研究这几种类型。而且文章质量参差不齐，大多数文章还停留在对“迷”片面的批判和“正名”的阶段，这些文章一般缺少实证性的研究，绝大部分都是简单的描述和理论总结。

但是由于国内“迷现象”出现从一开始就是与网络媒介密切相连的，所以，国内的“迷”研究从一开始就非常注重新媒体对于“迷”的影响。

相关的文章，比如黄海靓、罗安元的《网络“粉丝”文化社区传播机制初探》、尚香钰的《网络时代的“粉丝”狂欢——对后现代大众文化群体的症候式分析》等注重了把网络特性作为文章的研究背景，均有较高的学术价值。

到了2009年，国内才开始有系统的介绍西方“迷”文化研究的专著出现，如陶东风的《粉丝文化读本》，同时在期刊论文方面也出现了大量的具有较高学术价值的文章。如葛涛的《互联网上的“作家迷”研究：以“金庸论坛”和“鲁迅茶馆”为中心》一文，就侧重实证研究，从“作家迷”的角度出发，对互联网条件下的“作家迷”的产生，互动和发展作了详细的研究。杨玲的《超女粉丝与当代大众文化消费》则从文化消费，身份认同等多个方面对“偶像迷”进行了探讨。

2. 虚拟“迷群”研究的相关文献

相对于从文化角度研究“迷”的学术文章的丰富，从群体角度研究“迷”的资料则相对的较少。在西方的虚拟“迷群”研究中，出现较早、影响较大的研究文献有南希·K·贝姆（Nancy K. Baym）的《谈论肥皂剧——以计算机为媒介的粉丝文化中的交流实践》（*Talking About Soaps: Communicative Practices In A Computer – mediated Fan Culture*）。在本文中，作者通过对早期的粉丝社团R. A. T. S参与观察，归纳整理出了网络上“迷群”之间的四种交际实践类型：告之、推测、批评和改写。而且她认为网络交流大大提升了粉丝之间的交流质量，给他们提供了一个崭新的平台。她还认为：“网络的扩大使越来越多的粉丝具有加入了粉色社团的能力……网络除了让人们有接触粉丝文化的空前机会，还使粉丝有可能达到空前的规模。”

另外的一篇关于虚拟“迷群”研究的重要作品就是Kristen Pullen的《我爱齐娜网》（*I Love Xena. com: Creating Online Fan Communities*）一文。在这篇文章中作者对新兴的网络“迷群”以问卷调查的方式进行了研究。作者认为：“与传统的网络相比，网络扩大的迷群的范围，由于迷在网络上随处可见，以往的那些对于迷的陈词滥调，就可以被‘一个普通网络使用者的迷’所代替。”

除此之外，马特·希尔斯在《迷文化》一书中也以美剧《X档案》为研究对象来探讨虚拟“迷群”。他认为虽然互联网存在着平等性等特性，但是这并不代表“迷群”内的完全平等，其内部仍然存在着阶层。

在港台地区，以“迷群”为研究对象的文献数量相对较多，其中从权利和阶层角度研究的文章比较突出。比如吴廷匀的《再思考迷：一个Bourdieu理论的应用》一文，从文化资本的角度对电影“迷群”中的阶层和权力进行了划分。而庞惠洁的《初探秘社群内阶级与权力差异——以台湾吉尼斯迷为例》也着重分析了“迷群”中权力的产生和分配等问题。

台湾地区关于“迷群”的其他角度的研究则更多的散见于多篇文章中，比如说曾武清的《虚拟社群之定义：从“龙魂不灭”谈起》研究了“迷群”凝聚在一起的重要因素，陈宜琪的《奇幻小说迷阅读行为研究》则介绍了作为小群体的“小说迷”的状况和特点，陈意欣的《从局内人观点探索迷文化》则用“局内人”的观点，试图从新的研究方法上审视“迷”的种种行为。

随着“迷”研究的深入，诞生了不少对于“迷群”研究的文章。比如，陈路的《虚拟社区的内部互动之谜：超级女声“周笔畅的贴吧”为例》就从互动的角度对虚拟“迷群”的认同进行了探讨。陆亨的《共享游戏：从传播仪式观看网络时代的迷群文化》在理论概述的基础上，提出了以仪式性的传播观点来审视“迷文化”的建议。

第二章 理论探讨与研究

一、“迷”、“迷群”与虚拟“迷群”概念探析

1. 从“迷”到“迷群”的形成

“迷”，对应的英文词汇为“fans”或者“fandom”。其中“fandom”一词较为常用，但是与汉语的“迷”外延不同，它包含两方面的含义。第一个方面可以理解成为“迷群”、“粉丝群”，可以与“fans”换用，第二方面可以理解成为一种“迷”的状态和态度。

在社会普通公众的眼中，“迷”被贴上了一系列的标签，“迷”被建构成了“病态的、狂热的、痴迷的、有异与常人”“他者”。甚至在试图为“迷”正名的那些学者眼中，“迷”也被界定为“过度的消费者”（excessive consumers）、“着迷的个人”、“歇斯底里的人群”。即“粉丝是病态的”，他们是“一群因过度沉浸于媒介建构的虚拟世界而扭曲了时间概念，丧失了自我意识的受众。”“大众文化迷是过度的读者，这些狂热爱好者的文本是极其流行的。作为一个‘迷’就意味着对文本的投入是极其主动的、热烈的、狂热的，参与式的。”

亚伯克朗和朗赫斯特（Abercrombie and Longhurst）根据“迷”的认

同、实践以及经历等，画出了一个从普通消费者到迷（fan）、崇拜者（cult）、狂热分子（enthusiast）、小规模生产者（petty production）发展的光谱（如图3-1所示）。但是他们同时认为，“迷”并不是都要经历上述所有的阶段。

消费者——迷——崇拜者——狂热分子——小规模生产者

图3-1 “迷”认同程度的光谱

学界对于“迷”一般是从特定的接受者、特定的互动方式、特定的文本等几个角度来定义的，相关研究人员简秒如制作了一张图来示意“迷”的构成（如图3-2所示）。

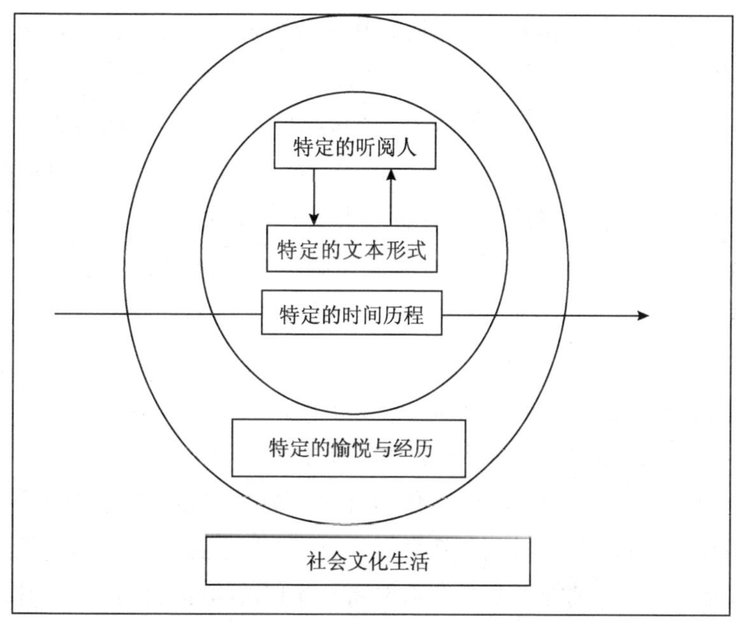

图3-2 “迷”之概念的构成

在图3-2中我们可以看到，在社会文化生活的大背景下，心理体验、特定的“迷恋”对象，以及特定的时间成为了构成“迷”的重要因素。在国内的相关研究中，关于“迷”的构成特点，一般从“迷”的过渡性、主动性、群体性来进行界定。

迷群，即作为群体的“迷”。群体，作为社会学概念具有不同的定义。广义上来讲，人类各种不同的社会组合均可以叫做群体；狭义上来讲，只有初级群体和小群体才能叫做群体。中国学界一般倾向于折中的观点，他们认为，群体就是“人们通过一定的社会关系结合起来进行共同活动的集体，是人们社会生活的具体单位”。

根据方文的观点，作为一个群体，其构成核心不是其中成员共享的概念、意识，也不是其中的社会结构，最重要的是“群体成员把自己理解成为群体的一份子，并获得认同感和归属感，并且这种社会归属感有社会共识，亦即只有一个他人承认。”

学者们在定义“迷”的同时，也注意到了“迷”从一开始就不是单独的个体，马特·希尔斯就认为“迷们其实颇热衷参与社群活动，并非一般想象中的社会孤僻者或者是一群疏离的读者”。亨利·詹金斯还从五个方面来描述“迷”，在这其中他认为：“粉丝群发挥着另类社群的功能，带有强烈的乌托邦色彩。粉丝群所包含的价值观远比世俗社会的价值观更加人性和民主。粉丝群成员之间的亲密关系和社群主义也与世俗社会的异化和浅薄形成了鲜明对照。粉丝文化满足了粉丝对合作、友谊和社群的渴望。”

在网络出现之前，“迷”之间的交流受到极大限制。但是由于“迷”积极沟通和互动，他们仍然可以在一定范围内能组成小规模群体。在网络时代，“迷”更是可以利用便利的网络技术来摆脱现实的束缚，在网络上找寻自己的同类，建构自己的文化和群体。但是与传统的“迷群”相比，网络空间中“迷群”具有的新特征，导致了人们普遍认为网络时代的“迷群”作为一个群体的存在基础并不牢固，并且认为在一定程度上其是否能够被称为群体还有待商榷。首先，由于网络的虚拟性，成员之间互动时一般采用虚拟身份，这就导致了“迷群”的成员之间的认同存在模糊性。其次，相对于传统的“迷群”，虚拟“迷群”的交流的紧密程度较低。由于网络的开放性，对于个体而言可以随意的进入或者退出，这就导致了人员的流动性非常大。虽然不能排除小范围群体的凝聚性的增加，但是从总体而言，每个成员的交流紧密性是降低的。然后，由于网络上很多个体同时具有不同的虚拟身份，他们面对不同的情景以不同的身份来参与互动，所以造成了“迷”身份的多样性。网络身份不再具有现实中的高度统一性，这导致了群体没有典型的“共同认同感”。最后，群体的认同性较差，除了统一的认同物之外，很难形成一致的价值观和行为准则。

尽管存在这样的争议，但是在本文的研究中则倾向于认为，虚拟“迷群”作为新生的网络群体，其本身的界定不能完全套用现实中群体的诸种要素。所以，虽然存在所谓的构成群体要素“不足”的说法，但是与网络中其他类型的群体相比而言，“迷群”作为群体的特征还是非常明显的。所以在本文的研究中，网络“迷群”作为群体的地位是不容置疑的。

2. 虚拟“迷群”

(1) 虚拟社群。

虚拟社群（Virtual Communities）[①] 的概念最早由霍华德·莱茵格德（Howard Rheingold）提出，他认为虚拟社群就是“一群主要藉由电脑网络彼此沟通的人们，他们彼此有某种程度的认识，分享某种程度的知识和信息，在很大程度上如同对待朋友般彼此关怀所形成的团体。”

虚拟社群的定义很多，但是一般来说强调的重点都集中在网络空间、认同、互动和群体等几个要素上。虚拟社群与现实群体有许多区别，但是最大的不同在于：“虚拟社区纯粹是由传播行为构建的意识形态，人们加入社区是由于某种共同的目的，比如说共同的兴趣等，虚拟社群成员的沟通是通过电脑在网络上完成的，而彼此较少接触到真实的身份特征。”

由于虚拟社群是完全依存于网络的，所以它自身受到网络特性的影响，具有以下几个方面的特征：

①身份的虚拟性。虚拟性是虚拟社群的是首要因素，社群成员的构成是由数字和符号构成的虚拟身份。社群成员扮演着与现实中的不同角色。

① Virtual communities 也可以翻译成成为虚拟社区，这种翻译强调的是群体的空间性。但是本文侧重于强调群体的互动，所以翻译成为虚拟社群。而且特别指出，在本文中，“社群”与“群体”一般情况下做等同意义处理，概念可以互换，不强调区分。

②跨地域性。在虚拟社群中，人们之间的交流和互动不再受到地域和空间的限制。具有相同兴趣的人可以在任何地点就相同的话题进行探讨。

③跨时间性。在网络空间中，原有的线性时间概念被打破，人们可以及时交流，也可以通过文本进行无限的互动。从时间性上来讲网络文本永远是开放的，交流可以无休止持续下去。

④开放性。虚拟社群对于所有人都是开放的，一定程度上不因为现实的政治经济文化因素而产生进入壁垒，而且加入与退出在某些范围内都是自由的，没有限制。

（2）网络空间中的“迷群”。

虚拟“迷群”作为一种按照共同兴趣组织起来的虚拟社群，同样具有上述的特征。同时，由于“迷”的特殊性，与传统的“迷群”相比，虚拟“迷群”还具有以下特点：

首先，传播模式的不同。传统的电视迷，其接受电视剧——“主文本”，一般是通过等待电视台播放的被动收看方式。对普通受众而言，他们只能被动的等待。尽管有录像等其他渠道，但是由于经济以及实用性等问题，导致了传统的“迷”只能被动等待“主文本”的出现。但是以互动性为特征的网络的出现，从根本上改变了这种状况，它创造了全新的“积极的受众”——颠覆了传播主客体的用户。网络用户拥有了更大的自主性，在一定程度上可以自由地对关心的剧情进行再收看。

在传统传播模式中，具有“迷”潜质的受众由于受到时间、经济因素的限制，丧失了成为“迷”的资格。但是在网络传播模式下，由于时间性被重构，导致了“迷”的形成成本的进一步降低。网络这一特征导致了以下的情况：“迷”的数量大量增加、成为“迷”的可能性增加。这导致了网络上大量“迷群”的出现，这就使“迷”的社会身份更加的复杂化，不再局限于小部分的特定群体，比如说所谓的“家庭主妇”。成为“迷”的成本在降低，任何人都可以成为“迷”。

其次，“迷群”的组织方式的不同。在传统的“迷群”中，“迷”之间的组织受限于地域，更多的是小范围的集会。比如同一社区，或者是同一交际圈的“迷”才能够组成“迷群”。这种空间上的限制，导致了“迷”的交流方式以及组织方式受到了严重的限制。同一社区的“迷”的组织方式更多的是小型的座谈等。更大地区的交流和联系，只能通过相关的媒介，比如说报纸，杂志等。而且由于受到空间的限制，“迷”之间的交流只能在一定时间内进行有限的交流，比如一年一次的集会。

但是网络传播技术的发展，很大程度上改变了这一趋势。由于网络的跨地域性，使“迷群”之间的交流互动可以不再局限在一定地域的小范围内。人们通过网络来主动寻找与自己志同道合的人，大规模群体开始形成。人们可以通过各种即时通讯工具，通过电子信件，通过论坛等多种形式交流。

最后，交流和表达方式的不同。在传统的“迷群”中，其表达方式一般为话语交谈。对少数的“迷”来说，还可以给相关的杂志投稿，进行Cosplay集会①。只有极少数的资本雄厚的“迷”才有可能对原始文本进行再创作，比如说个人视频的制作，组织相关的集会等。

但是在虚拟“迷群”中，由于技术的发展，相关成本被大大地降低。尽管可能交流的内容变化并不大，但是“迷”用来表达自己的方式发生了巨变。首先他们可以与任何地方的人进行交流，不受时间和地域的限制。其次，他们可以选用各种媒介来表达自己，包括语音、文字、图片、音乐、视频等，而这在以前是不可想象的。“迷”有了更多的可以展示自己的机会，“迷群”的互动渠道更加丰富。不仅可以通过符号进行虚拟交流，更可以从网络上延伸到现实之中。“迷群”甚至可以通过媒介与“主文本”的制作方进行沟通和联系，从而在“主文本”的创作以及播放上获得一定程度的发言权。尽管网络时代之前就存在这样的可能性，但是网络的发展，使这种颠覆式的互动影响越来越大。而“主文本”的创造也开始受到网络特征的影响，与“迷”的互动成为了制作方的必修课，而“迷”的态度则成为了影响剧情的重要因素。

---

① COSPLAY是英文Costume Play的简略写法，一般指利用服装、饰品、道具以及化妆来扮演电影、动漫、游戏中的角色。比如说星球大战迷就会扮演剧中人物绝地武士等。

二、相关理论探讨

1. 认同理论

认同（Identity）概念最初出自弗洛伊德，从心理学角度强调个体心理层面的归属感。随着认同的概念被社会学以及人类学的接受，学界更多的从个体与群体，群体与群体之间的归属关系对其进行界定。

在社会群体研究中，认同逐渐成了其研究的核心概念。群体的形成和维系都是建立在社会认同的基础上。根据特纳（Turner）等人的社会认同理论，社会认同就是："个体认识到他（或她）属于特定的社会群体，同时也认识到作为群体成员带给他的情感和价值意义。"

该理论区分了个人认同和社会认同，而社会认同是群体形成的重要的因素。该理论认为个体通过社会分类和对比，对自己的所在的群体产生认同。具体来说，通过两个方面的因素实现对群体的认同，分别是群体内因素与群体外因素。"社会认同是有关某个集体的共同认同。它强调人们之间的相似性以及集体成员相信他们之间所具有的某种（些）共同的相似的东西。而一个集体的相似性总是同它与其他集体之间的差异性相伴而存在的。只有通过界定这种差异，相似性才能被识别。因此，'我们'对自己的认同进行定义的同时也就是对一系列'他们'进行定义。'我们'的相似性正是'他们'与'我们'的差异性，反之亦然。"

在群体内与群体外因素的对比完成之后，群体中的个体通过积极的区分来建立个体对于群体的进一步认同。而产生积极区分的原因，则在于个体从群体中获得"自尊"满足感。而这个"自尊"能否被满足，成为了个体是否忠于群体的重要心理条件。

在网络空间下，群体认同的基本方式为符号互动。通过虚拟空间的互动，虚拟社群才能得以形成。网络互动下形成的认同是虚拟的认同，由于网络的特殊传播性质，虚拟社群的认同具有自己的特点：

（1）从众性。根据现代心理学的研究，人们在潜意识中都有从众性，这是一种集体无意识的行为。这种从众心理在很大程度上使人们被动的参与了网络互动。尤其在网络空间下，由于强大的网络传播力量往往会形成

“沉默的螺旋”的情景，使这种无意识的行为表现的更加明显。

（2）“事本主义”原则。由于网络的匿名性和虚拟性，更容易使人们产生强烈的目的性，抛开现实中的许多“成文规定”，或者关键紧要的因素，直接面对主题和目的。“一切以目的为中心，去选择互动对象，选择互动方式，控制互动时间。”

（3）群体领导者地位的凸显。由于网络群体更多的呈现一种松散的结构，所以在这种情况下，虚拟社群的领导者就更加突出。在网络群体中领导者的地位和权威基本上是通过发帖数量，积极的参与虚拟社群的建设来展示的。因此具有示范意义的领导者的行为很大程度上影响着整个群体的互动方式，群体规则以及群体的发展。

具体到虚拟“迷群”，由于这类虚拟群体建立在共同兴趣基础上，属于“趣缘性”虚拟社群①。这类群体存在的基础仍然是社会认同。群体成员之间存在着统一的认同物，他们对于群体存在着情感上的依赖和认同。“迷”们由于共同的爱好而聚集在一起，在这种“共同价值”下，虚拟“迷群”通过符号互动得以形成和维系。

2. 集体记忆与仪式性互动

集体记忆（Collective Memory），又称为社会记忆，是由法国社会学家哈布瓦赫（Halbwachs）提出的，它的定义为“一个特定社会群体之成员共享往事的过程和结果，保证集体记忆传承的条件是社会交往及群体意识需要提取该记忆的延续性。”

哈布瓦赫认为，记忆不仅仅是个人的更是集体的。个人的记忆和集体的记忆是无法区分的。该理论还强调，不同的群体具有不同的集体记忆。哈布瓦赫本人对集体记忆并没有给出明确的解释，他认为集体记忆“不是一个固定的概念，而是一个社会建构的概念，它不是某种神秘的思想。”集体记忆产生于过去，但是却受到当下情景的改造和限制。人们根据当下的情景对过去的记忆不断改造和解读。集体记忆强调的不是对过去信息的接受，而是一种当下社会的建构。集体记忆在群体认同中发挥中重要的作

① 根据群体理论的划分，一般群体可以划分成地缘性、业缘性、趣缘性群体，趣缘性群体指的是成员间基于共同的爱好，兴趣等组成的群体。

用。群体的规则、情感和文化在很大程度上依赖于集体记忆的传承。涂尔干在自己的仪式观点中也提出，集体记忆作为群体的一个基点，是形成和维护集体意识的一个重要因素。

根据集体记忆理论，记忆不仅仅是对过去的传承，它更加强调一种当下情景的建构，记忆的传承过程充满了改造，遗忘和创新。通过这些建构不断的使之适应群体的发展，到达增强群体认同的目的。关于集体记忆是怎样得到传承的，美国学者保罗·康那顿认为，集体记忆的传承是通过不断操演来实现的，而其中的纪念仪式和身体实践则是重要途径。

在虚拟社群的维系过程中，个体对于群体的情感认同起着重要作用。而集体记忆在集体认同和情感的传承中发挥中重要的作用。对虚拟“迷群”来讲，集体记忆传承的主要方式是网络互动。通过多种形式的网络互动，虚拟“迷群”在“主文本”结束之后，仍然保持着一定程度的凝聚力。

对仪式的探讨，最早来自涂尔干的宗教研究。他的宗教研究主要针对仪式在宗教中的社会作用，他指出“仪式也就是有一些行为准则，规定了人们在神圣事物面前应该如何行事；仪式是在集合群体之中产生的行为方式，他们必定要激发、维持或重塑群体中的某些心理状态。”涂尔干认为仪式对社会生活的规则、文化和情感等多方面有重要的影响。

在此基础上，美国学者保罗·康那顿在研究集体记忆的同时，着重研究了集体记忆与仪式的关系。他认为仪式具有规则性，具有深刻的价值，并且渗透到日常生活中。仪式在一定程度上是种“文化表演”：“这种行动表现承载一定的文化象征意义，并以标准化的形式周而复始的举行，从而实现连接过去、现在与未来，连接群体成员与维持群体情感的功能。”

通过以上观点可以看出，虽然仪式诞生于宗教，但是仪式已经脱离了宗教的范畴，渗入到了生活的许多方面。日常生活中充满了带有仪式意义的符号和行为。仪式观点成为了一种关照世界的角度。

由于互动性是仪式的重要特点，所以美国学者詹姆斯·凯瑞（James Carey）提出了传播的仪式观（ARitual View Of Communication），他用“仪式”作为隐喻，认为传播包含了分享、参与、社团、伙伴、共同信念等意义。而这与仪式在本质上是相同的，所以他认为传播应该是“仪式性的”，是仪式的传播。仪式本身就是一种传播方式，文化就是在传播中完成的意义分享，所以传播的本质是"将人们以共同体或共同体的形式聚集在一起的神圣典礼。"传播的仪式观强调的是传播视角的转移，其强调的不再是传播者，而是把重点放到了传播过程中的互动和意义的共享。传播成为了一个用符号建构文化的过程。

在网络空间下，由于网络的互动性传播者和受众之间的界限模糊。这种传播不再强调权力的宰制，而是强调通过符号的传播而达到意义的建构，进而形成新的符号系统，达到一种精神上的愉悦，使其中的使用者得到满足。这种情景尤其符合凯瑞所提出的"仪式性的传播"特点。互动交流的本身充满了仪式性的特征。尤其在虚拟"迷群"之中，这种为了达到精神愉悦而进行的互动交流，更充分的体现了一种仪式的性质。

所以在本文中，将采用仪式性传播的观点来对认同的实践行为进行分析。

三、研究领域

1. 个案概述

本论文采用个案研究，研究的场域为百度"越狱吧"。①

"百度贴吧"是百度公司开办的网上论坛，于 2003 年 11 月开始运营。百度贴吧因其进入门槛低、互动话题丰富在中国的影响很大，所以聚集了大量中国网民。百度一直将其标榜为"全球最大的中文社区"。②

贴吧是一种基于"关键词"的主题交流社区，用户通过输入关键词而自动生成讨论区。它是一种用户驱动的网络服务，强调用户的自主参与，协同创造和交流分享。

本文选定的"越狱吧"是基于关键字"越狱"而建立的交流平台。"越狱吧"目前③共有注册用户 7631 人，共有主题贴 172425 篇，帖子

① 百度越狱吧：http：//tieba. baidu. com/f? kw = % D4% BD% D3 % FC&fr = ala0.

② 来源于维基百科：http：//zh. wikipedia. org/wiki/% E7% 99% BE% E5% BA% A6% E8% B4% B4% E5% 90% A7.

③ 截至课题研究日期 2009 年 3 月 5 日。

2128216条。目前在贴吧中所能看到的最早的帖子为2006年9月12日的一篇，但是由于百度贴吧存在多次的清理，故“越狱吧”建立的时间应该早于这个日期。

网络上的越狱“迷群”众多，之所以选择“越狱吧”作为研究的场域，是因为该贴吧本身存在时间较长，从2006年到2010年，长达4年多；而且注册的人数众多，注册用户接近8000人。最为重要的是“越狱吧”在《越狱》结束之后，并没有和其他众多《越狱》虚拟社群一样解散，它在一定程度上仍然保持着活力。

2. 贴吧结构

“越狱吧”进入门槛很低，不同于其他的论坛和社区，其非注册会员仍可以发贴、投票参与讨论。“越狱吧”的模式比较简单明了，主要分成两个大版块，分别是文章板块以及功能版块，每个版块下又有具体的分类。具体如图3－3所示。

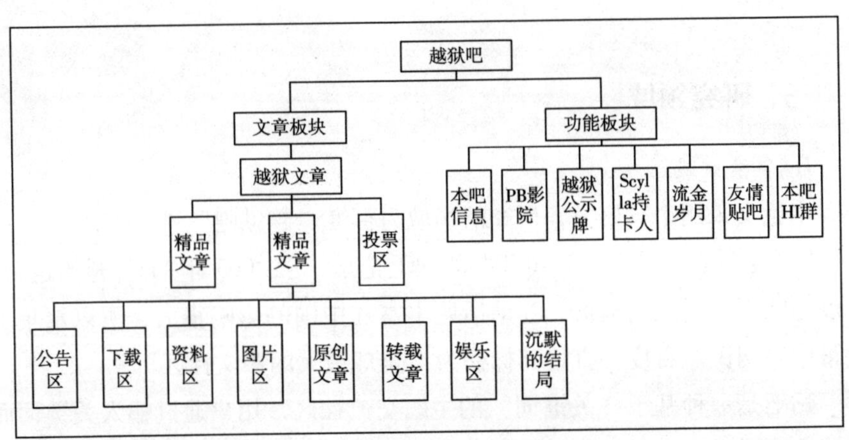

图3－3　“越狱吧”版块结构图

贴吧的权力结构相对而言也很简单，如图3－4所示。在贴吧管理员下面，设有三个吧主，三个吧主下面设置有一定数量的小吧主，小吧主之后为普通会员。每个阶层的权力是不同的，总体来说为逐层递减。除了管理员为百度公司指定之外，吧主和小吧主是通过自我推荐产生的。其选择的标准是对贴吧的贡献，包括发帖量的多少，精华贴的数量，以及其他相关的重大贡献。此外由于贴吧多媒体文本日益增多，还专门设置了图片编辑和视频编辑。

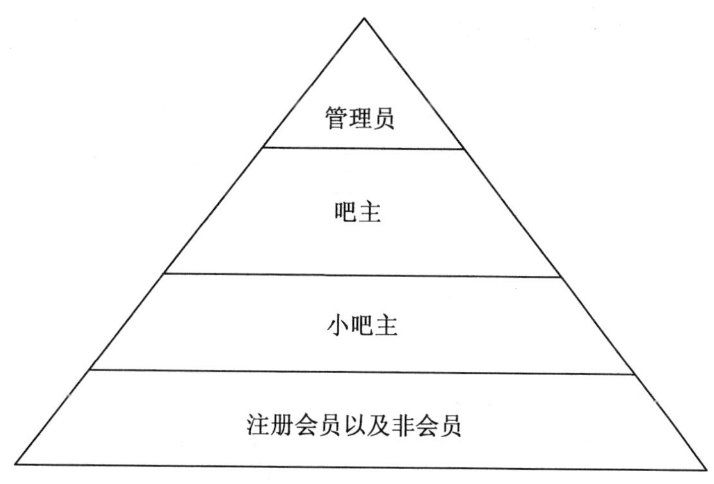

图 3－4　“越狱吧”权力结构图

四、研究方法

由于本文研究目的为描述虚拟“迷群”在“主文本”结束之后的变化情况，进而探讨其产生的原因和意义，所以为了达到全面客观的效果，故在研究方法的选择上采用定性与定量相结合的方式，以“越狱吧”内的帖子与成员为研究样本，用内容分析，深度访谈以及文本分析三种研究方法对研究样本进行分析。

1. 内容分析

内容分析是一种客观、系统、能对明确的传播内容进行定量描述的研究方法，它的起源很早，但是作为正式的社会学方法应用到新闻传播中是从拉斯韦尔开始的。它主要通过考察研究的文本，包括文字、图片、声音、视频等来了解文本背后的意义和目的。互联网的发展融合了各种媒介形式，包括文字、视频、图片等，而网络群体的绝大部分行为都是以网络文本的形态呈现，而这些文本又被忠实的记录了下来。因此我们可以通过内容分析方法，通过分析相关资料来对虚拟“迷群”的前后变化做出详细的描述。

由于本文需要研究的是电视剧《越狱》结束前后的“迷群”变化情况，为了样本的可信度以及能够充分的说明贴吧内的变化，文本以《越狱》的结束日期为界限，选取前后两个时间段作为研究的样本以便对比分析。故以2009年5月为界，以10个月为区间，第一个时间段选取2008年8月至2009年5月，第二时间段选取2009年6月至2010年3月，由于该时间段内贴吧内帖子数量仍然太过庞大，故进一步抽样。抽样的原则在随机抽取的基础上滚动抽取。首先在2008年8月随机抽取一天，然后以30天作为基本时间间隔，以一天的发帖量为统计对象，以此类推①。

表3－1　越狱吧2008年8月至2009年5月取样统计表格

朝代	形式	例证	品牌代言人
1	2008.8.11	97	1364
2	2008.9.10	463	7631
3	2008.10.10	254	3558
4	2008.11.9	250	3450
5	2008.12.9	861	12915
6	2009.1.8	193	2675
7	2009.2.8	109	1090
8	2009.3.10	53	410
9	2009.4.9	41	324
10	2009.5.9	354	5603
主帖总数：2675		回帖总数：38990	
平均每日主帖数：267.5		平均每篇文章的回帖量：14.57	
时间段内的发帖总人次：943		平均每天发帖人次：94.3	
单一ID出现的最高发帖数：116			

① 表3－1、3－2的数据截止时间为2010年3月5日。由于贴吧内无注册的人员也可以发帖，其表现为IP地址，所以，以IP地址出现的帖子都均统计为一人次。

表 3－2　越狱吧 2009 年 6 月至 2010 年 3 月取样统计表格

编码	选择日期	主帖数量	回帖数量
1	2009. 6. 8	130	1573
2	2009. 7. 8	95	1325
3	2009. 8. 8	83	1175
4	2009. 9. 7	46	537
5	2009. 10. 6	68	1123
6	2009. 11. 6	40	1149
7	2009. 12. 6	37	508
8	2010. 1. 5	31	2212
9	2010. 2. 4	54	2360
10	2010. 3. 5	78	60554
发帖总数：662		回帖总数：72516	
平均每日发帖数：66. 2		平均每篇文章的回帖量：109	
时间段内的发帖总人次：467		平均每天发帖人次：46. 7	
单一 ID 出现的最高次数：36			

2. *深度访谈*

深度访谈是社会科学中最常用的一种定性研究方法。本文采用半结构式的深度访谈（Semi－structured Depth Interview）。先根据需要研究的内容事先确定好访谈大纲，但是在访谈中不拘泥大纲的设定，而是根据实际情况不断的调整以达到最佳的效果。

深度方法采用的方式是线上访谈，主要用即时通讯工具 QQ 进行联系和交谈，同时针对有些问题采用电子邮件或者网络留言的方式进行进一步的探讨。

在一个虚拟的社群中，并不是所有的人都是“积极的参与者”，所以在他们中间也存在着分层现象。根据杨堤雅的分类，在一个虚拟社群中成员共分成五类角色，分别是成员领袖、意见呼应者、信息咨询者、浏览者、干扰者。他们与虚拟社群的关系从强到弱，以成员领袖与社群的关系最为紧密，以干扰者与社群的关系最弱。

但是我们同时也应该看到，在不同的时期虚拟社群的成员之间的角色是不断变动的。人们刚进入社群时一般都是浏览者或者信息咨询者，而随着时间的推移，虚拟社群对不同人产生了不同的吸引力，成员之间产生了分化，有人成为了意见领袖，有人则从社群退出（如表3－3所示）。

表3－3 越狱吧受访成员统计表①

受访者编号	性别	年龄	类型	注册时间
A	男	22	吧主	2008.5
B	女	17	小吧主	2009.2
C	女	19	荣誉会员	2008.10
D	女	21	新会员	2009.5
E	男	17	新会员	2009.7
F	男	24	前吧主	2007.5
G	女	25	老会员	2007.11
H	男	26	老会员	2006.1

由于在“迷群”的形成中，电视剧（主文本）是“迷群”存在的最为重要的因素，随着剧情的结束“迷群”之间的分化和变动更加的严重。以前的意见领袖可能成为浏览者甚至退出。根据本文的研究目的，我们研究的是为什么在剧情结束之后，仍然有许多“迷”选择坚持，所以为了充分的反应“迷”的整体状况，在访谈对象的选取时尽量从不同的类型中找到相对应的人员。

考察一个社群中成员不同类型最重要的参照因素就是该成员在社群内的发帖数量和发帖质量。而这两方面的因素又决定了该类型群体的阶层和权力分配。所以，一般来说吧主都是最积极的建设者，也是贴吧内最核心的“迷”。

所以，本文的访谈对象首先选择的是“越狱吧”的吧主，然后在尽量全面的基础上，通过“滚雪球”② 的方式，来确定其他的访谈对象。一共找到接受访谈的人物8位，平均每个人接受访谈的时间为1.5～2个小时。

---

① 注册时间不一定为加入“越狱吧”的时间，为其在百度贴吧注册时间，新旧会员意指在越狱结束前后分别加入越狱吧的会员。

② 滚雪球，为人口统计学的一种统计方法，指的是首先确定第一位受访者，然后通过第一位受访者的介绍而进一步获得第二位受访者，以此类推，称之为“滚雪球”。

3. 文本分析

网络空间下的虚拟社中群符号性的互动为其最基本的交流方式。而正是在这些互动下产生的帖子中群体才能够维系和发展。

根据本文的研究目的，为了说明在剧情结束之后“越狱吧”是如何在集体记忆的维系下继续成为“迷群”的交流空间，所以选择最能代表贴吧特点的帖子作为研究的样本。

由于研究的重点是剧情结束之后的贴吧状况，所以在文章的选取上以剧情结束时间为标准，选取 2009 年 5 月 16 日之后的有回复的文章。详细选取的文章如表 3－4 所示。

表 3－4　越狱吧选取样本文本列表①

文章编号	讨论话题	原始日期	回应帖数	生命周期
1	大家可以告诉我为什么那个小孩是麦迪，不是科比吗	2007. 9. 27	9777	29
2	让咱们为了心目中的 sauce 盖座摩天大楼	2008. 2. 18	42175	24
3	我终于知道 MS 为啥越狱了，太牛了	2008. 2. 28	33201	24
4	【Prison Break】彻底结束了 我一直在这里等你们回来	2009. 5. 16	77	6
5	【top10】震撼《越狱》的十大经典难忘瞬间	2009. 5. 20	1514	9
6	自己写了个越狱第五季，希望各位能提一些好的建议（连载中）	2009. 5. 30	793	9
7	从此，再无《越狱》日	2009. 6. 2	31	4
8	越狱的人物感想	2009. 7. 3	511	8
9	______【微笑着挽留，麦子姐!】______	2009. 7. 17	214	4
10	【Prison Break】展望越狱、越狱吧的未来	2009. 12. 20	152	3

① 样本的截止时间为 2010 年 3 月 5 日。文章的选取按照发帖的时间先后排列。帖子的生命中周期以月为单位，指的是从第一个回帖到最后一个回帖的时间段。在后文的本文分析中，将回帖话题和回帖按照顺序编号，比如编号为 10 的原始文章，以 10－1 代表，回帖的第一篇文章为 10－2 代替。为求真实，文章中的错字等不再改正。

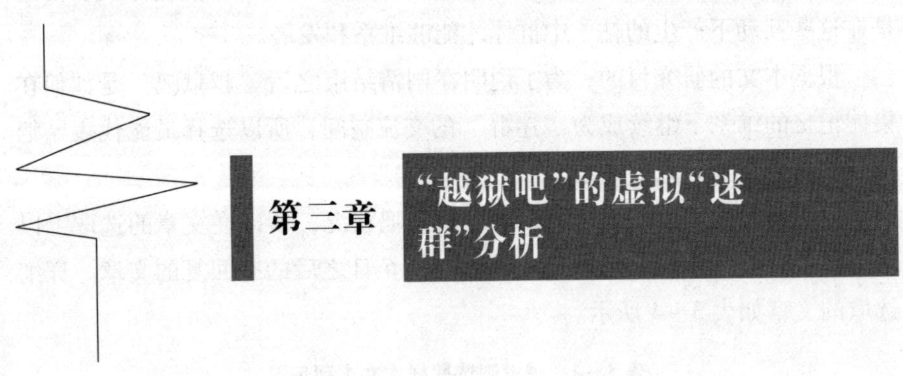

第三章 “越狱吧”的虚拟“迷群”分析

一、“越狱吧”概述

由于虚拟“迷群”作为一个群体存在的基本因素是个体对“主文本”的认同，所以“主文本”完结之后，“迷群”必然产生巨大变化。根据收集的数据，本文将从以下几个方面来说明变动中“越狱吧”的整体状况。

1. 贴吧内帖子数量的变化

在网络社群中，发帖数量的多少是衡量一个社群兴衰的最直接因素。发帖的数量多，表明该社群的凝聚力强；发帖数量的减少，则说明该群体正处于变动之中。由于作为“主文本”的电视剧《越狱》于2009年5月份结束，所以我们通过对比5月份前后帖子数量的变化来探析变迁中的“迷群”。

根据图3-5，我们可以明显的看到，在2009年5月《越狱》结束之前，贴吧发帖情况呈现了很大的波动性。其中帖子数最低为4月9号的41篇，最高为12月9号的861篇。但是到了2009年6月份之后，随着电视剧的结束，贴吧每天的发帖量基本平稳的保持在30至90篇之间，没有再出现很大的波动。

之所以2008年8月至2009年5月之间的帖子数量出现巨大的波动，是因为《越狱》本身的播出周期以及社会中重大事件会对“越狱迷”造成的不可忽视的影响，反映到主帖数量对比图上就是曲线强烈的波动。比如，2008年12月9日能出现816篇帖子是两个原因，一是12月9日应该为《越狱》第四季第15集播出的时间，而每次《越狱》的播出，在其播出前后几天内总能造成“越狱吧”帖子数量的激增，所以12月9日贴吧的发帖量才会大幅增长。同理，在图3－5中我们可以看到同样为播出日的2008年9月10日也出现了发帖的小高峰。

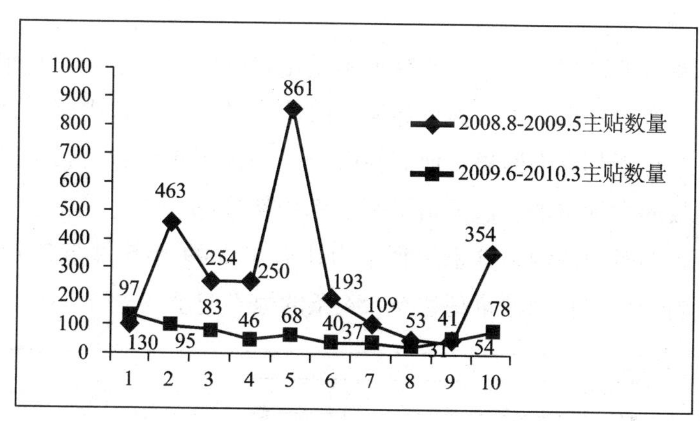

图3－5　主帖数量对比

第二个原因，2009年12月9日美国二十世纪福克斯公司传出消息，《越狱》要停播到2010年的2月9日，原因是美国人要过圣诞与新年。作为与剧情有关的重大社会消息，这在“迷群”中引起了巨大的反响。在这两个因素的影响下，“越狱吧”的发帖量出现了两个高峰的重叠。“越狱迷”一边对剧情做出猜想，一边对美国人大肆声讨。

同样的原因，之所以在2008年的8月份以及2～4月份帖子数量明显减少，是因为这个时间段为2008北京奥运会，以及中国春节。“越狱迷”作为现实的社会人，不可能完全摆脱现实因素的影响，所以纷纷去观看奥运或者回家过年，积极参与现实生活导致了对虚拟世界投入时间的减少，反映到贴吧中即为帖子数量的减少。但是随着《越狱》的结束，我们可以看到影响帖子数量的“主文本”因素以及现实因素都减弱甚至消失了，所以贴吧呈现出了一定范围的平稳。日平均帖数为66.2，与之前的日平均发帖量267.5相比，下降了75%左右。

相对应的，回帖的数量也是考察贴吧活跃度的重要指标。2008年8月至2009年5月时间段内的回帖总数为83590条，而2009年6月至2010年3月的回帖数却达到了72890条。在发帖数量减少的情况下，回帖数量却基本与之持平。这样，在计算每帖的回帖数量时就出现2009年5月之后的每帖的回帖数远远高于之前的回帖数（如图3－6所示），为什么会出现与常理不符的状况呢，原因是百度贴吧内的回帖制度造成了统计上的偏差。

由于在百度贴吧中，帖子的排列不是由发帖时间决定，而是根据回帖时间决定，所以就出现了一类贯穿所有时间段的帖子。这类帖子回复数量巨大，几乎每天都有人回帖。他们在哪个时间段出现，就会造成该时间段内的回帖数的大量增加。这类帖子一般都为精华帖。而这类帖子一般都会出现在较新的时间段内，这也解释了为什么在2009年6月至2010年3月的时间段内会出现日回帖量高达60554条的惊人记录。

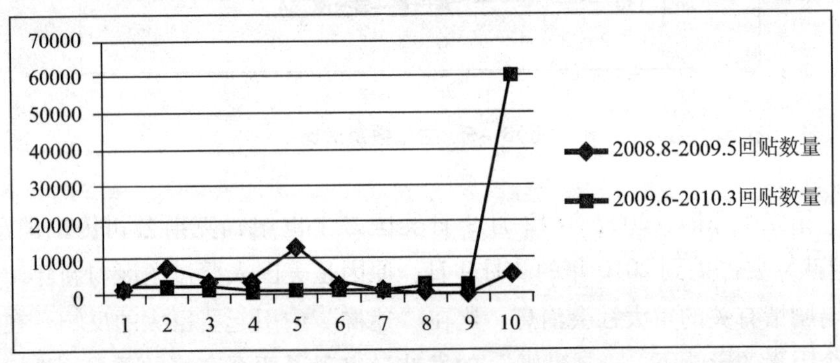

图3－6　每帖回帖数对比

为了能更清楚地表明较为真实的情况，我们选择去掉统计数据中的精华帖的回帖数量，根据图3－7，我们可以清楚看到，2009年5月之后的回帖数量为平均每帖6.3篇。而2009年5月之前的平均数几乎没有变化。

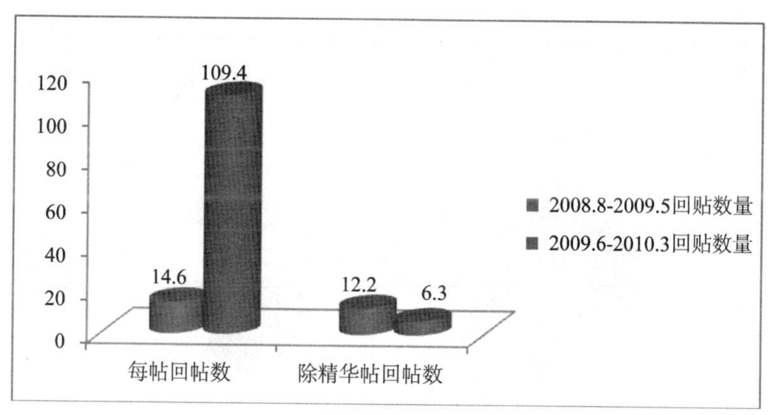

图3－7　日平均回帖数量对比图

2. 贴吧内发帖类型的变化

贴吧内的发帖主题是最能体现出贴吧共同目标与共同兴趣的指标。正常的情况下，贴吧内最多的主题是应当与剧情相关的。随着"主文本"的结束，贴吧内的主题会呈现一定的变化。

根据南希·K·贝姆的分类，"迷"之间的交流类型主要可以分成：告之，推测、批评和改写四种类型。但是，随着网络的发展，其交流的类型不断扩展，甚至出现了与剧情无关的交流。在本文的统计中，我们把文章的类型分成以下几种，分别是告之、推测、求助、改写、情感以及杂谈。其中，告之指的是剧情或者相关信息的发表，比如说《越狱》下载地址，播出时间等；推测指的是对剧情的个人猜测；求助，一般指的是对剧情或者自己所需信息的求助；改写指的是"同人"类小说；情感指的是表达自己对某些人物或者剧情的喜好；杂谈则表示与《越狱》没有直接关系，属于其它主题的帖子。这些分类没有严格的界定，所以在统计时是一个大概的说明。

通过图3－8，我们可以看到，帖子的类型发生了巨大的变化，先前占据75%的与剧情紧密相关的告之、推测和求助帖到了剧情结束之后，比例迅速的减少为25%，其中，以前数量最大的推测类型的帖子基本消失，而求助类的帖子，也随之大幅的减少。随之而来的变化是之前较少的杂谈、情感和改写所占的比例迅速的上升为75%。其中，杂谈的数量更是达到

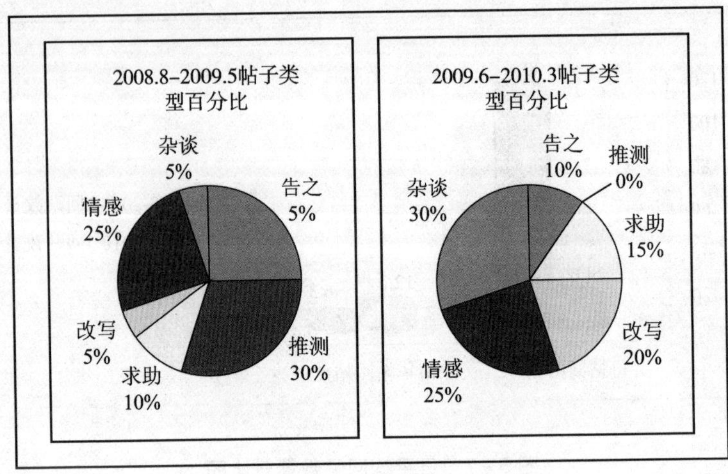

图3－8　帖子类型的百分比

了30%。

需要说明的是，本文的数据统计是以帖子的最后回复日期作为标准的。而在2009年5月份之后的帖子数量中，存在着大量的对旧帖的重新浏览和回复。比如以2010年2月4日统计为例，其中2月4日之前的发帖量为27篇，而4号当天的真实发帖量为27篇，仅仅占到了50%，这也在一定程度上造成了统计上的偏差。

总体而言，从贴吧内的帖子类型变化可以看出，剧情的结束对于"迷群"的影响是巨大的。基于剧情而产生的帖子随着剧情的结束而减少或者消失，而对于维系群体有重要影响的情感和改写的帖子却不断的增多。

3. 贴吧内成员的变化

发帖的人数变化也是衡量贴吧的重要指标。随着剧情的结束，贴吧内人数出现了不可逆转的下滑，其中发帖人的构成也出现了明显变化。

通过图3－9我们可以看到，在剧情结束之前，发帖的非注册会员约占整个成员比例的40%左右，为385人。而剧情结束之后，发帖的非注册会员则降到了30%左右，为141人。这说明在越狱结束之后，对于维系群体起到核心作用人群以注册会员为主，他们构成了"主文本"结束之后的"越狱迷"的主体，而非注册会员则从这个群体中迅速的离去。

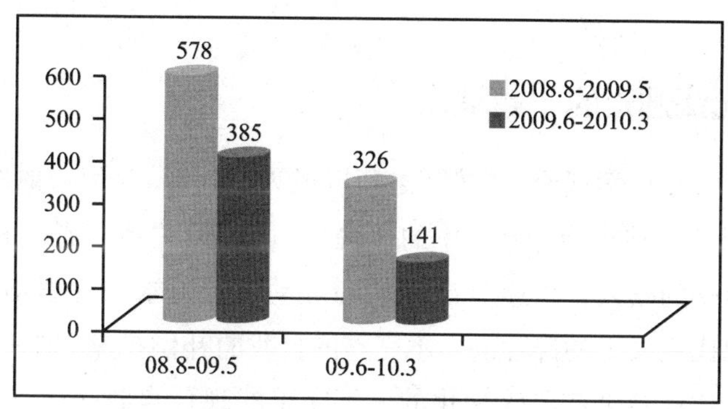

图 3－9　注册会员与非注册会员对比

需要说明的是，在 2009 年 6 月份之后的统计中，不排除注册会员由于各种原因，采用临时 IP 发表留言，而不是以会员的身份发言。所以，如果再考虑这个因素的话，非注册会员的比例会更进一步的减少，应当远远低于 30% 的比例。

在虚拟“迷群”中之所以出现这样的变化，最为重要的原因是虚拟社群的“开放性”和“事本主义”原则。由于“越狱吧”进入的门槛很低，不需要注册即可浏览信息和发帖互动，所以在剧情播放期间，由于需要及时的片源信息以及对剧情的交流渴求，大量的网络用户涌入到贴吧中。“一切以目的为中心”，这类“越狱迷”只是追求临时的快感，他们拒绝注册，排斥在越狱迷中的身份建构，在达到自己的目的之后就悄然离去。虽然在“越狱迷群”的形成过程中，这些边缘者也通过自己的发帖、回帖行为做出了贡献，但是当剧情结束之后，随着明确的目的性的消失，他们也基本不会再进入“越狱吧”这个空间，遂失去了与整个群体的联系。

当然，这群人的离去并不代表着“越狱迷群”的消失。随着这群边缘者的消失以及一些成员的退出，剩下继续在“越狱吧”活跃的“越狱迷”才是维系整个虚拟群体的核心力量。这些剩下的“越狱迷”，大体来说可以分成两类，一类是新的加入者，一类是留守者。这两类人成为了变迁时期的越狱“迷群”的主体。正是由于他们的存在，“越狱迷群”才得以继续存在。

二、无法逃走的“越狱迷”

根据社会心理学理论，“迷”之所以成为“迷”，是因为他们追求一种“自我的满足”，追求迷恋状态中的“愉悦”。这种“迷”是一种情感的投入，随着情感的投入，“迷”出现的心理动机是追求一种虚幻的体验感，是对冰冷现代主义下的碎片的，不完整的自我的补偿机制。“一个碎片化、不完整的现代社会生产出碎片化的、不完整的现代自我……‘迷’，尤其是‘过度’的‘迷’，被界定为一种心理补偿机制的形式，弥补现代生活确实的一种企图。”

但是，当“认同物”消失之后，“迷”之所以还会坚守者自己的阵地，还会对群体具有强烈的认同感，是因为在这种情况下他们对于剧情的迷恋已经转化成为对于群体的情感，是超越剧情本身的群体因素让“迷”选择了坚持。

根据社会认同理论，群体认同是维系整个群体的基础。群体中的成员根据社会分类，社会比较和积极区分的原则完成群体的界定。在这个过程中，积极区分原则起着重要的作用。个人通过积极的分区来完成别人对自己的积极的评价和社会认同，从而满足了积极的自尊需要。也就是说，对于群体成员而言，社会认同是满足自尊的需要才产生的。这就是社会认同理论中的“自尊假设”。

由于群体之间存在着差别，作为群体中地位较低的群体成员，他们为了获取更多的自尊来提高社会认同，一般具有三种策略：社会流动（social mobility）、社会竞争（social competition）、和社会创造（social creativity）。对策略的选择依赖于他们对自己群体与其他群体的关系的认知。当人们相信群体的边界具有通透性，一个人可以在各群体之间流动时，就会产生社会流动的信仰体系。地位低的群体的成员如果具有这种信仰体系，他就会努力争取加入另一个地位较高的群体，从而获得更满意的社会认同。这种策略被称为“个体流动”。

在虚拟“迷群”中，作为群体成员的“迷”同样需要积极的社会认同来满足自己的心理需求。如果变动中的“迷群”不能满足其需求时，就会产生个体流动，“迷”就会大量的流失，群体也会随着成员的流失而土崩瓦解。反之，处于变迁中的“迷群”依然能够维系，则是因为该群体还存在着满足个体需求的因素。

1. 我们都是“迷”

（1）延绵的愉悦。

对于“迷”来说，最为重要的一点就是对于“认同物”的“疯狂迷恋”。而产生这种迷恋的原因，根据社会心理学理论，是因为其赋予了“迷”一种特别的感觉，使他们体验了内在的“愉悦”。根据温尼科特（D. W. Winnicott）的过渡性客体（Transitional Object）理论，当“越狱迷”沉浸在电视剧中时，作为“过渡性客体”的电视剧提供了一个介于“自我”与外部世界之间的“第三区域”。在这个区域中，“迷”可以从“不断将内在于外在现实分开，同时使之保持联系”的永恒任务重解脱出来，“帮助我们维持了一个可以庆祝来自自我分享和较量的保护屏障”。而通过这个第三区域，“为疲劳的心灵提供了一个小憩的场所”，让心情得到放松。

“我对越狱就是两字——崇拜，真的，虽然后来也看过不少的美剧，也很精彩，但是就是没有了当时的那种感觉。剧情太紧张了，看的我那个happy呀，几乎所有的东西都忘了，彻底的吸引了，连吃饭上厕所都不愿意离开。”（访谈者D）

“我开始看越狱是朋友推荐的，说是有部超级好看的美剧，开始我还觉得有他们说的那么玄嘛，于是就看了，然后看后我疯了，我知道，不是超级好看，简直是无敌了。那些天看的那个过瘾，什么乱七八糟的事情都忘了，连考试都顾不上担心了，就是想看完再说。”（访谈者E）

从这两段访谈中，我们可以清楚地看到这种超越现实世界的愉悦状态：“几乎所有的东西都忘了，彻底的吸引了”、“乱七八糟的事情都忘了，连考试也顾不上了”……正是由于这种摆脱了现实的愉悦，让“迷”成为了“迷”。这种愉悦的感情如此强大，以至于在剧情结束之后，对于那些“铁杆粉丝”来说，仍然是“刻骨铭心”的。这种愉悦的情感支持他们继续在“越狱吧”寻找当时的心态。哪怕有时其本身也不知道自己寻找的到底是什么。

“你知道那种感觉吧，也不是说有什么特别的目的，只是一个习惯性的问题，我从2007年开始，几乎每天都要登录，越狱是我追的第一个美剧，给我的印象太深刻了，而且，真是成为了习惯了。每天不上来看两眼，心里就难受。哪怕不留言，我也会匿着上来看两眼。没有什么目的，没有想法，就是习惯。”（访谈者E）

“是，越狱是结束了，但是，对于我来说真的没有结束。四年呀，一直追着看，虽然其中也有麻烦的时候，但是，那种感觉，那种紧张刺激的感觉印象太深刻了。以后再也没有了，上越狱吧，有时候不为了什么，就是想找找当时的感觉，看看还能不能找到那种每天疯狂的猜剧情，看剧透的感觉。”（访谈者A）

“就是想找找当时的感觉”、“印象太深刻了”等词语表明对于“迷”来说，之所以选择在这个虚拟空间中坚守，是因为尽管“主文本”已经结束，但是“迷”的情感没有消失，对这种感觉的渴望和回忆，继续体味这种延绵的愉悦，成为了其行为的最重要动机。

（2）群体的认同。

“现在越狱吧确实不成了，想想当年作为百度的三大贴吧之一，那是相当的风光的。那会百度有个什么排行榜，为了争那个榜单，大家天天定时刷，你不知道那个人有多少，刷的天昏地暗呀，虽然想想，真是垃圾呀，但是，个人觉得还是非常有意思的。咋说呢，毕竟这个贴吧自己也曾经贡献过那么多，不来看看成吗，再说也不浪费什么时间，上哪个网页不是上。”（访谈者G）

根据社会认同理论，社会认同就是“个体认识到他（或她）属于特定的社会群体，同时也认识到作为群体成员带给他的情感和价值意义。”作为“越狱吧”的“迷群”，在网络互动中已经产生了群体的认同感。个体开始把自身的情感和意识投射到群体之中，群体产生了凝聚力和向心力。所以贴吧对于“迷”来说不再仅仅是信息交流的空间，而是有着共同理想“为了争那个榜单”，有着众多的成员，遵守着共同的规则“天天定时刷”的虚拟社群。对“越狱迷”来说，这里存在着自己的价值和情感。他们已经把自己定位为“越狱吧”这个群体中的一份子了。

“我在越狱吧交到了许多朋友，大家关系都很好，当时大家一起谈论剧情，一起做花痴，唉，想想就怀念。没办法，人都要向前走的，虽然现在越狱结束了，但是心理还真的是惦记着大家，有时候QQ什么的不乐意说话，就一直隐着，但是，还是想看看大家都在做什么，于是，就上越狱吧看看，看看大家有什么动静，然后没事翻翻自己的帖子，看看当时的留言。”（访谈者H）

由于网络的虚拟性和开放性，一般认为虚拟群体之间的认同非常模糊，他们不能形成有效的交流，成员之间的紧密性是下降的，个体之间很难形成共同的认识。但是在研究中我们看到，在“越狱吧”内由于剧情的结束造成了选择留下的都是高度涉入的“越狱迷”。这些“迷”构成了认同程度非常高的群体。他们不再是一盘散沙，而是一个已经超越于剧情本身的群体，其认同的价值已经远远超出了《越狱》的本身。其认同的不再是“越狱吧”和剧情本身，而是基于“越狱吧”产生感情的共同体。

“麦子姐，我昨天得到了大学录取结果，当时真的很高兴，立马给你和小R姐，发了信息，你有事没回，我当时的心真的凉了，后来才知道，你还是记得我的，还是想我的。我都如此，你不妨想想，蜗牛、东京叔、样妈、内涵哥、小叶，他们会怎样。那么长时间，由最初的相识，到相知，最后在一个群相守，你也说了，每一个人都是你一个一个聊来的，可以说跟你有不一样的感情，这种感情，不是想忘就能忘掉了的，就算你离开，我们也不可能忘记啊。”（文章编号9）

“我们在这里（越狱吧）认识很久了，开始大家聊越狱，聊米帅，到了后来，我们就开始加QQ，建立QQ群。大家开始聊很多别的话题，从父母到老师，从上学到工作，出了问题，大家都愿意一起商量，有什么难过的事、开心的事，也希望第一个让大家知道，到了最后，我们反而不再说越狱了，尽管大家还叫越狱Q群，我觉得我们都成了朋友，因为越狱成了朋友。我们其中有在一个城市的，大家都开始组织聚会了，一起吃个饭啥的。”（访谈者G）

在这里我们看到的不再是对于《越狱》电视剧本身的讨论，在这个群体内，人们讨论的是现实中的情感和问题。“迷”的身份和话题只是成为了他们保持联系的纽带，所以他们才会“拿到大学通知书就通知了大家”，他们才会再三的强调感情，强调“可以说跟你有不一样的感情，这种感情，不是想忘就能忘掉了的，就算你离开，我们也不可能忘记啊”。而且在这个群体里，我们看到群体的存在已经突破了虚拟网络的限制，投射到了现实之中。“我们都成了朋友”这也是虚拟“迷群”发展的一个最高阶段。在这种情况下，我们很难界定这些“迷群”到底是虚拟的还是现实的，他们是否还属于“迷群”的范畴了。

在虚拟“迷群”中，正是由于个体对于不同层面上的越狱群体的强烈认同感的存在，才使“迷”选择坚守“越狱吧”。而这种群体的认同也是虚拟“迷群”得以维系的重要因素。

（3）自我角色的认同。

“我是贴吧的吧主，别人都能离开，我不能离开，这是我的责任……（发帖）大家都看着呢，如果我再做点什么，那就真的要散了。那我对不起自己的角色，也对不起越狱吧。虽然说贴吧现在确实不如从前了，但是，我对比下别的美剧贴吧，看看他们在剧集结束之后，贴吧里还有几个人，所以我心里还是很满足的。”（访谈者 A）

根据英国学者 Abercrombie 与 Longhurst 提出的观展/表演理论（Spectacle/Performance Paradigm，简称 SPP），社会上的每个人都不能逃离“看与被看”的模式，每个人既是“观看的主体”，同时也是“被观看的客体”。世界成为了一场盛大的演出，每个人都在为了获得他人的“凝视”而奋力演出。通过这种“被观展”，个体完成自我角色的认同和建构达到内心的平衡。在研究中我们发现，“迷”是典型的观展/表演者。他们在虚拟社群中一边凝视着别人，一边通过“被凝视”，通过网络互动努力表演自己的角色，希望获得自己和他人的认同。所以在“越狱吧”中对于作为领导者的吧主而言，从“我是贴吧的吧主，这是我的责任”以及“大家都看着呢”我们可以清晰的看到其自我角色的认同。

“我选择当吧主，就是感觉这事挺好，挺有面子，好歹都是吧主了，再说我当吧主也不是说当就当的，我是真的为贴吧做了贡献的，你看看我发的那些帖子。我有资格。”（访谈者 B）

“我是荣誉会员，我表现当然要积极了，当上这个持卡人不容易，你得最少有几篇加精的帖子才能够当上，我当然要多发帖子了，不然怎么能对得起自己的荣誉。”（访谈者 E）

由于网络空间中身份的虚拟性，身份和角色的建构不受到现实中的许多客观因素的影响，个人的虚拟身份是多重性的。个人可以根据自己的爱好取舍展现出现实中自己被隐藏的一面，或者通过网络来完成在现实中无法完成的任务，以弥补现实中的缺陷。正是因为无法得到现实中的认同感，所以“迷”才能为了虚拟的“荣誉会员”，“表现更加积极”，才会“多发帖子，对得起自己的荣誉”。

“我平时已经不怎么发帖了，就算是发帖子，也是匿着发，懒得再登陆啥的，反正自己早就不干了，但是好歹说也做过吧主，所以，心里还是挺惦记的，没事就来看看，看高兴了就写上两句。要低调，低调”（访谈者F）

在这里我们看到，对于“迷”来说，尽管身份和角色已经发生了变化，已经不再是吧主，但是“互联网似乎成为人际传播网络的新选择，在现实的社会关系中无法满足或得不到满足的人在互联网上呼朋唤友，按照自我的趣味和要求，去选择他者的存在，他者就是自我的延长，是自我同类的复制”。他们还是迷恋于这种自我认同，所以才会“没事就回来看看”，“看着高兴了就写上两句”。也正是由于这样的原因，“越狱吧”才能继续保持活力，虚拟的“迷群”才没有一哄而散。

2. *基于互动技术的“越狱吧”*

现实中社群的形成需要一定的空间作为成员之间互动的场所。尽管在网络世界中，个体之间的交流似乎不再需要这样的场所，他们之间仅仅是符号的交流。但是作为虚拟群体互动的平台——各式的论坛在一定程度上也承担了这样的任务。对于“越狱迷”来说，“越狱吧”是其互动的最为重要的平台和空间。在研究中我们发现，交流平台本身的技术性成为了影响“迷群”存在的极为重要的因素，尤其对于一个“认同物”已经消失的虚拟群体而言。这种因素对于群体成员的心理影响之大出乎我们的意料。

“其实，我觉得简单才是最重要的，有时候懒的登录，但是看到能直接留言，我就顺手写上两句。现在可以不登录就留言的地方真不多了。要不是百度（贴吧）也这样，我估计我也不会来了。”（C的访谈）

“越狱吧多好呀，多简单明了的界面呀，哪像什么那个官网（越狱中文网），整的“拽的不成”，不注册的话还不能浏览。谁有时间去注册那么一堆东西，所以说，越狱吧能够存在是有其道理滴。”（A的访谈）

在本文的访谈中，居然有7个人都提到了百度贴吧的简单操作与不用复杂的注册是其选择留下的重要因素。这种状况的出现，很大程度上是由于网络社会对于人们心理的改变。由于网络世界中信息的海量造成了人们对于所有事物都是“浮光掠影”的观看心理，在“事本主义”影响下人们基本上不会去浪费时间和精力寻找复杂的信息，简单实用成为了网络生存的第一要素。所以我们才会看到几乎所有的受访者都会谈到“简单的操作”对其的影响。鉴于篇幅原因，本文不再展开论述，但是作为一个现实存在的心理因素，这也是在其他众多的虚拟“迷群”在剧情结束以后随即消失，而“越狱吧迷群”能够继续维系的重要因素。

三、虚拟“迷群”的维系

在虚拟“迷群”中，最为重要的交流就是符号互动。在网络世界中尽管存在着视频，语音等交流方式，但是对于网络论坛而言，以文字和图片为主的符号互动是其最为重要的交流方式。在“越狱吧”中，“迷”之间的交流则是主要通过发帖和回帖完成。通过发帖和回帖之间的互动，每个人建构了自己的身份，也形成了对群体的认同。

作为一个变迁中的虚拟“迷群”，集体记忆是其能够保持持久凝聚力的重要因素。而仪式性的互动则是其最为重要的手段。在本章节中，主要通过研究互动下集体记忆的建构来说明虚拟“迷群”的维系。

1. 集体记忆与“迷群”的维系

集体记忆是群体认同重要的维系因素。而仪式性互动则是群体建构集体记忆的最重要的方式。集体记忆通过仪式性的互动和日常生活的传承，然后在集体记忆的基础上形成了认同。群体中的个体成员对于群体的归属要求和认同感成为了对过去进行回忆的动机和目的。

对于“越狱迷”而言，由于“主文本”的结束，这种发帖和回帖的互动行为有了更多的意义：在对往事的追忆中完成集体记忆的建构。集体记忆的形成对于“迷群”的继续存在产生了重大的影响，成为了其能不断维系的重要原因。

由于发帖回帖方式的互动是集体记忆建构的基本方式，本文就根据主帖的类型，分类对其进行文本分析，以说明在仪式性的互动性中集体记忆是怎样形成的。在本文的研究中，“越狱吧”的集体记忆主要分成两种，一种是对《越狱》剧情的集体记忆，一种是针对“越狱吧”及其相关群体的记忆。两种记忆在很多时候并不是截然分开而是相互交融的。在这两种相互融合的记忆中，“越狱迷”流露出了强烈情感，而这种情感成为了“迷群”得以维系的根本。

（1）文本再创作与集体记忆。

在“主文本”的基础上，对相关的剧情进行发挥，是“迷”用来交流情感的重要行为和方式。而正是这种“同人小说”的创造发挥着仪式性的作用，让“越狱迷”在剧情结束之后，能够通过这样的一种方式来继续自己的“迷恋”，在不断的对新文本以及原文本的对比中完成对越狱的回忆，同时也增强与其他“越狱迷”的感情维系。下面让我们以文章《自己写了个越狱第五季，希望各位能提一些好的建议（连载中）》（文章编号6）为例来做说明。

首先，我们从题目中就可以看出这类改写文章的特点。作者从一开始就强调“希望各位能提一些好的建议”。这说明在网络互动下文章的创作已经不是个人的事情，而从一开始就是“集体的创作”。而正是在这种创作中，群体中的成员通过这种仪式性的参与活动，分享彼此的观点，增强了对群体的认同。

“楼主写的好，强力期待中。”（6－2）

“LZ 加油呀，我等着看呢。”（6－3）

“不好意思，没想到随手写的东西还能得到各位支持，谢谢大家了。不过抱歉，我还是个学生，每天也只能用空闲时间写一写，速度会慢一些，希望各位海涵。对了，谁能帮我找一找全美国的中文电子地图啊？后面要用到。”（6－5）

“LZ。如果你要美国的地图。直接用 google 地球来找就对了，那个软件连城市里的房子都可以找到。你可以尝试一下。顺便等待你的更新哈。”（6－9）

在文章的写作过程中，作为“迷”的读者对于该文本的创作表示了强烈的赞同。而这种群体内的支持让作者也产生了兴奋的情绪，表明了自己的身份和态度："我还是学生"、"速度会慢一些，希望各位海涵。"在这种互动中，作者提出了关于"美国地图"的问题，而网友也欣然回应"直接用google"。一种基于统一目标的情绪弥漫在这种简单的对话和互动中。对于"迷"来说，这是一个重塑信仰的过程。

"写得很好，Supper Good。不过Michael似乎是不想死，他应该想和Sara幸福、平静地生活，他选择死，是因为他别无选择。"（6－124）

"不知你的构思如何，我认为越狱前四季中，因T－bag是反面角色中的一个佼佼者，我的续中要保留T－bag，并有个厉害的狠角色要协助T－bag，这个人也许和你想的一样：也许就是你笔下的'波尔蒂麦克摩多'（我暂且也用这个名字）。"（6－136）

"提三点：××你描写的MJ似乎缺乏主见意识，一切都是那个朋友做主导，做安排，MJ成了受配角保护的主角。与之前主动出击，头脑清晰的MJ反差有点太吧。××如果主线仅是T－BAG挟公司要与MJ复仇，MJ为报复家人与公司拼斗，这样的故事情节大概不是越狱迷需要的××开头对话还好，后面便有一点偏向中式思维中式对话了。"（6－235）

在不断互动中文章的写作在继续，而这期间不断有人根据"主文本"提出自己的认识和看法，比如说对于剧中人物"T－BAG"的存留，对于MJ的性格的变化。"与之前反差太大"这种论断，说明了在这种互动游戏中，每个人都在回忆着作为主文本《越狱》中的剧情、剧中的人物性格、剧中的情节特点等。在回忆的基础上通过对比，投影到正在创作的作品中，在不知不觉中完成了集体记忆的建构。这种再创作的文本本身就是重构后记忆的表现。

（2）感情交流与集体记忆。

在《越狱》结束之后，大量的情感交流类型的帖子出现。众多的"迷"纷纷表达自己对于"越狱生活"的怀念。在这种怀念中，大家表达的不仅仅是对电视剧本身的情绪，还有对自己参与其中的一种生活状态的追忆。这类帖子包括《【top10】震撼<越狱>的十大经典难忘瞬间》（文章编号5）、《越狱人物感想》（文章编号8）、《从此，再无越狱日》（文章编号7）等几篇，这里我们以文章样本7为例说明。

"和很多人一样，当听说《越狱》要完结的消息的时候，心里并没有太多的惊讶，脑海中只是平静的滑过‘是到该结束的时候了，总这样越下去也不是个事’的念头。当这一天真的来临，当平静的（其实也为MS落泪了#_ #）看完最后的特别篇，听到从Michael口中说出“We are free”时，心头真的有千般滋味。一瞬间，莫名的失落与茫然袭来，自己对自己说：‘咳，都是这悲剧的结局闹得，睡一觉吧，一觉醒来就会把这悲伤忘个干净……’”（7－1）

在主帖中我们可以看到，“迷”在回忆剧情基础上，“听到从Michael口中说出We are free时”，用了大量的词汇来形容自己的情绪，“茫然、失落、悲伤”。这种对于只有“迷”才能体会的情绪，成为他们之间最好的融合剂：只有“迷”才会懂的“迷”的悲伤，只有“自己人”才能体会“自己人”的感触。在这种词汇的指引下，“迷”之间的情绪达到了高潮。

“看完最后一集再加上上面的文字和那首慢摇的歌，真的是太感伤了。”（7－3）

“偶是从2006年那个冬季开始看《越狱》的，那时我大四，现在已在校外。怀念曾经走过的岁月，怀念《越狱》带给我的震撼，怀念Michael带给我的感动。”（7－14）

“写得好！顶!!!!! 别了，Prison Break！别了，我们那些随PB而逝的青春岁月!! 明天的明天，我们还会爱着《越狱》!!! 我们都是越狱中毒者，为了中这种毒而骄傲着。”（7－17）

在表达情绪时，我们看到“迷”已经把剧情与自身的生活融合。与其说他们是在缅怀剧情不如说他们是在追忆自己的生活，回忆曾经的岁月和经历。“我们那些随着PB而逝的青春岁月”、“怀念曾经走过的岁月”等词汇，无一不说明这种融合。在这种情绪的融合中，“迷”也完成了自己对于情感的追忆，所有人成为了一个集体，因为只有“迷”才会“为了这种中毒而骄傲着”！

在大量的情感交流贴中，还有一类帖子呈现出明显的区别性。在这类帖子中，“迷”在互动中追忆的不再是剧情，而是“越狱吧”中发生的群体活动。这类帖子包括《展望越狱、越狱吧的未来》（文章编号10）《【Prison Break】彻底结束了，我一直在这里等你们回来》（文章编号：4）等。这里我们通过样本文章4来做说明。

“当上越狱贴吧，变成一种习惯。越狱结束后，你又会做些什么呢？当我们加入越狱吧大合唱——《北京欢迎你》的时候，你是不是很激动呢？当简三锤出现的时候，你有没有开怀的大笑三声呢？当4GG写出《元旦正传的时候》一定感慨万千吧？当看到一张张纪念5·12的帖子的时候你感动了吗？当我们回忆《越狱吧之那些人，那些事》的时候，你现在在哪里？当我们在看越狱吧里同名小说的时候，你是否感觉到命运的神奇，让我们相遇？”（4-1）

在这篇帖子中，我们看到的不再是对于剧情的直接回忆，而是对于“越狱吧”的追忆。文章列举了曾经在“越狱吧内”发生的事情，包括“越狱吧大合唱”、“著名网友简三锤”、“经典文章《元旦正传》”等。包括“5·12”地震这种重大社会事件中的集体的共同行为也成为了“越狱吧”本身的一部分。在这些事件中，“迷”的集体记忆被重新的建构，他们记忆的不仅仅是对于电视剧的关注，而是对于群体的回忆，对于虚拟社群的关注。

“我记得5·12，我记得我们的大家的祝福。”（4-6）

“唉，干嘛这么伤感，让我想起了给小高过生日的日子。”（4-13）

“《元旦正传》，好久远的记忆呀！”（4-31）

“大家还记得我们贴吧那个1000000贴数的时刻吗？”（4-43）

这些只有群体成员才有的记忆，在感情交流的情境下通过互动成为了集体记忆的一部分。而如果不是群体中的成员，根本不会了解这些事件，也不能体验这些事件背后的情感，只有群体中的成员才能在这种情境下产生共鸣。正是这些群体成员独有的记忆界定了群体的边界，进一步增强了群体的认同。

2. 仪式行为与“迷群”的维系

美国学者亚历山大将仪式定义为“重复性和简约化的文化交流场景”，在这些场景中，由社会参与者与互动观察者“分享着对于交流的符号的内容描述性和规定性效力共同信念，并接受了彼此意图的本真性”。“仪式增强了他们对于社群的认同和联系。”在涂尔干看来，无论多么小的仪式，都能“使个体聚集起来，加强个体之间的关系，比彼此更加亲密”。在这种仪式中，人们不再关心日常生活的功利性的事务，人们全身心地投入到仪式当中，“集中到了共同事务和共同信仰上”，“他们进入到了另外一种神圣的世界”！

在虚拟“迷群”的符号互动中，也大量存在这样的仪式行为。而这种行为反映到贴吧内就是所谓的“盖楼贴”与“神贴”。我们以文章《让咱们为了心目中最善良的sucre盖座摩天大楼》（文章编号：2）以及《大家可以告诉我为什么那个小孩是麦迪，不是科比吗?》（文章编号：1）来说明。

“废话不多说了……顶……”（2-1）

“我顶，善良的人。”（2-2）

“我顶了，我就是块砖。”（2-8）

“顶。”（2-58）

“up。”（2-183）

“好人。”（2-1072）

就是这个文章主题只有“废话不多说了，顶”一句话的帖子，截止到本文数据统计完毕，本贴在越狱吧的存在周期长达24个月，点击量达到了382399次，回复贴也达到了42268个。这就是所谓的“盖楼贴”。

这类帖子的主题十分简单，多数的几乎只有标题，格式为“让我们为某某盖座摩天大楼”。回复帖几乎都是非常简单的“顶”、“支持”之类的回复。这类帖子出现，其目的已经不是符号上的交流，而是其留言的行为本身已经成为了目的。这是一种由网络产生的独特的文化仪式。在这种独特的文化仪式里，我们看到的是强大的凝聚力，是“迷”用自身的行为来证明的一种宗教式的信仰。通过这种互动的宗教仪式，“迷群”之间的距离拉近了。他们之间原本疏远的关系通过这样的方式变的紧密。

“为什么要科比？不可以是艾佛森吗?”（1-2）

“为什么要艾佛森？不可以是周润发吗?”（1-3）

“为什么要周润发？不可以是周星驰吗?”（1-4）

“为什么要周星驰？不可以是刘德华吗?”（1-5）

“为什么是林老北？不可以是老北京鸡肉卷?”（1-9）

“为什么是小青蛙？不可以是癞蛤蟆吗?””（1-11）

“为什么是？亚历山德罗·罗德里格斯·德·席尔瓦?，不可以是楼下吗?”（1-10108）

本帖发帖日期为2007年9月27日，生命周期更长达29周，在这个只有题目，没有实际内容的帖子内，从头到尾全是这样的“成语接龙”方式的回复。没有任何人破坏规矩。这类帖子被网友成为“神贴”。另外一篇《我终于知道MS为啥越狱了，太牛了》同样也是这种类型的帖子。

在本帖中，除了文章的问题来自于《越狱》的剧情，没有任何与剧情有关系的内容。但就是这样具有后现代主义特征的“无厘头”的帖子，却产生了最为强大的约束力。

在这种仪式性行为中，群体成员通过这种看似不可能完成的任务，学习共同的信念，遵守共同的规则。这种互动行为让所有的“越狱迷”不能无视它的存在，哪怕不留言只是观看浏览，也会产生对于群体的认同和理解。它的存在成为了越狱“迷群”最明显的标志。这种仪式行为本身已经超越了电视剧，成为了群体行为。所以在电视剧完结之后，这种行为并没有消失，帖子回复的数量仍在增加。所以在一定意义上，这种行为本身已经成为了“神话”，取代了剧情成为了新的“认同物”，它本身成为了群体成员共同的信念。

3. 新增成员与“迷群”的维系

作为一个虚拟社群，成员的流动是必然的。有成员的流失就有新成员的补充，而新成员的补充对于一个群体的维系有着非常重要的作用。

作为虚拟“迷群”，与其他的群体不同的是进入群体的首要条件是对于“主文本”的接受。对于“越狱迷”来说，只要喜好《越狱》，就自动获得了成为群体成员的资格。由于网络“迷群”的特殊性，与现实中的“迷群”不同，网络空间下的“迷”接受主文本的渠道不再是被动的。他们可以充分的利用网络资源来主动的获取自己所需求的信息。所以从这个角度来说，“迷”的数量是无限的。在文本研究期间，据统计，从2010年1月10日到2010年3月5日的54天内，“越狱吧”的成员从7061增加到了7631，总共增加了570人，平均每天的增加人数多达10.5人，其增幅远远超过“越狱吧”整体时间段的成员平均增加幅度。所以对于群体来说，新成员的数量是在不断增加的，而这点也保证了“越狱迷群”的维系。

当然，从“越狱迷”到成为“迷群”的成员，还需要一定程度的发展和融合。其中对于群体规则、语言和文化的学习是最为重要的因素。而在网络世界中由于空间的无限性，所有曾经的事情和讨论的话题都以文本的形式存在着。这对个体学习群体的文化具有非常大的帮助。当新进入的个体需要学习时，只要把过去的"旧帖子"翻出即可。这是最为有效，也是最为快捷的方式。

所以，在帖子的统计过程中，我们可以看到剧情结束之后，对于"旧帖"的回复，占到了日发帖量的三分之一左右。因为对于新的"迷"来说，剧情猜测与讨论的环境已经不再存在，对于剧情的主观的解读也已经有了大量的相关资料。留给新的"迷"的发挥空间，只有在回复经典的"旧帖"和转移帖子的主题了。当然，这些行为在客观上都为"迷群"维系发挥了重要的作用。

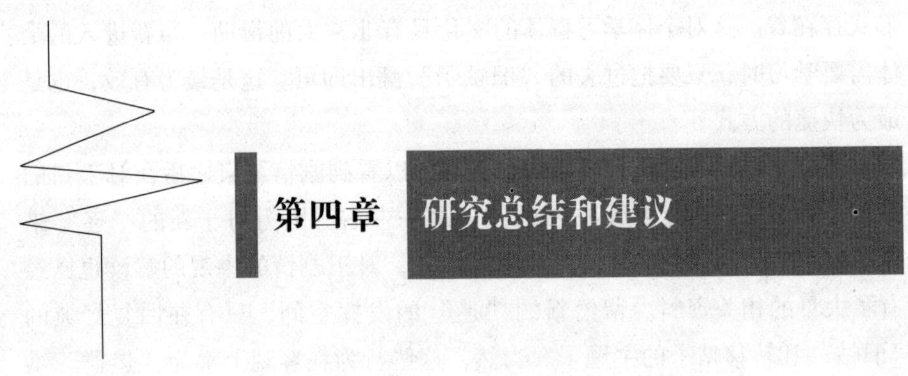

第四章 研究总结和建议

网络媒介的发展，是当今社会变革的最重要因素。网络已经融入我们生活的方方面面，成为生活的一种常态。我们已经进入了卡斯特宣称的以网络化逻辑为基础的“网络社会（The Network Society）”。

由于网络空间的开放性和自由性，它迅速的成为了亚群体的最爱。网络“为那些原本可能社会生活狭隘的人们提供了社会联系的机会，为那些在现实的社会生活中处于边缘、或受到压迫的群体提供公开表达自己的机会”。

珍妮.史格特曾说过：“在每一个人一生中，或多或少的都曾经是某种程度上的迷。”而网络的发展，让原本在现实社会中的数量稀少的“迷”成为了一个庞大的群体。由于网络的虚拟性、互动性以及对地域和现实社会种种限制的彻底颠覆，让所有人的“迷”的一面充分的发挥。

在虚拟世界中，“迷”凭借着自己的兴趣和爱好，不断的甄别“我们”与“他们”，“群体通过共享想象性主题而建立起修辞性视野，后者发挥的是创制群体意识的功能”。他们借助电子媒介的传播，利用符号与语言的互动，形成共享的群体规范，群体意识和群体文化，建构起属于自身的身份特征和文化认同。

一、研究总结

“迷”之所以成为“迷”，是因为其“认同物”的存在。一般认为当“认同物”消失之后，“迷群”会逐渐解散。尤其在网络空间下，由于网络的虚拟性、开放性原因，虚拟群体更容易呈现出互动程度降低，群体归属感不强，群体认同度不够等问题，所以虚拟“迷群”似乎更容易“烟消云散”。但是与预想的完全相反，完全诞生于网络空间的虚拟“迷群”，并没有如同人们想象中一样迅速的衰败与解散，而是继续散发着自己的强大吸引力。

本文通过对虚拟“迷群”——“越狱迷”的个案研究，试图解答变迁中的“迷群”呈现什么样的特点，作为个体的“迷”继续坚守是出于怎样的原因，以及他们是通过何种方式来维系“迷群”继续发展的。

通过定量与定性的研究，得到以下结论：

（1）总体而言，变迁中的“迷群”呈现了一定程度的衰落，但特定阶段之后则趋于稳定。群体成员的活跃程度大幅降低，发帖以及回帖数量都出现明显降低。帖子主题类型也出现了重大的变化，以曾经的剧情交流为主，变成了以感情交流以及日常生活的交流为主。由于群体凝聚力的下降，曾经徘徊在群体边缘的非注册会员大量离开，但是同时也存在着新成员不断增加的现象。

（2）作为个体的“迷”之所以选择不离去，其重要原因是作为共同体的“迷群”满足了其心理需求，使其产生了强烈的认同感。具体来说，是因为他们仍然可以从群体中获得作为“迷”的愉悦，并且对所在的群体有了归属感，以及对自己在群体内创造的虚拟身份产生了认同。

（3）通过研究发现，在虚拟“迷群”中，网络方式下的符号互动为其维系“迷群”的主要方式。具体来说，通过网络互动对维系群体有着巨大作用的集体记忆得以形成，并发挥了凝聚群体的作用。此外，网络空间下的仪式性行为是另外一个保持群体认同的重要方式。最后由于网络的开放性，不断增加的新成员为“迷群”补充了新鲜的血液，为“迷群”继续发展提供了最根本的保证。

在研究中我们还发现，网络特性是影响“迷群”的重要因素，这使虚拟“迷群”产生了许多新的特征和变化。在“迷群”的塑造上，媒介从来都是第一位的，不同的媒介塑造了不同时期的“迷”。

二、研究建议

由于本文主要为概述性研究，并且受到篇幅和时间的限制，在有些问题上没有进行更深层的探讨，这里着重指出几个可以成为以后研究重点的问题。第一，虚拟“迷群”现实化的问题。具体视角可以包括虚拟“迷群”向现实群体的转化原因，转化的过程以及转化的心理等。第二，同一虚拟“迷群”中的新旧成员的融合问题。具体视角可以包括新成员对既定规则的认同和挑战，与旧成员的交流互动等。第三，“迷群”性质转化的问题。具体来说可以从发帖主题的变化角度以及成员心理来分析整个“迷群”向“非迷群”的转化。第四，电视剧本身与“迷群”维系的问题。具体来说即电视剧的影响力是否为群体能够继续存在的重要因素。第五，现实中的“迷群”维系与虚拟“迷群”的维系方式的区别和联系的问题，具体来说即处于不同传播背景下的“迷群”的维系方式是否有根本的区别。

在研究方法上，由于虚拟社区的类型不同，在虚拟社区基础上产生的“迷群”的特征也存在一定差异，所以由于个案的取舍，在一定程度上影响了本文研究结果的适用范围。因此在以后的研究中可以考虑选取其他类型的社区作为研究个案。同时，由于本研究的时间较短并且文本数量过于庞大，造成选取的样本相对偏少，这一定程度上影响了统计的精确性。这就需要在以后的研究中要增加样本的数量，同时考虑到论坛的动态变化这个重要的因素，对数据进行更加细致的分类。同时，本文还建议在研究群体的人口特征时，使用问卷调查对群体所有成员特征进行进一步的研究，以达到更加客观准确的效果。

本篇参考文献

[1] [美] 亨利·詹金斯．昆汀·塔伦蒂诺星球大战——数码电影、媒介融合和参与性文化 [M]．陶东风，主编．北京：北京大学出版社，2009：108.

[2] [加] 麦克卢汉．理解媒介——论人的延伸 [M]．何道宽，译．上海：商务印书馆，2000：68.

[3] 黄少华．网络空间的族群认同：以中穆 BBS 虚拟社区的族群认同实践为例 [D]．兰州：兰州大学，2008.

[4] 吴彦明．迷之谜团——迷研究的过去，现在和未来 [J]．广告学学研究，2008（7）.

[5] [法] 米歇尔·德赛．日常生活实践：实践的艺术 [M]．方琳琳，黄春柳，译．南京：南京大学出版社，2009.

[6] 陶东风．粉丝文化读本 [C]．北京：北京大学出版社，2009：9.

[7] [美] 戴维·斯沃茨．文化与权力——布尔迪的社会学 [M]．陶东风，译．上海：上海译文出版社，2006.

[8] 邓惟佳．试析西方迷研究的三次浪潮和新的发展方向 [J]．国际新闻界，2009（10）.

[9] [美] 劳伦斯·克罗斯伯格．这屋里有粉丝吗？——粉都的情感感受力 [M]．陶东风，主编．北京：北京大学出版社，2000：146.

[10] [美] 南希·K·贝姆．谈论肥皂剧——以计算机为媒介的粉丝文化中的交流实践 [M]．陶东风，主编．北京：北京大学出版社，2009：403.

[11] Matt Hills. 迷文化 [M]．朱华瑄，译．台北：韦伯文化国际出版有限公司，2005.

[12] 张嫱．迷研究理论初探 [J]．国际新闻界，2007（5）.

[13] [美] 约翰·菲斯克．理解大众文化 [M]．宋伟杰，译．北京：中央编译出版社，2001：173.

[14] [英] 冈特·利特．网络研究：数字化时代媒介研究的重新定向

[M]. 彭兰，译. 北京：新华出版社，2004：215.
[15] 彭彪，莫梅锋. 媒介迷的形成与特征 [J]. 当代传播，2007（3）.
[16] 戚攻. 从社会学理论域考察网络社会群体 [J]. 探索，2001（2）.
[17] 简秒如. 过度的听阅人——"迷"之初探 [D]. 台湾：国立中正大学，1996：16.
[18] 李莹. 媒介迷初探：以《士兵突击》为例 [J]. 新闻世界，2009（11）.
[19] 曹好. 虚拟社区中群体的建构 [D]. 武汉：华中科技大学，2008.
[20] 方文. 群体符号边界如何形成：以北京基督教群体为例 [J]. 社会学研究，2005（1）.
[21] 杨玲. 超女粉丝与当代大众文化消费 [D]. 北京：首都师范大学，2009：6.
[22] [美] 朱莉·詹森. 作为病态的粉都：定性的后果 [M]. 陶东风，主编. 北京：北京大学出版社，2000：123.
[23] 戴雅楠. 虚拟社区的传播特征浅析 [J]. 东南传播，2009（6）.
[24] 徐小龙，王方华. 虚拟社区研究前沿探析 [J]. 外国经济与管理，2007（9）.
[25] 张莹瑞，佐宾. 社会认同理论及其发展 [J]. 心理科学进展，2006（14）.
[26] 王宁. 消费社会学：一个分析的视角 [M]. 北京：社会科学文献出版社，2001：55.
[27] 安靖宜. 论网络互动中的群体认同 [J]. 社科纵横，2008（9）.
[28] 现代汉语词典（第五版）[Z]. 北京：商务印书馆，2005：507.
[29] [法] 莫里斯·哈布瓦赫. 论集体记忆 [M]. 毕然，郭金华，译. 上海：上海人民出版社，2002：39.
[30] [法] 爱弥儿·涂尔干. 宗教生活的基本形式 [M]. 渠东汲，译. 上海：上海人民出版社，1999.
[31] 任娟娟. 网络穆斯林社群的社会记忆建构 [D]. 武汉：华中科技大学，2005.
[32] 陆亨. 共享游戏：从"传播的仪式观"看网络时代的电视迷文化

［D］. 北京：中国人民大学，2008.

［33］［英］安德森·汉森. 大众传播研究方法［M］. 崔保国，金兼斌，童菲，译. 北京：新华出版社，2004：111.

［34］杨堤雅. 网际网络虚拟社群成员之角色与沟通互动之探讨［D］. 台湾：国立中正大学，2000.

［35］陈卫星. 传播的观念［M］. 北京：人民出版社，2004：252.

［36］［美］科奈尔·桑德沃斯. 内在的粉丝：粉都和精神分析［M］. 陶东风，主编. 北京：北京大学出版社，2009：221－228.

［37］张玉佩. 从媒介影像观照自己：观展/表演典范之初探［J］. 新闻学研究，2005.

［38］史丹. “非主流”群体的自我建构：以观展/表演范式为框架［J］. 当代青年研究，2009（7）.

［39］M·卡斯特. 网络社会的崛起［M］. 夏铸九译. 北京：社会科学文献出版社，2003.

［40］Tajfel H. Differentiation Between Social Groups：Studies in the Social Psychology of intergroup Relations［M］. London：Academic Press，1978.

［41］Abecrombie，Longhurst. Audience：a sociological theory of preference and imagination［M］. London：Academic Press，1980.

［42］Howard Rheingold. The virtual communities：homesteading on the electronic friner［M］. MA Addison－Wesley publishing co，1993.

本篇附录 “越狱吧”成员半结构式访谈提纲

访谈原则：本文所列的提纲可以灵活变动，根据访谈对象的谈话主题变化而进行相应的调整，以不打断访谈对象的谈话为首要原则。

1. 你能首先介绍下你的个人情况吗？包括年龄、职业、自己的兴趣等，以便对你有全面的了解。

2. 你最初了解和接触《越狱》是从什么时候开始的？你觉得“越狱”吸引你的地方是什么？你怎么评价“越狱”？你认为自己是“越狱迷”吗？

3. 你是通过什么渠道收看《越狱》的？是网络下载，还是购买成套的DVD，或者是其他方式？

4. 你能回忆是大概什么时间加入“越狱吧”的吗？你加入的动机是什么？你为什么选择了百度贴吧，而没有选择其他的类型的论坛？

5. 你在百度贴吧内是否只加入了“越狱吧”，还是你也参加了其他的贴吧？

6. 你觉得自己属于“越狱吧”的一份子吗？你曾经参与过贴吧的管理吗？竞选过吧主吗？如果有，你认为你这样做的最大的原因是什么？

7. 当《越狱》播放完毕之后，你是什么感受？你觉得这个事件对你影响大吗？

8. 在《越狱》播放完毕之后，你为什么还会来这里，你留下来的原因是否发生了改变？

9. 你在“越狱吧”发的帖子在《越狱》结束前后是否有改变？你觉得“越狱吧”是否发生了巨大的变化？

10. 你认为自己在这里交到了朋友吗？如果是，你们平时都会聊些什么，是否还和《越狱》有关？在《越狱》结束之后，你们谈论的东西是否有了变化。你们在现实中会见面，甚至继续交往吗？

11. 你认为当《越狱》结束之后，为什么其他的很多与越狱相关的论坛都关闭了，而“越狱吧”还可以继续存在？

12. 《越狱》结束之后，你觉得你和那些新来的会员有什么区别，你从中得到的什么样的乐趣？

第四篇

“新锐”之道——《新周刊》专题研究

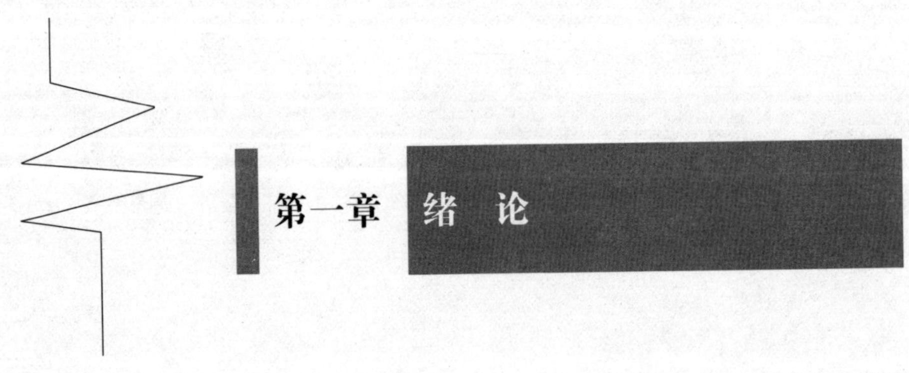

第一章 绪 论

20世纪八九十年代，中国的期刊环境还处在波澜不惊的同质化中，时事类杂志大多板着脸色严肃说话，时尚类杂志则多是浮夸肤浅的面孔，生活类杂志朴实无华缺乏生动，中国期刊市场由专业杂志、大众生活杂志与进口资讯类杂志占据主流。然而，社会的整体发展把我们带入信息时代，加上信息传播技术的革新，我国传播产业进入空前繁荣阶段。随着人们生活水平的提高，形成了一批城市中产阶级，他们对信息的需求量增加，对资讯传播内容要求更加个性化、关联化以及趣味化，对期刊要求提升信息品质和解读意义。于是，读者发生细分，期刊的功能与特性亟需强化和凸显。在这种背景之下，1996年，以《新周刊》为代表的新锐期刊应运而生。这时的《新周刊》以其“宿命”的“新”成为这池静水中的一条“鲶鱼”，《新周刊》名副其实地以它的“新思维、新视角、新表现形式”，以新、奇、异的独特个性成为众多“沙丁鱼”中生性好动、张扬的“鲶鱼”。

由于“鲶鱼效应”逐渐发挥出功效，从20世纪90年代中期开始，一批新潮的新闻期刊涌现，他们清新时尚，一扫以往杂志的中规中矩，成为一批“新生代”的新闻期刊。不同于以往政治性极强的《半月谈》、《瞭望》等新闻类杂志，它们的内容、版式、选题视角、读者群、风格定位都有了突破性的创新。比如1995年创刊的《三联生活周刊》、1996年创刊的《深圳周刊》（原名为《深圳风采周刊》）先后面世；1998年《南风窗》改版，走上了时政新闻类期刊的发展道路；1999年上海文汇新民报业集团推出《新民周刊》；2000年1月中国新闻社主办的《新闻周刊》（现名为《中国新闻周刊》）正式创刊。在这其中，《新周刊》在内容、形式、运作和传播等方面都形成了区别于其他同类杂志的特色，为杂志行业注入了活力，成为一条刺激期刊市场现状的“鲶鱼”。

以新锐个性的姿态抢占眼球的《新周刊》杂志在中国期刊市场上占据了重要的一席之地。中国期刊协会会长张伯海把《新周刊》14年来不断探索和尝试的道路总结为：“铺筑出中国时政、社会类期刊的前行之路。”《新周刊》作为社会变迁的忠实记录者和敏锐的前瞻人，见证了中国新闻杂志的辉煌。《新周刊》既关注时事热点，又关心城市生活，在中国期刊市场有着强大的舆论影响力。

作为一本国内时事生活类期刊，《新周刊》算得上是专题策划中的“教父”，被视为先行者和集大成者的《新周刊》专题策划成为我国同类时事生活类期刊中的“《新周刊》模板”。《新周刊》专题策划的运作经过十多年的探索，已形成自己的稳定风格和特点，而它的这种大胆的探索和尝试，已成为我国期刊业的发展和学术研究的珍贵经验，具有很强的借鉴意义。然而，面对市场大环境以及社会潮流的演变，《新周刊》的专题策划模式也呈现出弊端来。本文拟通过对《新周刊》专题策划的模式和特色进行描述和总结，找出《新周刊》在发展过程中面临的问题并指出解决问题的方法。

本文所采用的研究方法主要是文献分析法，通过对《新周刊》杂志及相关文本资料的剖析，梳理、概括其专题策划模式发展特点。所使用的文献分析的资料包括：①有关期刊理论研究和实证研究的资料；②已有的关于《新周刊》的学术论文；③《新周刊》人自己撰写的有关期刊和杂志社的相关文章；④有关《新周刊》的新闻报道、活动档案、采访实录等；⑤1996年创刊至2011年3月15日总计343期《新周刊》杂志电子版和纸质杂志；⑥《三联生活周刊》、《中国新闻周刊》、《南方人物周刊》、《新民周刊》数期杂志样本。

目前，对《新周刊》的研究大致集中于这样几个方面：从定性和期刊分类角度研究《新周刊》是否属于新闻周刊；从期刊编辑角度研究《新周刊》的策划选题、封面设计、图片的视觉冲击力等；从总结反思角度研究《新周刊》的十年得失等。

检索“CNKI 中国优秀博硕士学位论文全文数据库”和“中国期刊全文数据库”，以往对《新周刊》研究的文章大致可分为以下几类：

（1）新闻类期刊的比较研究。将《新周刊》与《中国新闻周刊》、《三联生活周刊》、《南风窗》、《新世纪周刊》等新闻时政类期刊放在同一背景下关照，从内容、风格、特点等文本角度进行比较归类。这类研究的典型文章有：《新闻类周刊的现状与发展》、《中国新闻周刊概览》、《新闻时政期刊：新锐与沉蕴的姿态》、《<新周刊>、<三联生活周刊>比较观》、《生活与新锐共舞——<三联生活周刊>与<新周刊>风格比较》等。

（2）新锐期刊研究。将《新周刊》的“新”和“锐”单独抽取出来，进行个案式分析，研究差异化竞争之路以及这种操作手法的利弊得失。这类研究的典型文章有：《差异化战略：<新周刊>新锐之道》、《<新周刊>将新锐进行到底》、《<新周刊>：你的“新”丢了》等。

（3）消费主义与文化研究。因《新周刊》杂志将青年实力派作为主要目标受众，这类人群具有高学历、高收入和高消费能力的特征，他们是消费群体中消费力旺盛、购买欲望强烈、容易受广告影响的人群，因此这类研究对杂志受众所表现出来的消费能力进行社会学意义上的研究。这类研究的典型文章有：《<新周刊>品牌与消费文化》、《时尚消费类杂志对本土中产阶层的形象建构——以<时尚·伊人>、<新周刊>为例》、《新周刊的消费主义解读》等。

（4）专题策划与内容研究：作为期刊界专题策划的“教父”，《新周刊》在生活时政类期刊中的专题策划具有鲜明特色，它将“热点”与“卖点”结合了起来，为其期刊品牌的发展奠定了坚实基础。因此，这类研究多从典型专题出发，厘清专题策划的缘起、主题和发展脉络及其社会学意义。这类研究的典型文章有：《<新周刊>的封面革命》、《创新为魂——<新周刊>“寻找中国刀锋”选题方法的创新》、《浅析<新周刊>封面专题的强效传播》等。

与已有研究成果相比，本文的创新和突破包括以下五个方面：

1. 较新的研究素材

以《新周刊》为研究对象的硕士论文最近研究成果为2009年4月《〈新周刊〉的传播特色研究》一文，其中选取的专题案例也多为2006年以前的专题。本文通过收集近年《新周刊》杂志作为研究素材，更新了《新周刊》专题汇总表，这是全文研究重要的基础。只有从第一手的原始素材出发，全文才能有理有据，严谨论证。本文所列举的专题案例多采用经典和最新的案例。同时，《新周刊》在发展过程中必然面临一些新的情况，《新周刊》因而适时调整了栏目的设置，这部分内容在下文中也有介绍。

2. 阶段划分的新提法

本文的主体部分是第四章对《新周刊》专题的模式和特色的总结，这主要是以成型的《新周刊》专题策划模式为研究对象的，事物的发展总要经历从不成熟到成熟的发展过程。那么，对《新周刊》发展过程经历的阶段划分显得十分必要。从业界对《新周刊》的研究现状来看，把《新周刊》划分为三个阶段的划分法居多。本文创新地从内容特点和形态特征两方面进行考量，重点考察专题选题内容和封面设计形式，结合最近几年《新周刊》出现的新变化，截止到2011年3月，与时俱进地提出四个阶段的划分法，每个阶段以某一期为明确的分界点，这样可以做到思路清晰。理顺《新周刊》发展脉络，为研究《新周刊》做必要准备。

3. 辩证分析问题的思维方法

从对立统一的辩证思维来看，应该将《新周刊》的优势与劣势作为一个整体来对待，这是事物的正反两个方面，在事物内在矛盾的运动、变化过程中，优势与劣势并不是“非此即彼”，在一定情况下优势可以转化为劣势，而利与弊也是同时存在的，只有把握适度的原则，才能使事物朝好的方向发展。

《新周刊》擅长“以图书的思维办杂志”，图书的思维帮助《新周刊》用策划的思路使杂志更具有可读性，这是图书思维的利；而另一方面，图书的思维也让《新周刊》过于注重编辑的策划，而使报道失去新闻性，这就成为了弊端。同样的，《新周刊》的专题已形成专题策划模式，这使

《新周刊》的专题成为区别于其他同类期刊的特色，有利于使读者形成阅读习惯，促成对下一期的期待心理和购买倾向；而从另一个角度看，《新周刊》过度迷信专题策划模式，这会使专题策划模式僵化，在专题的框架思维下，形式不再是服务于内容，“填格子”的专题框架反而限制了发挥。再比如，《新周刊》的感性语言本来是吸引读者的一大特色，但是过度使用感性语言就会失去《新周刊》作为时事周刊定位的权威性。

4. 研究问题的新视角

对《新周刊》的研究视角，大多从经济学角度研究其品牌发展历程，或者从传播学角度出发研究其传播特点，或者从文化角度研究消费主义文化，而很少有从社会学角度研究其社会功能。《新周刊》的专题策划通过制造话题和概念，用社会学的视角策划概念纪录历史，其专题的锐度和深度远远超过了一本杂志的综合信息量，更像一本主题特定的图书，记录着中国前进过程中的诸多社会问题和民众思潮。这些都是《新周刊》作为传媒的社会功能的体现。

因而，本文尝试在研究《新周刊》的专题时着重研究《新周刊》专题的社会功能，分析媒介和社会的相互作用，着重研究大众传播对社会所产生的影响和效果，分析媒介与社会的关系。

5. 指出新的出路

本文第二章对《新周刊》的地位和价值用“鲶鱼效应”做出了新评估。但是在“鲶鱼效应”发挥出功效后，市场被“鲶鱼”激活，《新周刊》的专题策划模式被复制和广泛效仿，这时的《新周刊》已不再是当初标新立异的“鲶鱼”，因而锐意进取和创新是《新周刊》的出路。在此背景下，本文研究《新周刊》面临的问题和出路时，并不孤立地研究《新周刊》这个个体，而是通过与同类期刊的对比来借鉴其他期刊的经验，汲取其精华。主要参照的期刊为北京的《三联生活周刊》、《中国新闻周刊》，广州的《南方人物周刊》，和上海的《新民周刊》这四本新闻类期刊。

另一方面，本文在研究《新周刊》解决问题的出路时十分重视对传播受众（即读者）的分析，对读者评价进行收集和例举，通过信息的传与受，形成信息反馈，从而给《新周刊》未来发展道路以启示。

第二章　《新周刊》概况

一、简介

创刊于 1996 年 8 月 18 日的《新周刊》已经跨过了 14 个年头，到 2011 年 3 月 15 日已经出刊 343 期。《新周刊》聚焦中国本土社会潮流热点，以极具中国特色的语言风格，打破国内杂志静态的报道方式，选取独家视角，最快速度捕捉社会热点和潮流动向，对资讯结构进行重组，通过一系列报道真实再现中国人生存状态与中国社会的变迁轨迹，成为中国社会变迁最敏锐的记录者和观察者，忠实地记录了中国的社会形态，是社会学研究的有价值素材。作为一本半月刊的时事生活类杂志，其品牌定位为“中国最新锐的时事生活周刊”，强调办刊的本土精神与杂志的国际水准。以“观点供应商、视觉开发商、资讯整合商、传媒运营商”为办刊宗旨。

《新周刊》已形成一个媒体方阵，包括《时代周报》、《香巴拉》、广东飘壹代书刊发行有限公司（发行机构）和广州新锐贰千广告有限公司（运营机构）。《新周刊》在广州设立总部，在北京和上海设立分部。

在内部结构上，《新周刊》编辑部和发行中心是并行的部门，由出资方三九集团的三九文化发展公司全权独立运作发行，编辑部则负责杂志的内容制造、品牌经营和广告经营。

二、创刊经历

《新周刊》攻城略地的路程走得并不顺畅，从《新周刊》的创刊历程可以看到《新周刊》人以他们的独有的开创精神和前瞻性思维在期刊市场上拼搏的足迹。《新周刊》的创刊背景可追溯到1995年创办的一本名叫《七天华讯》的侨刊，《新周刊》的杂志风格和主创人员便来自这本侨刊，因而《七天华讯》可以算得上是《新周刊》的前身。《七天华讯》在出版7期之后，于1996年1月停刊。当时适逢广东省新闻出版局计划将一本原名叫《书报刊》的专业杂志改版，刊名改为《新周刊》，通过努力，终于在1996年6月正式运作《新周刊》杂志。

1996年8月8日，创刊号第0期正式面世，延续了《七天华讯》的时事生活主题，在印刷上依旧采用《七天华讯》的大开本新闻纸彩色黑白套印。创刊号选用的专题《中国可以说不》是一个中规中矩的政治题材，封面选用毛泽东和邓小平的合影，与其他期刊相比并无太多出彩之处。唯“中国可以说不”的封面标题可以窥见《新周刊》口号式制作标题的风格。

新闻纸、大开本的《新周刊》一共出版了22期，其中没有第7期，但有第0期。面向全国发行，每期发行两到三万份。但是那时的《新周刊》缺乏市场经验，同时在观念上过于理想主义，还不擅长利用广告、搞活动作为宣传手段来扩大市场。由于没有做任何宣传，没有广告收入，年支出达到一百多万元，处于负债经营的状态。这是《新周刊》成长过程中最艰难的阶段。此时，三九集团的老板赵新先决定投资《新周刊》。这样，从1997年6月起，杂志在编务方面一年内每月获得大约65万元的经费支持，同时在深圳成立三九文化发展公司负责发行。从此，《新周刊》跨上一个新的台阶。

这时期《新周刊》的转变主要体现在两个方面：首先是在印刷上，采用铜版纸胶装的形态，这是当时只有时尚类杂志才会选用的新包装形式。这样的转变不仅仅体现在外在包装上，更多的反映了《新周刊》观念的转变：从文人办刊的思维——采用新闻纸一味满足文人的阅读兴趣，到采用高品质印刷的时尚杂志包装以满足广告商的需求，克服了初期文人办刊的局限性，开始面向市场经营刊物的观念转变。

其次是在发行上，建立了“航空母舰”般的发行网络，在全国 22 个城市短时间内迅速建立起发行支部，《新周刊》一时间如雨后春笋般出现在全国，这时的《新周刊》像是一个初出茅庐的小孩终于见了世面，尝到了市场化运作的甜头，开始在期刊界有了一定知名度并树立在全国的品牌形象。《新周刊》逐渐走入正轨，进入成长历程中的快速上升阶段。这时期，《新周刊》的知名专题一炮走红，比如号外《中国不踢球》，发行达 20 万册，《1997 大盘点》以盘点的新形态一时成为红遍中国的时髦形态，还有《我爱你》、《泰坦尼克号》、《弱智的中国电视》等，都是当时极具影响力的专题代表。

《新周刊》作为一本广东本土期刊，一开始就有浓郁的粤式风格，在图片运用、设计版式和新闻资源的利用等方面都受到香港的影响。早期在《七天华讯》（《新周刊》的前身）阶段，杂志团队与香港 M 图片社合作，在广州采访编辑，在香港制作。与 M 图片社的合作得以学习到香港先进的办刊理念和版式设计。

有“话题发源地”、“时代前沿观察家”之称的《新周刊》早期致力于新闻的整合，后以城市议题设置和炒作概念为主，成为一本兼具时事和生活资讯的综合性杂志。

三、杂志定位

1. “新锐”的定位

《新周刊》杂志的定位为“中国最新锐的时事生活周刊”，创刊十余年来，《新周刊》一直积极致力于鼓吹、推动中国“新锐”力量的成长壮大。《新周刊》将“新锐”二字解释为：“新”指观念现代、超前，从事的事业新潮、独特，使用的方法创意纷呈；“锐”指的是有话语权，行为有号召力、影响力。《新周刊》以“新锐”和“创意”为方法论，实现杂志品牌延伸的最大化。

“中国最新锐的时事生活周刊”这个定位顺应了“单一诉求”的理念，

这是来自广告界的一个重要理念，指的是在信息爆炸和广告泛滥的时代，人们往往只能从复杂的讯息中记住少量信息，消费者往往都是简单诉求，而成功的销售往往是满足了消费者某种单一需求的结果。比如美国麦迪逊大街的达彼思广告公司，称之为U. S. P，即独特销售主张。曾经希特勒面对士兵演讲时总是在重复一句话："世界是我们的!"而正是这句吸引了成千上万的追随者。这就是单一诉求的效应。

同样，在杂志种类空前泛滥的市场下，适应读者"单一诉求"的制胜法宝是提出自己明确而简洁的主张。诸多知名期刊都选择了这样简短的言语作为自己的杂志定位。比如：《读者》——"选择《读者》，也就选择了一类优秀文化"，给精神情怀缺失的大众一份心灵鸡汤；《中国国家地理》——"因为有我，生活才更加精彩"，渗透生活的国家地理专业杂志；《时尚先生ESQUIRE》——"一本给成熟男人而非小男生的杂志"，标榜成熟男人的身份符号；《财经》——"独立、独家、独到"，以彰显其独立的财经报道形象；《南风窗》——"定位财经，相约成功"，将财经期刊服务于成功人员；《三联生活周刊》——"一本杂志和它倡导的生活"，既有人文关怀，又不失生活方式的倡导。于是，在此背景之下，《新周刊》适时推出"中国最新锐的时事生活周刊"的定位，确立以新锐观点审视社会趋势的目标。

2. "新锐"的由来

《新周刊》确立"中国最新锐的时事生活周刊"的定位是经历了一段历程摸索得出的：第一次是"我们所有的努力，就是为了新一点"；第二次是"要看就看《新周刊》"；第三次是"好看就是《新周刊》"；最终在1998年5月确立为"中国最新锐的时事生活周刊"的定位。

《新周刊》名为《我们所有的努力、就为了新一点》的发刊词中这样写道：

在中国，想办也有能力办出一份高品质周刊的高手很多。但机会却不是人人都有。

仅就机会而言，我们算是其中的幸运者。

我们有幸聚集了一群职业资讯人员，这使得一个可依赖的媒体的诞生成为可能。

我们注意到，必备的职业精神和职业素质是这项事业的生命。所以，我们将不只以热情投身其中，更以专业的态度对待从采编到出版的每一个细节。

一个正在筹备创刊的编辑部，其忙碌、兴奋乃至疲惫的程度，如不身在其中，是难以想象的。这些日子的《新周刊》就一直处于这种状态中。

这一切的辛苦与努力为的是什么呢？

那天，编辑部突然有人说了一句：“大家都是吃这碗饭，谁都想新，可要出新太难太难了，哪怕是新那么一点点。”

接着，他脱口而出一句让我们感动了很久的话，

——“我们所有的努力，就为了新一点。”

现在，这句话已经印在本刊创刊号的封面上，而且将出现在今后每一期的封面上。

这句话便是我们的追求和对读者的承诺。

而当那些零散的页面一天天厚起来，并终于把我们最初的想法变成了今天这本实实在在的杂志，我们知道：“一切才刚刚开始。”

《新周刊》面世了，它是否因我们的努力而“新”了一点？

这是一份国内外发行的综合性时事生活周刊。

我们有备而来。

《新周刊》的发刊词与《新周刊》这份杂志的气质极其吻合：十分感性的用语，不同于一般杂志的发刊词，一般介绍杂志看点、栏目设置、发展历程等“硬”信息。《新周刊》的发刊词更像是一个理想主义者在喃喃自语，不在乎别人怎么说，只专心投入在自己的世界里。

“新锐”这个词最早是楼适夷先生在1933年提出的，他说：“未来中国，将是新锐青年的中国。不是昏庸老朽的中国，将是勤劳大众的中国，不是剥削阶级的中国，将是中华民族自主的中国，不是帝国主义奴役的中国。”而在2000年香港召开的第三届全球华人物理学大会上，诺贝尔奖得主杨振宁教授在英文演讲中提到“新锐”的一种英文翻译——Aggressive，用来形容能够勇敢提出新的看法，敢于挑战学术权威的行为。《新周刊》将“新锐”这个词在中文媒体上发扬光大，甚至已经成为杂志本身的LOGO。

3. "新锐"的体现

"新，而且锐，正是当下这个突飞猛进时代所需要的。新锐符合这个时代说话的腔调，它既非革命，那样火药味太浓，又非新潮，那样太过轻佻。生猛又时尚，有张力又有冲击力。"凤凰卫视董事局主席刘长乐说："'新锐'这个词是需要勇气的，不光要新，还要锐，锐就是要比较准确、犀利和有相当的勇气。"

根据期刊界"三缘划分法"的说法，首先是"地缘"，即以地域条件来划分的都市类报刊；其次是"业缘"，即以专业领域为划分原则的专业类报刊；最后是"精神缘"，即诸如《南方周末》、《三联生活周刊》和《新周刊》之类的人文类报刊。"新锐"之精神便是吸引读者的重要纽带，成为最有吸引力的"精神缘"。

在《新周刊》的官方博客上，以红底白字标出的一个大大的"锐"字十分耀眼，这个"锐"字已成为《新周刊》的形象之一（如图4－1所示）。英语谚语里说："You are what youread。"翻译过来就是："所读即你。你读什么，你就是什么。"也可以理解为，你的阅读选择体现了你的品位。所以，可以说《新周刊》的读者正是被杂志的"新锐"气质所吸引。十余年来，《新周刊》保持与时俱进的新锐姿态，在内容上和形象包装上都实现了"标新立异"。

图4－1 《新周刊》"锐"的LOGO

《新周刊》一贯语不惊人死不休的风格，拒绝与同类媒体同质化，自成一格，给读者展示新鲜的内容。即使是“炒冷饭”，也能够做到将旧的资讯重新包装。在此基础上，《新周刊》提出“四商”的观点，即“观点供应商、视觉开发商、资讯整合商、传媒运营商”。从《新周刊》以“最新锐的时事生活周刊”的定位可以看出，“新”和“锐”是《新周刊》追求的目标，也是《新周刊》长期以来所形成的个性气质。《新周刊》副主编周可是这样解释的：“‘新’并非单纯意义上的新闻的‘新’，而是力求在大量新闻素材的基础上，有新的解读角度、新的解读方法以及新的观点。”[①] 这也符合大众对于传媒的提升信息品质、整合传播结构、解读信息意义的要求，同时也是对期刊的特性和功能的体现。

“而这里所讲的‘锐’，在《新周刊》的前十年，可以大致理解为一种‘锐利’的风格，集中体现在所谓的批判性上，透过锋芒毕露的批判，显示自己的观点、立场和态度。而近两年来，《新周刊》的内容风格更趋向于稳健，批判性锋芒不像以往那样锐利了，其所谓‘锐’，则是朝着‘敏锐’的方面发展，强调的是对社会生活的更为独到的发现和洞见。”[②]

这与曾经《新周刊》的广告词——“时代前沿观察家”相契合，通过以社会学视角来把握时代变迁和历史发展的脉搏，给人以社会学借鉴意义，读者可以通过阅读获得深度思考，更好地把握社会变迁的发展趋势。

四、栏目设置

“所谓栏目只是编辑部的格子，相当于中药铺子里的抽屉，便于归类放置不同题材而已。”这是《新周刊》主笔闫肖锋对栏目的形象定义。《新周刊》栏目设置的标准取决于读者是否喜欢、整体格局是否区别于其他杂志、阅读节奏是否安排得有张有弛。下面我们通过对比 2002 年和 2011 年杂志栏目来看《新周刊》栏目设置的变动。之所以选择 2002 年，是因为业界有部分人认为 2002 年第 129 期《寻找中国刀锋》是《新周刊》专题

---

① 黄守洲．做杂志要标新立“锐”［J］．青年记者，2008，（9）：26.
② 黄守洲．做杂志要标新立“锐”［J］．青年记者，2008，（9）：27.

策划登峰造极之作，因而认为2002年是有代表性的一年。

2002年《新周刊》各主要栏目包括：专题、城市、调查、摄影日记、图片故事、人物、品牌、文化、科学、流行、“她世纪”、新周丽人、车经等。

2011年《新周刊》各主要栏目包括：锐词、Morld、专题、事件、城市、财经、文化、艺术、图片故事、汽车、生活、专栏、书架、卖点等。

两者对比可以看出，一直保留的栏目包括专题、城市、图片故事、文化，以及只调整了栏目名称的“汽车”栏目，其他栏目都作了相对应的调整和更改，在原先的框架上有所整合创新。比如新设的“事件”栏目最初被命名为“现场”，后来更名为“观察”，到现在确定为“事件”。而“城市”栏目，现已不仅仅是介绍生活内容，而更多的是侧重于以生活方式出发介绍生活资讯。由此可见《新周刊》锐意进取的革新姿态。之所以调整栏目设置，一方面，这是杂志为了准确把握读者的兴趣爱好，“随需应变”顺应市场的产物；另一方面，杂志人员的变动导致栏目设置的变动，因而是顺应杂志社内部结构调整的产物。

可见，这些栏目的设置都是适应杂志自身理念以及外部环境的变化而设置的。从栏目设置及内容基本可以看出，在时事和生活之间，它更关注生活；在生活和时尚之间，它更关注时尚；在时尚和观点之间，它更忙于表达观点。

“专题”是《新周刊》放在封面醒目位置上的主打栏目。每期精心策划一个选题，以大篇幅、全方位的报道，与《新周刊》作为“观点供应商”的角色相呼应，成为《新周刊》的标志性栏目和杂志的第一卖点。“专题”作为《新周刊》杂志的最大卖点，也是本文重点研究的对象。

“城市”这个栏目用社会学眼光感性描述城市，记录城市气质，赋予城市时尚的风格。发掘城市新话题，同时捕捉城市生活的新趋势。内容构成上包含城市话、概念城市、读城记等若干报道环节。

“摄影日记”、“图片故事”是《新周刊》最具特色和优势的独创栏目。前者是对日常生活的瞬间影像的即时记录，用摄像机镜头记录事件；后者以完整的图像语言和叙述方式，讲述一个生动而且有深度的人生故事。

"文化"栏目关注国内外最新文化潮流，捕捉新锐艺术观念，评估艺术家的社会价值。报道领域涉及绘画、音乐、设计、建筑、电影、舞台剧和阅读等诸多范畴，以独立观点和最新资讯，创造时代文化的新格调。

"事件"栏目是《新周刊》为弥补杂志时效性的欠缺，增强杂志新闻性而新设立的栏目。《新周刊》以专题策划见长，但同时不能放弃作为新闻时事类期刊的新闻时效性特点。"事件"栏目利用深度报道的优势，把最新事件的来龙去脉把握清楚，再披露更多新的讯息，最大化充实信息量。例如2011年3月1日的第342期《新周刊》"事件"栏目报道标题为《五粮液为什么只告七粮液?》，以最新事件五粮液状告七粮液为报道对象，具有很强的新闻时效性。

"锐词"作为新开辟的栏目，与《新周刊》"新锐"气质联系紧密。

"Morld"是《新周刊》独创的概念，由"World"衍生而来，栏目主题为"被金钱颠倒的世界"，以一页的版面介绍经济领域的消息。

总之，《新周刊》的栏目设置与杂志的定位紧密结合，每个栏目的设置都体现《新周刊》对品位阅读的倡导，即透过杂志看到个人品位，杂志成为个人品位符号的象征。2002年，《新周刊》提出"四商"理念，即观点供应商、视觉开发商、资讯整合商和传媒运营商。《新周刊》在实践中秉承"四商"理念正是为了彰显"新锐"的风格定位。

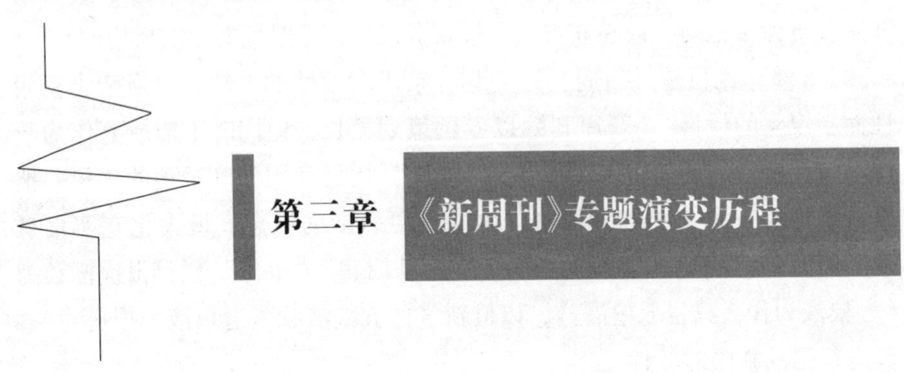

第三章 《新周刊》专题演变历程

如果说《新周刊》呈现给我们的是一桌满汉全席，那么其中的专题栏目则必然是招牌菜和特色菜，以这道“镇店之宝”的名菜吸引顾客，招揽生意，“食客”皆闻名而来。既然是满汉全席此等宫廷盛宴，则既少不了宫廷菜肴之精华，也少不了地方风味之特色。专题策划是不可撼动的“宫廷菜肴”，那么其他譬如主编访谈录、城市、事件等特色栏目则是《新周刊》这道满汉全席里的重要“地方风味”特色菜。这些栏目一起构成这桌满汉全席菜式的有咸有甜，有荤有素，成为中华菜系文化的瑰宝，从而坐镇中国期刊市场上的重量级一席。专题为《新周刊》的主打栏目，每期 20 至 50 页的篇幅全方位立体化报道新锐话题，赢得了广泛的注意力，成为《新周刊》的标志性板块和杂志的第一卖点，树立了其独特的品牌形象。

本章从《新周刊》专题内容特点、形态特征，以及专题策划在《新周刊》发展历程中所处地位因素等方面考量，分析《新周刊》专题演变历程时总结出专题策划四个阶段划分法（如图 4－2 所示）。

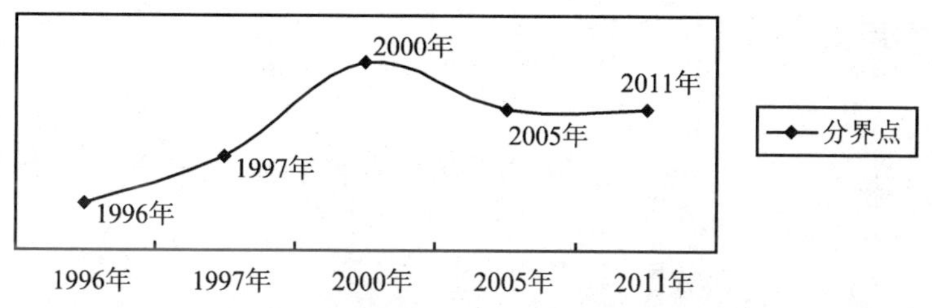

图 4－2 《新周刊》专题策划四个阶段图示

一、专题策划雏形阶段

第一阶段从 1996 年创刊第 0 期到 1997 年上半年第 28 期止。从形式上来看，这一时期的《新周刊》采用较薄的新闻纸印刷，版面接近于八开，发行区域仅限于广东。“新闻纸时代”的《新周刊》以彩色黑白套印，封面大多是政界、体育界、娱乐界的名人照和美女照为主（如图 4－3 所示），反映专题卖点的大小标题都是散乱放置在封面下方，没有形成鲜明的特点和固定的风格，字体颜色以红、白、黄为主。在市面上众多的时事期刊中并不起眼，没有起到封面宣传功效。《新周刊》自身对这一时期的封面设计也并不满意，这从《新周刊》内部评选的 50 个经典封面上，这一时期封面无一期上榜也可以看出。

从内容上分析，这一阶段专题策划偏近于新闻时政类杂志的内容选择，注重新闻的时效性，以政治性题材居多（如表 4－1 所示）。其中政治题材的专题包括：《中国可以说不》（第 0 期）、《我看我说〈邓小平〉》（第 9 期）、《邓小平给我们留下了什么?》（第 12 期）、《50 年代一句话折射今日中国》（总第 23－24 期）、《共和国的三次国庆大检阅》（总第 25－26 期）等，另外还有见证香港回归的专题特辑，第 19 期和第 20 期都记录了这个重量级的时事题材。

第 11 期没有专题栏目，首次开设“新闻调查”栏目，题为《北京、上海、广州、深圳、大连、香港六城市调查：你装修吗?》。

图4-3　以政界、文体界人物及美女照片为封面的《新周刊》

第12期专题《邓小平给我们留下了什么?》首次出现长篇幅的系列专题报道，包括《小平，走好!》、《百姓心中的邓小平》、《说不完的邓小平》、《邓小平辞典》、《新周新闻图》，共26页的篇幅，其中新闻图片占2页，采用了图文并茂的形式，这可算作《新周刊》专题策划的雏形。

第15期专题《直辖：“火一把”的重庆人》，包括《重庆人说重庆人》、《外地人说重庆人》、《山城“棒棒军”》，6页的篇幅，开创城市报道形式。

表4-1 《新周刊》第一阶段（第0期至第28期）专题汇总

1996年	第0期	中国可以说不
	第1期	周华健十月唱到广州来
	第2期	直击佛山110
	第3~4期	不与法西斯“游戏”，天津11青年愤然离职
	第5期	中国要建76个国际化大都市？马阳直言：不可能!
	第6期	让人民有钱
1997年	第8期	我们这一年
	第9期	我看我说《邓小平》
	第10期	过年就是回家
	第11期	无
	第12期	邓小平给我们留下了什么?
	第13期	户外广告：都市风景还是现代污染
	第14期	停止福利分房，工资能买一个家?
	第15期	直辖：“火一把”的重庆人
	第16期	金陵祭：南京大屠杀60周年
	第17期	危言耸听，还是一针见血：珠江三角洲迷乱都市化
	第18期	1997年6月1日：柯受良飞越黄河
	第19期	回归特辑
	第20期	香港回归全纪录
	第21~22期	中国人民解放军英雄谱
	第23~24期	50年代一句话折射今日中国?
	第25~26期	1949·1959·1984共和国的三次国庆大检阅
	第27~28期	国企改革备忘录

总体来说，这一阶段的《新周刊》初出茅庐，对专题策划形式开始尝试，但特色不鲜明和个性不足。从最初的政治题材逐渐向社会生活潮流、

时尚和生活转变，专题缺乏系列新闻报道，逐渐避开政治“硬”题材，摸索出适合自己风格的杂志定位。

二、专题策划成长阶段

第二阶段从1997年第29期到1999年底第73期止。从1997年8月三九集团成为《新周刊》股东，在强大的财政后盾下，《新周刊》有了质的飞跃。也正是这一时期，《新周刊》推出一批有震撼力和强大舆论影响力的专题，掀起了期刊界的“《新周刊》模式”风潮，对国内期刊产生了重大影响。因而，第二阶段以1997年下半年到2000年划分为快速成长期。当时有些专题的单期发行量超过30万份。1998年8月27日《文汇报》对《新周刊》的评价为：“这是一本叫人又爱又恨的杂志……无论是对其爱不释手者，还是嗤之以鼻者，都无法回避这一事实：以强调策划力而著称的新一代办刊人，用港式热闹和京式调侃抢占了新型文化刊物可读性的制高点。”

具体来说，以1997年11月1日出版的第29期《上海人为什么迷恋30年代》为划分点，《新周刊》内容从时事“硬”题材向社会时尚“软”题材倾斜，话题围绕生活环境、生活方式、生活态度、生活状态等方面，开始展现“新锐”时尚面貌。这一时期出现很多有代表性和影响力的重要专题，奠定了《新周刊》专题策划模式的基础。

1997年12月1日第31期年终特辑《1997大盘点》，列举出“1997十大痛快、1997十大感动、1997十大汉子、1997十大流行语、1997中国十大经济新闻、1997北京十大热门话题、1997上海十大热门话题、1997广州十大热门话题、1997香港十大热门话题、1997十大时髦、1997十大热门商品、1997十大畅销书、1997十大惊奇、1997十大不明白、1997十大愤怒、1997十大恶心、1997文艺圈十大风波、1997五大不孝、1997十大案件、1997十大名死、1997十大灾难、1997十大动荡、1997十大买卖、1997十大破产”。一时“盘点”的模式成为年终媒体总结报道中最时髦和最常用的报道模式，“盘点”也成为《新周刊》的重要名片之一。而最初编辑部想采用《清算1997》作为专题标题，考虑到“清算”的用语“太狠”，而最终确立了“盘点”的标题，把这一个经济学的术语引用到传媒领域，体现了《新周刊》“新锐”而不“尖锐”的风格。而“愤怒”、“恶心”、“感动”这些情绪化的感性词汇也成为《新周刊》一贯的文风。

1998 年 1 月 15 日第 33 期的爱情特辑《我爱你!》（如图 4 – 4 所示）成为情人节的最“火”的礼物，成功抢占年轻读者市场。第 39 期《弱智的中国电视》成为投向中国电视的第一个重磅炸弹，被称为“中国电视第一骂”，成为评价中国电视的舆论先锋。这一期既强化了《新周刊》的批判姿态，又确立了《新周刊》在电视评论上的巨大影响力和权威地位。第 45 期《城市魅力排行榜》成为转载率最高的一期专题，引起大众的广泛热议。这次城市专题的重要探索，为读者提供出一种特定的城市话语，即“城市观”，从生活在城市中的“人”的角度，以人的生存空间、生活方式、对城市幸福感的主观感受等为视角展示城市图景。从而奠定《新周刊》城市话语权的地位和影响力，同时用感性去描述常规事物这一做法也成型。《20 年中国备忘》合刊展现了《新周刊》在盘点历史题材方面的驾驭能力。同时也是《新周刊》以图书思维办杂志的重要体现。

第33期 1998-01-15

爱情特辑

图 4 – 4　第 33 期的爱情特辑《我爱你!》

《找个地方躲起来》(1999 年总第 58 期) 封面设计独特，将一个人的面孔完全隐藏在鲜花背后（如图 4－5 所示）。也正是从这一期起，《新周刊》放弃了大色框的设计套路。在内容上提出了一种新的休闲观，揭示出城市人们劳累的心态，体现出人文关怀和温情。

图 4－5　《新周刊》第 58 期封面与第 56 期大色框封面对比

总的来说，这一阶段的专题策划模式已初步定型，它在同类期刊中专题策划“教父”地位已形成，它的专题策划模式成为其他媒体效仿的对象，是《新周刊》专题发展阶段中的快速成长期。虽然封面设计仍以美人照为主体（如图 4－6 所示），(1999 年总第 58 期《20 世纪爱与恨》是其最后一次使用美女做封面)，有“俗”之嫌，但是内容上让人耳目一新，处处可见“新锐”风格，从而掩盖了形式上的不足。在题材上，20 世纪 90 年代后期正是百事待举的时期，电视业、网络业、饮食和个人隐私权这些见证时代的话题都可以在《新周刊》专题上找到，《新周刊》成为了那个时代记忆的一部分。

图4-6 美人照为封面的《新周刊》

三、专题策划成熟阶段

第三阶段从2000年1月总第74期到2005年3月总第199期止。2000年《新周刊》的平均广告比例为23.6%，因此2000年被业界认为是《新周刊》最辉煌的一年，因而把这一阶段划分为《新周刊》专题策划的成熟期。这一阶段的《新周刊》通过一系列精彩的专题策划、榜单和盘点等形式，单期发行量最高时达到30万份，与之相对应的是广告收入的迅速攀升，也带来《新周刊》广告经营的一个高峰，而随后《新周刊》的广告销量总趋势开始下滑。

以2000年1月1日第1期（总第74期）《新30而立》为界，正如专题名称所指，《新周刊》也实现了专题视角的由“破”而“立”，既维持了批判者的个性形象，同时兼顾了生活潮流引领者的新形象。

《寻找中国刀锋》（2002 年总第 130 期）被认为是《新周刊》的鼎盛之作。“寻找中国的新刀锋，就是发现未来的中国脸，他们代表着新新中国的演化趋势，前进方向与蓬勃生命力。”观点新锐且另类。

《闭上眼，许个愿》（2003 年 1 月出版的总第 146 期）一改《新周刊》“观点供应商”的定位，用几十页的版面和图片，每一整版都是介绍一个人闭着眼睛谈愿望和未来畅想，而没有任何观点，这是转变以往观点报道模式作出的尝试。

总的说来，经过前几年的探索和发展，《新周刊》专题策划在这一阶段步入成熟稳定期，并将专题策划运作模式化，运用制造概念、发布榜单、盘点的专题策划模式，这一模式也成就了《新周刊》，使其步入专题策划的全盛时期。内容上从时事新闻的报道，倾向于抽象和另类的新锐文化，进而开始制造概念和话题。典型代表为“知道分子”等。通过发挥社会学想象力，即将个体事件或个人命运放到宏大社会结构或历史背景解读，盘点和简化资讯，通过敏锐的洞察力和人文关怀，这两种“智”和“心”来解读生态、生活和生存，关注文化、消费和心态。这种稳定的专题策划模式强化了它的专题特色，同时也巩固了《新周刊》的市场地位。然而随着专题模式的日益僵化，以及这种专题策划模式的可复制性强，《新周刊》逐步由盛转衰，专题策划的革新显得极为迫切。

四、专题策划革新阶段

第四阶段从 2005 年 4 月总第 200 期至今。据统计，2005 年《新周刊》的平均广告比例为 10.4%，2005 年的广告销量是七年来的最低，在此形势下，《新周刊》开始锐意进取，在定位、编辑策略和专题策划选题、视角等方面进行调整，迎来了《新周刊》专题策划的革新期，这个阶段以 2005 年 4 月 1 日总第 200 期《新锐 200》为划分起点至今。

首先在封面形象上，第 200 期《新锐 200》是最后一次将官方网址、售价、发行刊号、本期导读等信息堆积在封面右上角，而采用斜条纹的形式突出本期亮点，将“图片故事”、或“社论”、或“总编访谈录”等栏目凸显出来，同时将发行总期数醒目标志在右上角，将作为杂志“第二卖点”的导读标题整齐排列在刊头右方。可通过第200期和第201期的封面对比来看出差异（如图4－7所示）。

图4－7 《新周刊》第200期与第201期封面对比

在选题和内容上，《新周刊》一贯以时代敏感话题为专题选题，为了读者引起共鸣或引发争鸣，不断推出新观点、不断发掘“抓眼球”，为了彰显杂志另类的个性，《新周刊》甚至以“骂”的极端形式表达观点，发出社会最强的声音。“骂”是《新周刊》的一大特色，社会生活中衣食住行的种种现象都已被《新周刊》“骂”遍，正是基于《新周刊》宣泄和释放社会情绪的这种批判精神和新锐态度，它推出过大量经典专题。然而，随着杂志团队的成熟，以及读者群的理性化和成熟化，读者阅读口味发生变化，这几年，《新周刊》的批评态度也渐趋温和，他们提出“做一本有态度、也有温度的杂志”。

这一阶段中，关于爱情、婚姻与两性的话题，例如《性管理——第19个世界艾滋病日的性文明思考》（第239期）、《中国单身报告》（第252期）、《不婚物语》（第328期）、《爱情3.0：快时代的慢爱情》（第244期）、《情人节专辑：听说爱情还会回来》（第268期）、《学会爱》（第340期）……

关于电视和城市话题的专题，例如《没有电视只有剧——2007中国电视节目榜》（第271期）、《直播中国——2008中国电视榜》（第295期）、《电视在哪里？——2009中国电视榜》（第319期）、《城市代言榜》（第

318期）……

关于阶层和身份符号的专题，例如《都是农民：30年来城市与农民的纠葛》（第294期）、《他们不是另一代人，他们是另一种人——透析90后》（第305期）、《青春：从新中国到新新中国六代人的青春影像》（第308期）、《反动词汇：剩女》（第311期）……

总的说来，这一阶段的《新周刊》作为时政期刊，还是以主流的思想为主，但同时又不放弃差异化的表达方式。在视角上刁钻而不过分，立论大胆同时又能启人心智。从成熟期以高举“我反对”的旗帜，炮轰国内诸多积弊、国际各种霸权的风格改为温和尔雅的风格。盘点《新周刊》专题，最醒目的总是“说不!”和“我反对!”两大类，批判电视、足球和电影。正如《经济观察报》提出的口号——“理性，建设性”，随着时代的变迁，之前的这种说话方式不再合时宜，《新周刊》转为调侃或者默默颂扬。因为此时的《新周刊》已经成功在市场上获得品牌影响力，进而开始为树立品牌形象而努力了。曾经与《三联生活周刊》相比，《三联生活周刊》被比作“稳重儒雅的知识分子”，而《新周刊》是“标新立异的叛逆青年”，那么经历十余年发展至今，《新周刊》俨然已经成为一名成熟稳重而不乏个性的思想者，或者可以说，《新周刊》开始放慢脚步，控制好节奏，不再是急匆匆的“急行军”。（这一时期的专题汇总可见本篇附录。）

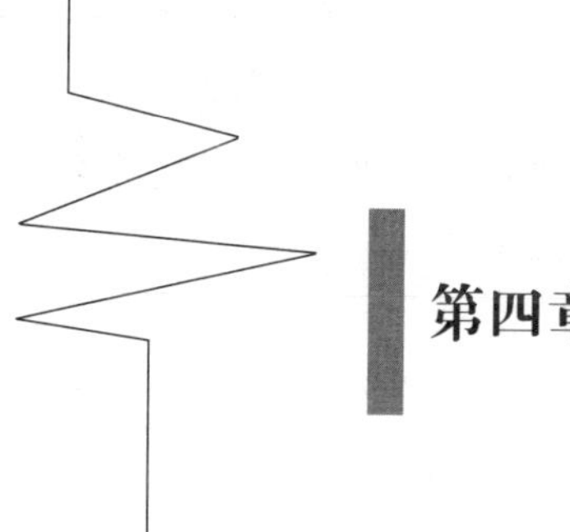

第四章 "《新周刊》模式"和"标新立锐"的特色

《新周刊》具有敢吃螃蟹的开拓精神，在时政、生活类周刊中开拓出一条新路。它在封面设计、选题视角、榜单与盘点结合、专题与活动结合的运作方面都已形成自己固有的模式和特色，从而被业界称之为"《新周刊》模式"。所谓模式（Pattern），是指解决某一类问题的方法论。把解决某类问题的方法总结归纳到理论高度形成了模式。模式从不断重复出现的事件中发现和抽象出的规律，只要是一再重复出现的事物，就可能存在某种模式。对于杂志来说，专题策划的模式实质上是一种框架，通过确立固定的框架形式，每期添加不同的内容。在这数期杂志专题的基础上，总结提炼出专题策划的特色。特色（Characteristic）的涵义是指事物所表现的独特的色彩、风格等。特色是一个事物或一种事物显著区别于其他事物的风格、形式，是所属事物独有的个性特征。特色区别于模式的地方在于特色是形而上的理论认识，而模式则具有形而下的可操作的实践意义。本部分通过模式和特点两部分来分析《新周刊》专题策划，特此先作一个简要的说明。

一、"《新周刊》模式"

1. 封面革命，视觉冲击

封面是杂志的门面，要想在众多杂志中脱颖而出，在报刊亭上吸引眼球，找到属于自己的封面说话方式是至关重要的。同时，期刊杂志的封面不仅是杂志的脸面，也是杂志风格的体现。封面的内容是一本杂志内容的预告，也是主题的展示，是实现内容卖点的载体。“封面故事是脑袋，要体现一本刊物的思想与智商。”《三联生活周刊》的主编朱伟如是说。

《新周刊》的封面设计很有国际化时尚气质，它能够对读者形成最大的视觉冲击，并能由此带来一场期刊封面设计的革命。

（1）封面设计风格演变。

根据封面设计与专题内容的吻合程度来粗略划分的话，《新周刊》的封面设计风格经历了两个阶段。

最初的阶段是 1996 年至 1999 年，大多以政界、文体界人物和美女照片为封面，迎合市场大众趣味，却失去了自己的个性特点。其中，在 1996 年至 1997 年底是时事新闻杂志阶段，内容以时事新闻综述为主，因而封面主要是如邓小平、董建华、周华健等新闻人物。在 1997 年底至 1999 年，内容开始逐步由时事新闻转向社会时尚话题，与之相对应的刊物封面绝大部分为美女照片。

第二阶段的是从 2000 年至今，《新周刊》已明确作为时事生活周刊的定位，既有对时事新闻的报道，又不乏抽象和另类的新锐文化，封面专题进入《新周刊》用插画来表现抽象的专题的阶段，这一阶段的封面图片为内容服务，而不再是封面文字点缀图片。即背景和图片让位于专题，背景和图片都是为了更好地烘托主题，为了让读者一眼就能被主题吸引。文字、标题、图片及版式的表现同等重要，各种要素相互烘托，融为一体。每期设计自己独特个性的插图，来配合每期的专题，采用以色彩烘托主题的方式，强调色彩的爆发力，以此吸引读者的眼球。

《新周刊》针对封面设计做出过很多尝试和改变，一方面在于封面图片选择上，另一方面在于封面标题和刊头上。封面设计的原则是要简洁到位，直指主题。封面大标题顺应互联网时代读者阅读习惯的变化，语言口号化。在位置上也经过多次变化调整，最终确定在杂志的中上部分，即在杂志 logo 之下和图片之上。同时通过右上角的斜条介绍本期的精华内容，被认为是杂志的“第二卖点”。“大标题 + 小标题 + 本期导读”的封面模式现已成为《新周刊》近几年来较为稳定的形式。刊头是杂志品牌的视觉

logo，《新周刊》的刊头一贯采用蓝底反白字的色块，其中“周”字的“口”是一个变形，用蓝色的地球代替口字。上方的黑体字是刊物的口号“最新锐的时事生活周刊”，下方是红底白色英文字“NEW WEEKLY”，《新周刊》的英文翻译（如图4－8所示）。保持了持续的统一性，非常有利于品牌的传承。

图4－8 《新周刊》刊头

（2）封面设计减法设计原则。

《新周刊》的封面能够醒目得益于其减法设计原则，减去冗余的修饰成分。往往其他期刊杂志习惯将杂志的内容提纲都放在封面上，这样做反而淹没了杂志主卖点，或者恰恰暴露了杂志没有主卖点的缺陷。正所谓“卖什么吆喝什么”，封面的作用就是为了将杂志成功销售出去。在当今消费时代，琳琅满目的商品摆满橱窗吸引顾客，在报刊亭的销售不同于一般商品，杂志不是商品橱窗，文字堆得琳琅满目反而会令人目眩，无法吸引顾客。在色彩的选择上也避免采用五彩斑斓的多彩层叠色彩，而是采用单一的色调，遵循“冬要暖色、夏要冷色”封面色彩常规原则，同时兼顾两期之间保持色差。

得益于色彩的视觉冲击力、特色的刊名形体、减法设计原则等因素，《新周刊》的封面设计得到广泛认可。2001年10月30日，《新周刊》以《2000大盘点》专题封面荣获第15届国际期刊设计奖——奥齐奖（Ozzie）“最佳封面设计”大奖，与《ESPN》、《CFO》、《ONE》等国际著名杂志共享殊荣，这也是中国杂志首次出现在国际期刊顶尖设计行列中。

中国人民大学新闻学院教授喻国明提出办刊街头零售的“三步五秒效应”，指的是读者一般在三步之内、五秒之间做出决定购买哪份报纸或者杂志。由此可见封面对于促进读者对杂志的购买力的作用。然而，喻国明“三步五秒效应”也并非绝对，杂志封面如果缺乏充实的内容和独到的见解、厚重的内涵，而只是一味凭着孔雀开屏般的炫耀卖相吸引读者，也是不会太长久的。吸引新读者靠街头，稳定老读者靠内容。虽然“杂志就卖一张皮”，但封面的吆喝作用在下降，在销售中的作用从过去的 7 成下降到 4 成，原因是读者更趋理性成熟，更注重内容了。在营销话语中，一切都可转换为买和卖。杂志将观点、图片卖给读者，再将读者卖给广告商，但首先，它要先将自己卖出去。就卖相而言，新闻时政类杂志终究是卖观点的，新锐、敢说、独家、独到、独立，才能与华而不实的漂亮杂志区别开来，《新周刊》在注重封面设计的同时，也遵循“内容为王”的原则，内涵与外在同等重要。

2. 榜单与盘点结合

（1）榜文化。

《新周刊》每年发布四大榜：每年 3 月份发布“中国电视节目榜”、5 月份发布“中国城市魅力榜”、8 月份发布“生活方式创意榜”、11 月份发布“中国年度新锐榜”。最早在 1996 年 9 月 1 日出版的第 1 期（总第 2 期，因为有第 0 期），《新周刊》就首开先例，推出“新周刊排行榜”和“新周流行榜”。从 2003 年开始，《新周刊》一年四季定期发布不同的榜单，这已成为《新周刊》专题策划的固定模式。

四大榜中最有影响力的当数“中国年度新锐榜”，从 2001 年开始至 2010 年已发布 10 个新锐榜，这期间与中国骄子合作达 5 年，通过盘点年度风云，为新锐加冕，成为以新锐观点、专家意见、新锐视角为立意和特色的年度看板，汇集中国创新价值和新锐观念的年度大榜。2005 年 4 月出版的第 200 期，《新周刊》推出“中国人物新锐 200”的榜单，将“中国年度新锐榜”推向舆论制高点，吸引了大众的眼球。“新锐”的定位穿插其中，以“新锐”为主题，配合这期榜单的发布，在新周刊 200 期酒会暨中国期刊市场论坛上，《新周刊》打出“未来的中国，将是新锐青年的中国；今日之中国，正是新锐的中国”的横幅，将楼适夷先生的话古为今用，更好的宣传和强调了杂志的定位。

“新锐 200”旨在选取 200 个以“锐气”和“棱角”著称，同时是当代中国最具市场价值的人与物，希望囊括国内各“新锐”领域、“新锐”行业的“新锐”精英、“新锐”群体，他们正在或即将要成为中国的商业、文化主流。这也是为了更好地推动中国加速前进的所有新锐力量，形成巨大新锐冲击力。最新一期“2010 中国娇子新锐榜”中，“年度新锐人物”、“年度新锐企业”、“年度电影、电视剧、图书”、“年度品牌”和“年度知道分子”都吸引了无数目光。

“榜评”被认为是一种很有效地新闻炒作方式，这也是《新周刊》十分擅长的一种模式。排榜具有两种功能：一是建立样板，倡导价值；二是盘点资讯，引导消费。《新周刊》与中国骄子的合作发布“中国娇子新锐榜”，这体现了整合行销理论，也就是杂志通过与同类脾性的品牌捆绑在一起，整合的结果是两个品牌同时扩展了影响力。

2011 年 2 月 1 日出版的总第 340 期发布“2010 中国情爱榜”，与当期专题《学会爱》内容相呼应，这也是为 2 月 14 日情人节特别策划的专辑。发布榜单为：年度梦中情人——阿桑奇、年度明星情侣——大 S & 汪小菲、年度爱情电影——《成长教育》、年度最不离不弃爱情——胶州路大火中的上海夫妻、年度爱情导师——乐嘉、年度情话——给未知恋人的爱情短信、年度爱情歌曲——《爱情买卖》、年度爱情箴言——《见与不见》、年度爱情创意——豆瓣上征集我爱你、年度爱情小说——《1Q84》、年度爱情服务——“爱情银行”&“心碎博物馆”、年度最纯爱情——一场等了 55 年的跨国婚礼、年度爱情锐词——织毛衣、年度爱情教材——《爱的地下教育》①。

（2）盘点。

《新周刊》将“盘点”从经济领域变成热门通用词汇，淋漓尽致得发掘了“盘点”的妙用，将其打造成一个年度总结的经典编辑模式。如今百度盘点也是最受欢迎的盘点形式之一。《新周刊》盘点的模式首见于 1997 年“年终大盘点”。这期盘点收获了两个有价值的思路：一是“十大”的归纳和整合资讯方式，二是“愤怒”、“感动”、“忧伤”等感性化用词的风格。

---

① 2010 中国情爱榜［J］. 新周刊，2011，(340)：34 - 37.

总第337期《2010大盘点》，年底清盘理出了“十大关键词”、“十大感动”、“十大浮云”、“十大猛人”、“十大惊艳”、“十大围观”、“十大营销”、“十大给力”、“十大悲情”、“十大中国表情”、“十大涨”、“十大体”、“十大告别”、“十大纠结”。视角平民而又新潮，符合网络时代风格，其中“十大关键词”是：尊严、涨、世博、亚运、微革命、非诚勿扰、强拆、国考、二、浮云。这些都记载着一个时代的记忆，可以成为社会学的重要参考资料。

3. *专题与活动结合*

《新周刊》是中国最乐于也最善于“作秀”的杂志，在当今的“注意力经济”风行的时代，“作秀”往往能够成功吸引大量眼球。杂志本质上也是一种商品，它以赢得知名度和聚积财富为目标，因而“作秀”成为现代商业的必杀技之一。《新周刊》作为业界公认的“活动家”、“秀哥”，通过做活动将专题的延伸品牌价值发挥到极致。

《新周刊》每年推出年度新锐榜就是颁发新锐顶戴的一场大秀，旨在反映时代前行的脚步和变革的节奏，与“大盘点”专辑一同受市场期待。编辑部认为评选“新锐”的标准是“一年之中某个领域有所突破并对未来产生影响力的人或事物”。“秀”便是市场，“新锐榜”的举办都能聚焦媒体与大众的眼球，收获巨大的经济效益。“如果《新周刊》在产品本身上的作秀技巧易于模仿，那么依托刊物本身内容而在社会活动方面的建树，放眼期刊界尚无出其右者”①。对这种专题加活动模式给予了很高的评价。

《新周刊》将专题与活动紧密结合在一起，相当于将专题卖点的第二次销售，取得很好的经济效益。从《新周刊》创办初期，以周华健为封面的《周华健十月唱到广州来》（第1期，总第2期）就是为“96周华健广州演唱会”作宣传，这是周华健在国内的第一场演唱会，《新周刊》发动所有员工都到体育场卖杂志，同时卖周华健的小册子，首次作秀赚了60多万。同样的，1998年9月至10月筹划和主办的“王菲唱游广州·中国巡回演唱会”也是先将王菲作为封面人物作专题宣传，通过王菲演唱会扩大了刊物的影响力。2000年8月，借着《飘一代》专题的走火，《新周刊》

① 喻乐.《新周刊》的八年抗战之路——幸存者的游戏［J］. 传媒，2004，(8)：22.

表现出敏锐快捷的市场反应能力，一边推出别册《飘一代：F－G》，一边成立“飘CLUB”，会员达两万余人。

2000年4月，与湖南卫视、新浪网、上海青年报联合举办“2000十大新锐人物评选”活动；同年，在海南举办“2000中国电视节目榜”；以及2001年，与阳光卫视、新浪网联合举办“2001大盘点·年度新锐榜”评选活动。《新周刊》在初期就已将这种专题与活动（包括榜单与活动、盘点与活动）紧密结合的模式运用娴熟，尝到甜头后，《新周刊》近几年更是将这个模式发扬光大，为了延伸排行榜的商品价值而开展了系列落地活动，取得巨大成功。

二、“标新立锐”的特色

1. 彰显风格：策划思维成就“新”定位

（1）“新锐”定位彰显风格。

只有共性，没有个性的杂志肯定无法在激烈的市场竞争中胜出。正因为如此，《新周刊》以“新锐”为制胜武器，它擅长利用资料，对资源进行重新整合，用创造性的语言来表达观点。它的“新锐”被业界形容为“犹如给时代扎针，每一扎，就一跳”。

（2）专题框架，主题先行，策划思维。

曾任中国期刊协会会长的张伯海评价道：“《新周刊》教会了中国期刊做策划。”《新周刊》的专题策划采用现已成型的专题框架，它一般分为开篇、主打文章、专题调查、系列采访、新闻图片加插画、知道分子评述和结尾篇等。其中内容以采写加编辑为主，然后是盘点加帖士（TIPS）的讨巧形式，通俗易懂，对外约稿通常以“命题作文”形式，事先确定文章的主题和形式，使外稿符合专题框架的要求，而不是任作者自由发挥。正是这种专题框架使得《新周刊》形成“主题先行，逻辑先行”的策划思维，在框架基础上“填格子”。

按照这种思维，在这个专题策划过程中，一般包括四个步骤：第一步是确定选题，以选题为目标搜集资料，通过查询文献和网上搜索等方式开展调查研究，做好理论准备；第二步是确定选题的延展性，包括以概念的提升、内容扩展等内容为逻辑主线，确立写作的视角和思维；第三步是确定选题操作计划，列出采访提纲，分配采访任务等；最后一步是操作选题。其中选题的制定应符合以下四个标准：首先是符合社会发展趋势，通过事件和人物来表现社会趋势；二是个性化标准，在观点、视角和切入点体现出非同质化；三是将发挥小事件延伸到社会宏大背景的社会学想象力；四是建立选题与目标受众之间的关联性。

曾任《炎黄春秋》杂志执行主编的吴思评价道："《新周刊》带有很强的选题策划意图，以这么强的主观色彩来抓选题和做杂志，感觉更像是在做书。"正是在这样固定的选题标准、专题策划步骤下，编辑通过策划将各种资料进行优化组合，形成《新周刊》专题策划的核心竞争力。

（3）制造话题和概念。

《新周刊》的专题策划区别于其他同类期刊专题策划的地方在于其概念和话题的制造。通过以制造概念为中心，提出概念，以概念取胜。例如《新周刊》实现新锐思想与人文色彩的有机结合，重新定义"知道分子"的概念，以区别一般杂志以"知识分子"为目标读者的定位。《新周刊》给"知道分子"定义为："他们介入市场和商业化运作的目的是把知识（可能是连夜回家看来的）当作商品出卖，换回知名度和经济效益，而这种知名度和经济效益反过来会对其学术事业产生巨大助益。"① 而在此以前，率先提出"知道分子"概念的王朔以此作为中国当代知识分子的贬称。意思是，知识分子应该是从事创造性的精神活动的人，而当代的知识分子没有这种能力，他们充其量只是比常人多知道了一些事情。在王朔那里，"知道分子"一词显然是个贬义词，是对一部分知识分子的揶揄和讥讽。

《新周刊》充分发挥了现代汉语的奇妙功能，制造了一大堆前所未有的新鲜词汇，比如"无厘头"、"哈日流"、"第四城"、"飘一代"、"她世纪"。或者是将旧词赋新意，典型代表有上述的"知道分子"。

然而，需要指出的是，概念的提升仅仅只是杂志策划的一种手段，而不能抽离时事和生活而空谈概念的新锐。因而，概念的提出应该是以大量

① 桑晔. 向"知道分子"致敬［J］. 新周刊，2002，（126）：36.

的阅读、深刻的思考、深度的采访和丰富的体验为基础而提炼出来的。

（4）富有创造力的团队。

专题策划的成功与否直接反映了办刊人的选题策划能力和职业素质，成功的策划要让选题达到预期目标，产生预期的社会反应，那么，如何在预期的时间内将策划成果和策划理念成功传达给受众，这些都需要通过很强的策划能力来实现。因而，一本以专题策划为主卖点的杂志里，以编辑为主的人的因素起了很大的作用。

《炎黄春秋》杂志社执行主编、《潜规则》作者吴思对《新周刊》评价说：“以做书的方式做杂志，《新周刊》第一。《新周刊》策划分量能占到百分六七十，这对编辑的要求非常之高，要求保持对读者兴趣的把握能力。”

《新周刊》自称出售三种产品，一是杂志；二是主编；三是传媒观念。可见《新周刊》对人才的培养自有一套。他们往往有着强烈的集体荣誉感和归属感，他们自称“《新周刊》人”。要了解这本杂志的特色首先要先了解《新周刊》这个杂志团队的构成。

用两个词总结《新周刊》杂志团队为：“专业”、“敬业”。专业是客观条件，敬业则体现一种主观态度。“有激情”、“有冲动”、“是和一帮专业、敬业的人在一块干呐!”① 他们的共同点至少包括两点：一是热爱传媒，二是乐于接受国外先进办报理念，具备领先于国内同行的办报思维。

孙冕，任社长，自称有“传媒情结”，有丰富的传媒经验，从事过从校对到记者、编辑、发行、版面设计、广告等各个岗位，均与传媒相关，足以显示对传媒的热爱。正是出于对传媒的这份赤诚的热爱，他在开办广告传播公司盈利后的头一件事就是办杂志。而《新周刊》初期的负债经营也并没有让他退却：“看着口袋里的钱越来越少，下一期不知钱从何来的时候，心惊胆战。但这是我一直想做的事，也不去计较后果。”这样纯粹的为热爱的事业不计后果付出的精神，与在物欲时代以逐利为最终目的、把杂志当商品的人相比显得多么难能可贵。

① 孙际铁．中国传媒——当代最具影响力的传媒人访谈录［M］．广东：珠海出版社，2002．

封新城，任执行编辑，自称“天生就是个传媒人”，电台的工作经历使《新周刊》杂志具备广播口号式特点。从广东电台到加盟《晨报》，到接手一本前途为卜的新杂志，封新城的传媒情结起了很大的作用，他说：“我下决心来做这本不知前景如何的新杂志，跟我内心早就想办一本中国最好的周刊这个情结有很大关系。”“‘新闻纸时代’《新周刊》的成员，是一群很纯粹的理想主义者。大家平均只拿一两千元工资，但每天都工作到深夜，一心一意想做出好东西来。”

1993 年，孙冕与暨南大学新闻系共同创办《晨报》。这份报纸曾多次创发行量 10 万份的记录，这在当时已是很好的成绩。这得益于孙冕借鉴和吸收国外媒体的成功经验，他以《今日美国》等国外成功杂志为蓝本，创先在国内提出“新闻娱乐化”的办报思维，通过把硬新闻软处理，以生动活泼的视觉表现形式，让人达到愉悦的阅读享受。这样一份用新闻娱乐化的表现形态走市场化道路的报纸与当时的传统媒体迥然相异。从《晨报》的这段办报经历可以看到孙冕的创新思维，这些都为《新周刊》杂志的诞生作了铺垫。同时在《晨报》末期，广东电台封新城（现任《新周刊》的执行总编）的加入，为《新周刊》储备了人才基础。

除了杂志团队的核心人员，在《新周刊》的成长历程中，还培养和输出了不少圈内名人，比如《中国不踢球》的策划人员龚晓跃，后来成为南方日报报业集团《南方体育》的主编。《新周刊》自身人员更替，也给杂志带来了新人新气象。封新城说：“新人是最锋利的刀锋。”《新周刊》的新锐定位决定了它的团队总有新鲜血液注入，以保持杂志团队的新鲜活力和充沛精力。

2. 丰富内容：前沿视角构筑“新”议题

（1）立足国际，解读中国。

与《中国新闻周刊》和《新民周刊》等同类杂志专题策划注重视野的浓缩性和就事论事不同，《新周刊》更注重从宏观角度入手，再以细节的呈现和分析来讨论全球语境下的中国故事。近年来，《睡不着》、《中国压力榜》、《中国欲望榜》、《421 的中国》、《一个国家的不眠与亢奋》等专题都站在世界范围的立场，审视中国在发展进程中的事件和解读话题。与此同时，站在中国立场上参与世界性议题的探讨，如 2009 年 12 月版的专题

《破地球》、《气候公民与地球那些事儿》，它与哥本哈根世界气候峰会呼应，探讨与人类生存息息相关的话题。

（2）时代前沿观察家。

《新周刊》以现行热点为依托，巧妙抓住了时代运行的脉搏和刺激点，把封面专题与宏大的时代背景紧密联系起来。最近几年，针对中国经济高速发展带来的时代景观变化的事实，新题材频频出现，如《创意中国》、《软中国》、《发现小众》等，展示了“时代前沿观察家”的选题视角。传播学大师施拉姆说过：“有效的信息传播可以对经济社会发展做出贡献，可以加速社会变革的进程，也可以减缓变革中的困难和痛苦。”《新周刊》以自己的前沿视角观察社会和见证社会进程的变革，可以说，《新周刊》浓缩了一个时代。

（3）发挥社会学想象力，解读社会情绪。

《新周刊》通过专题策划来梳理社会情绪和社会心态，通过发挥社会学想象力来将社会情绪和社会心态提升到社会问题和社会趋势层面，将社会情绪进行有效解读。《新周刊》以“社会趋势观察家”的视角探讨着社会心理的发展动向。例如《不想工作》的专题说出了大众的普通心声，展现出在全社会亢奋前进，狂热追求工作的中国人内心却疲惫而缺失的心态，从而折射出社会价值的微妙变化。而金融危机爆发时的《这个冬天怎么过》专题，宏大背景下选取了独特的视角，来描写金融危机下与大众息息相关的生活点滴，也反映大众孤独无助的消极社会心态。

《新周刊》以“资讯整合商”的姿态为读者解读生活中的各种现象，用其新锐的眼光、新鲜的观念来影响读者的生活，展现对新生活方式的思考，这不仅突出了其品牌中的生活观和都市观，也让《新周刊》与读者生活的粘连度提高。

3. 优化形式：视觉包装树立“新”形象

（1）专题结构富有层次。

《新周刊》专题有其固定的结构，一般由观点链接、宏观描述、访谈、调查、发展趋势各部分构成。首先分析说明话题选择的理由，其次是细梳话题脉络，宏观描述话题，再以个人发表观点展现多元意见，最后再由相关专家学者各抒己见讨论发展趋势。既体现《新周刊》的独家意见，又增强与读者的互动，再加上专家学者的分析讨论，通过组合表达，专题的影响力达到了部分加部分大于整体的效果。

（2）封面设计体现差异化。

《新周刊》的封面和专题结合十分紧密，通过减法原则和差异化设计，避免了“面面俱到，面面俱不到”的尴尬局面。《新周刊》的封面基本是以每期专题为依托，大打专题牌，简明直接表现内容，立意深远独辟蹊径。近年基本采用电脑设计制作的富有深意的图画，几乎未采用实景及具体的人物图片。色彩明快、尖锐，冲击力强，在与专题内容保持一致的同时，也深刻反映主题，有效地做到了构图与立意的统一，简洁、大气，与其“新锐”、“时尚”的定位相呼应。

（3）用图片讲故事，富有逻辑性。

《新周刊》的图片形式服务于内容，同时并不过分追求时事类新闻媒介的“新闻性”，而是更注重从常态的生活入手，捕捉社会生活各个方面的瞬间，显示出新锐张力。它一贯坚持杂志图片的独立价值，尊重摄影师的独创性和独立视角；将信息量和匹配性作为图片使用的评判标准，反对单纯视觉化、未增加信息量的“拉大图”作法；反对与文章无关的无厘头图片，专题图片的使用尤其应具逻辑性和连贯性。《新周刊》针对专题所拍所配的图片呈现出新锐的时代意识、丰富的信息含量、强烈的风格意识：视觉张力与细节呈现同时并重。它以行动来体现“视觉开发商”的理念。

《新周刊》在大量使用图片的同时，推崇简洁主义风格，能够一针见血地抓住重点。图片与文字的排列组合总是以策划的专题重心为线索，寻求一种故事化的视觉风格，或开门见山直奔主题，或平铺直叙娓娓道来，游刃有余地契合了读者的阅读体验。如《什么写在中国的脸上：肖像史里的中国表情》专题，以近百页的摄影专辑将中国改革开放三十余年的故事用照片中人物的故事表现出来，并且以连贯、贴切的图文配合叙述，可见《新周刊》用图片讲故事的逻辑表现能力。

4. 强化运作：榜单活动延伸“新”效益

（1）一年四大榜形成周期性专题营销。

在1996年《新周刊》创刊初期，中国期刊数量近8000种，要在众多期刊中抢占一席之地，《新周刊》却没有采用一般传媒的广告宣传方式，而是借助周华健的演唱会活动来推广品牌和开拓市场，可见在运作上，《新周刊》擅长通过包装专题中榜单和盘点来借助活动取得经济效益。

《新周刊》擅长发榜众所周知，从 2003 年以来，《新周刊》在每年总会有不同的榜项发布。"名家、名人、名榜"不仅奠定了"观点供应商"和"社会趋势观察家"的地位，而且通过一年发布四大榜形成了《新周刊》周期性专题营销的运作策略。

《新周刊》由专题策划而来的一系列活动成为其扩大影响的一个有效平台，如专题集结了图书首发式、读者见面会、生活方式论坛、榜单发布会以及颁奖典礼等。不仅有政界、企业界、传媒界、学界的人士参加，还有广大读者参与。专题活动成为了一个各种人群共同思考、共同分享得失和相互交流沟通的"嘉年华"。

（2）以图书形式将专题策划二次售卖。

电视媒体的优秀栏目在整合集结后可以转化为光盘和系列丛书，实现其内容的再次售卖。而绝少有纸质媒体将其已发布的内容再度集结重新出版，《新周刊》是个例外。由于其专题策划的独到性、趋势性以及社会学文本的解释意义，就为它的再次出售提供了一个契机。

从 1999 年 12 月开始，《新周刊》与漓江出版社第一次合作出版《新周刊 1999 佳作选》，这种年底发布"佳作选"的专题策划再次售卖模式就确定下来。其中，2001 年还尝试与辽宁人民出版社合作出版了一本《2001 大盘点》，试探市场的反应。2003 年又调整出版内容，与广东人民出版社合作出版《新周刊·生活方式文丛》（共三册），同时与文汇出版社合作出版《2003 语录》，受到读者的欢迎，并荣登一周畅销书榜单。

第五章 《新周刊》专题的局限和出路

专题策划思维、差异化的题材选择、强势的视觉开发、创新的运作及传播方式让《新周刊》在同类杂志中独树一帜，也读者耳目一新，但是，《新周刊》面临“成也策划，败也策划”的困境。随着传媒业的飞速发展，《新周刊》创造的大策划、大选题、大概念的杂志策划手法已被同行广泛借鉴和吸收，加上网络媒体冲击下，社会环境的进一步开放，更新锐和更新潮时尚的媒体有“长江后浪推前浪”的汹涌之势，此时的《新周刊》如果固守旧的模式，必然面临在激烈的传媒竞争环境中处于竞争劣势的问题，因而有一些问题值得《新周刊》思考。

北京《中国企业家》总经理兼上海《大都市》总策划梁逸是《新周刊》的长期读者，他给予了《新周刊》十分精准的点评：“《新周刊》是目前中国个性最强的杂志，它的商标设计就直接反映了它的个性，简单地说，图片比文字强，标题比内容强，编辑比采访强。”这充分反映出凡事都有两面性，辩证来看的话，《新周刊》强有力的策划和视觉包装等核心优势都可能转化为劣势。

一、《新周刊》专题的局限

1. 专题策划模式僵硬化

（1）策划思维模式的弊端。“好新闻都是策划出来的。”正是这样在这样的思维引导下，“重编轻采”成为期刊界的通病。不同于时效性相对更强的报刊，资讯的新闻性和时效性特点被期刊忽略。编辑的作用甚至强过记者，通过对二手资讯的整合和重新加工，传统的现场调查采访形式被网络以信息搜集、再编辑和再加工取代，记者这样的一线人员被称为“资讯加工员”的编辑取代。《新周刊》主笔胡赳赳认为，《新周刊》的运作成本比较低的原因很大程度是因为“编辑部承担了写作任务，后台操作比一线采访更多，事实上每个人都是主笔”。《新周刊》专题策划操作的原则也认为编辑的作用远大于采访。可是仅仅凭编辑的资讯整合来挖掘事件的深层意义，很难形成自己的独到观点和独家报道。由于缺乏扎实做新闻的功夫，对现场采访力度不够，导致论述贫乏，分析难以到位，这是《新周刊》专题策划模式导致报道深度不够的一大硬伤。

概念的策划作为《新周刊》专题策划的重要模式组成部分，要精准和到位的把握概念需要策划者提高自身的素养，同时对生活方式、流行文化、生存状态等有敏锐的洞察力和一点就透的悟性。因而，每一个概念的提出，都是经过一段时间的积累和沉淀的结果。在《新周刊》总主笔闫肖锋《第22条军规》中明确提出：“概念的提升仅为手段，不能抽离时事与生活而空谈概念的新锐。杂志概念的提出是以大量的阅读、深度的采访与体验，并在与同业人员广泛交流的基础上形成的。”如果以概念工厂的形式快速产出概念，只会给人牵强附会和不知所云的感觉。

（2）结构模式化的弊端。目前《新周刊》已形成专题策划固定的篇幅和版面模式，大多以20至40个页面为版面，其中图文比例基本保持在2:1，同时穿插两个页面的广告。《新周刊》专题版面由多个部分组成。“除主打文章和收尾文章外，中间的采访也要有料，像帖士这样的辅料也是必需的。”① 这样的结构模式化也存在弊端。

① 闫肖锋.《新周刊》菜谱［J］. 青年记者，2008，（1）：30.

《新周刊》资讯整合的策划模式就像一个搜索引擎，通过输入关键词，出现大量相关信息，再将信息加以整合和归纳，拼拼凑凑就形成了一个版面。这个比喻反映了《新周刊》主题堆砌下的结构松散和不紧凑的弱点。通过罗列对某一个问题的各个不同侧面的观点，迎合了信息爆炸时代大众“浅阅读”的需求，却舍弃了杂志深度报道的功能。

针对“香港教育”这个相同的主题，《新周刊》与《三联生活周刊》表现出不同的专题策划结构（如表4－2所示）。两者对比，《新周刊》更注重专题策划，因而表面看起来整体有逻辑性，但文章却经不起细读，用的新潮词汇让人摸不着头脑，有点哗众取宠和牵强附会，比如《香港知识生产的反智倾向》。而《三联生活周刊》在内容上取胜，它注重单篇文章的“含金量”，通过采访校长而不是学者来增加新闻的权威性和可读性。可见，作为一本新闻时事周刊，以创意和策划为竞争力只能获得短暂的眼球效益，最终还是要回到内容的新闻性和权威性的竞争上来。

表4－2　香港教育专题对比

	《新周刊》	《三联生活周刊》
专题名称	去香港上大学	把大学销往内地
封面表现	设计图形：香港品牌形象“飞龙”	新闻图片：科大校长朱经武
页数	42页	23页
文章主体数	7篇	6篇
Tips与表格	15个	1个
导读与导语	16条	7条
图片数	100张	22张
专题文章	主文：香港的大学为什么这么香	综述：回归10年香港的内地联系
	专访：学者论香港教育	综述：把大学销往内地
	榜单：香港大学魅力榜	样本：一个大学的诞生
	分析：香港与内地，大学大不同	帖士：好大学的标准
	调查：香港文凭含金量	专访：科大校长朱经武
	批判：香港知识生产的反智倾向	群体：内地背景的香港教授们
	结语：大学之外看香港	专访：岭大副校长李经文

2. 专题策划题材同质化

（1）消费主义倾向过于突出。《新周刊》部分专题很大程度上体现了观念超前、生活方式上崇尚物质化，消费主义文化突出，正因为如此，《新周刊》在广告界被用来作为研究消费者形态的一本杂志，比如《贱客》、《伪白领》、《电视饱嗝》这些专题都是通过对人群的心理刻画，给人潜意识里煽动着消费欲望和宣扬物质化的追求。有的虽然从表面上批判生活过度物质化的不足之处，但通过对超前生活方式、流行文化的分析，无意识中向受众传达的仍是提倡消费，获得享受的生活观念。

（2）专题策划的反复炒作。有学者认为，《新周刊》“成也策划，败也策划”。例如，关于足球、居住、新媒体等专题的反复策划却总不免有“新瓶装旧酒”的痕迹。一些专题除了具体表现方式上的不同外，立意上却是大同小异。既给人以“为赋新词强说愁”的不良印象，又让读者对《新周刊》产生“江郎才尽”的错觉。

（3）选题过于软性化。有一位作家曾说：“感动是心灵的甘霖，人是需要经常被感动的。”《新周刊》的语言犀利，用词泼辣，但往往不乏温情，能触动内心深处最柔软的部分，引起读者共鸣，这就是感动的力量。然而，故弄玄虚的煽情只会适得其反，无法带给受众情感上的美好体验。因而拿捏好煽情的尺度，让读者感受到感动而不会肉麻，软性化题材才能成为《新周刊》的特点而不是缺点。

3. 专题策划思维封闭化

《新周刊》为策划而策划，为制造概念而制造概念的思维定式，导致《新周刊》越来越依赖于编辑团队以“头脑激荡法”而策划出专题和生产“概念上的新锐”。这与《新周刊》以“新锐”的意见领袖目标脱节，在《飘　代》、《她世纪》、《第四城》等精彩专题和经典概念之后，《新周刊》团队开始自闭，专题策划思维出现封闭化，加上《新周刊》杂志团队思维的日益趋同化，仅仅依靠编辑团队的策划思维，无法成为社会意见领袖的传播器。只有通过捕捉社会最新动态，关注报道焦点事件，制定出覆盖社会精英层面的共性话题为选题，在老读者的维护和新读者的培养上下功夫，以开放的思维走到意见领袖中间，加强与读者的传与受的互动，才能再次展现出《新周刊》的“新锐”本色。

4. 专题语言过度感性化

《新周刊》常以感性的用语表达社会情绪，给人振聋发聩的感觉，有时看了让人直呼痛快。《新周刊》的这种感性化和网文化文风被易中天称为“新周体”，然而感性化用语的过度运用，会使得文章缺乏严谨性，有些尖锐词汇虽说让读者感受到一种表达的快意，但却有矫揉造作之嫌。

《新周刊》语言表达的感性文风同时体现在正文和标题上。惊叹式、感叹式、疑问式这些夸张的表达手法常见于《新周刊》的标题中。如2006年5月出版的第226期专题《后现代的母亲》，其疑问句标题有：《母亲是怎么变得后现代的?》、《中国母亲为什么不过节?》、《城市管不住天气?》《香港在边缘?》、《有安静点的餐馆吗?》、《严歌苓：当年我们看得起谁?》、《玄幻复兴?》、《〈母猪女郎〉：有什么比女人更荒诞?》、《米其林，LP还是DK?》、《王志仁创业养猪，还是养儿子?》，总计10个疑问句形式的标题。最近一期2011年3月总342期《故乡》专题中，《谁杀死了故乡?》、《失去故乡的人，还将失去什么?》、《五粮液为什么只告七粮液?》、《小书仓怎么抗衡大平台?》、《谁在唱〈忐忑〉?》、《哪种字体让你最舒服?》、《尤伦斯在退出中国?》，总计7个疑问句式标题。这些标题有点像黄健翔的“他不是一个人在战斗”那样直抒胸臆，偶尔采用这样的特殊句式，既能有效引起受众的注意，同时引起读者的思考和共鸣，但是引用过度就有语言缺乏理性和过于松散的弊端。

最典型的一期争议话题是《第四城》，“心血来潮”、“一时灵感”、“拍脑袋”的作品成为《新周刊》的一大特色。把重庆称为“第四城”源于《新周刊》执行主编封新城在答记者问时的灵光一现。既没有数据的支撑，也没有科学论证。

如今互联网的阅读方式已越来越深入地渗透到人们生活中，并影响着传统平面媒体的报道方式，比如报纸的头版标题也有主页化趋势。《新周刊》受互联网文风的影响极大，过度感性化的语言使杂志的定位变得模糊，比如《爱情之死》、《听说爱情还会回来》、《给我生活，地方随便》、《学会爱：人生太短、只够我们相爱的了》（2011年2月总第340期）、《故乡：不要问我从哪里来，因为我已经没有故乡》（2011年3月总第342期），这些软性题材的选取本身已经缺乏新闻时效性，让人误会这是类似

“心灵鸡汤”的都市情感杂志，这与杂志“综合性的时事生活周刊”的定位相差甚远。

5. 专题策划内容缺乏可信度

作为《新周刊》专题策划模式中的重要组成部分，《新周刊》榜单却面临着缺乏可信度和权威性的问题。《新周刊》的榜单取得了巨大的市场反响，赞扬声一片，同时还有争议声一片。比如每年3月的“中国电视节目榜”颁布的电视节目及主持人等奖项，5月“中国城市魅力榜”对国内城市的点评，这些榜单的制定往往给人一家之言的感觉，虽说是通过专家评审团、新浪网民和《新周刊》编辑部的投票汇总制定出来，评选结果总让人觉得无法接受。2010年3月出版的总第318期《中国城市代言榜》中，东莞由于是“山寨”产品的加工厂而被称为“山寨之城”还可以理解，但是成都被评为“闷骚之城”，武汉被评为“失落之城”，都让人觉得主观性太强和缺乏说服力。2009年9月出版的总第306期《酒店魅力排行榜》更是不知所云，列举的酒店大多有打广告之嫌，内容极其缺乏可信度。

2005年7月出版的总第207期专题《中国欲望榜》，这期专题的采访对象为北京高校毕业生、上海一家普通外企印尼金光集团的IT部门、广东开平纺织厂女工、江西新干县的6个家庭。用这些采访对象来代表《新周刊》读者定位中的“新锐”群体显得十分牵强。同时，这次“中国欲望榜”制定榜单的调查采访完全是通过与新浪网合作，采用网络投票形式评选出来，而没有一份现场采访和现场调查问卷。而网络受众是一个年轻化的特殊群体，它显然不能代表整个中国。《新周刊》也意识到了这一点，因而抢先为自己辩解，以钱穆先生在华西大学文化讲座讲演词的论断——“中国乃青年性的文化，欧西为壮年性的文化，而印度则是老年性的文化”为论据，认为“在青年这个人生欲望最强烈表达的年龄，而他们的欲望正是中国最具张扬的力量”①。这个理由显然是一个狡辩，按此说法本期专题就应该命名为《中国青年欲望榜》。《新周刊》一方面想迎合年轻读者的趣味，另一方面又不愿意放弃中年的精英读者群体，使得整个榜单牵强而缺乏可信度，难以打动读者。

① 中国欲望榜［J］. 新周刊，2005，（207）：23.

《新周刊》以生活方式为题材，只适合作为精神消遣，在提供以衣食住行息息相关的有用资讯上明显不足，这本身就导致杂志的必读性不强。只提供观点，且观点还不具备权威性的话，在深刻性上也不足。

6. 专题营销卖点单一化

《新周刊》这样一本个性的新锐杂志，在读者中的反响往往会形成巨大的反差，表现在喜欢的人会爱不释手，而不喜欢的人则反感至极。在经过数年的风格转型，如今的《新周刊》已形成自己稳定的模式而步入稳定时期，读者群也已稳定下来。老读者对《新周刊》的喜爱可以放弃时效性，(即对时效性不敏感)，由于欣赏杂志新锐、大胆、独特的风格，即使是往期杂志也依旧愿意购买。然而以专题为单一卖点给营销带来很大的风险。

《新周刊》的最大卖点是专题，但是，专题却不能成为《新周刊》的唯一卖点，过分依赖专题的卖点会成为制约《新周刊》作为综合性时事生活周刊发展的不利因素。加上《新周刊》的专题选材个性鲜明，往往有种出险棋的感觉，要么大获全胜，要么满盘皆输，这样给杂志的销售带来很大的风险性。据街头购买的监测结果显示，读者大多是冲着《新周刊》的专题而来。这样就会造成“专题佳则销售旺，专题弱则销售衰”的效应，以专题为单一购买力，使得零售市场波动大。另一方面，个性也是一把双刃剑，个性能以鲜明的特点获得眼球，但有时又因为极端而偏离部分读者的口味，甚至让部分读者反感。

同时，随着新的社会潮流变革，在网络等新媒体的冲击下，如何应对新型媒介形式构建多元化生活形态，如何应对网络时代受众对专题进行议程设置，针对网络传播的新特点，充分开拓网络新市场，利用网络受众发布和引导舆论导向，以及如何通过开拓网络新平台来推广杂志形象和树立品牌等新问题时，《新周刊》单一的营销平台显得有些力不从心。

二、《新周刊》专题的出路

1. 借鉴其他模式，优化现有模式

通过对比京沪穗三地知名度较高的新闻类期刊专题策划，选取“纪念新中国诞生60周年”同一个专题报道，以北京的《三联生活周刊》和

《中国新闻周刊》，广州的《南方人物周刊》，上海的《新民周刊》这四本新闻类期刊与《新周刊》进行对比，从中受到启示。（如表4-3所示）

表4-3 “纪念新中国诞生60周年”同一专题下五本杂志专题报道对比

《三联生活周刊》	“共和国60年重访历史系列报道”	《“进城之始”，1948~1949年的沈阳》 《“旧都重生”，1949的南京》 《“通衢活力”，1949年的武汉》 《“民族资本蜕变”，1949年的上海》 《“商埠新传奇”，1949年的广州》 《“从北平到北京”，1949年的北京》
	“庆祝中华人民共和国成立60周年”纪念特刊	《1999年后军事发展加速度——2009阅兵猜想》 《独家采访全部主创人员——〈建国大业〉诞生记》 《百年从屈辱到崛起的25个文本——中国》 《25位代表见证“全国人大”制度演进——人民》
《中国新闻周刊》	“新中国60年系列报道”	《新中国60年系列报道之理想中国》 《新中国60年系列报道之民主中国》 《新中国60年系列报道之财富中国》 《新中国60年系列报道之自由中国》 《新中国60年系列报道之开放中国》 《新中国60年系列报道之希望中国：给未来中国的九封信》
《南方人物周刊》	2009年9月21日第38期	《共和国60年最美丽12人》
	2009年9月28日第39期	《60人的中国梦》
《新民周刊》	“建国六十周年系列报道”	《柳氏六十年：惯看秋月春风》 《何氏家族：走出寄啸山庄》 《茅氏家族：太阳照常升起》 《十三亿分之一：张至璋大陆寻父》 《家族之树常绿》 《资氏：沉默是一种大爱》 《母爱，让我们离散》 《从贫二代到好三代》 《大阅兵，看门道》

续表

《新周刊》	《青春——从新中国到新新中国六代人的青春影像》	1949～1959 年，王蒙的“必须快乐的青春” 1959～1969 年，张贤亮的“没有女人没有爱情的青春期” 1969～1979 年，陈丹青的青春细节与国家悲喜，感慨“幸亏年轻” 1979～1989 年，查建英“疯狂寻求各种新鲜的可能性”的激情燃烧的青春 1989～1999 年，老愚讲述他卖给市场的青春，是“生命中最长的季节” 1999～2009 年，蒋方舟说她的青春“不曾历经沧桑”，但已经过早地觉醒

从这个对比表中我们可以发现，在同一个主题下，五本杂志表现出各自不同的报道风格。《新周刊》在政治题材的选题上一直秉持不碰“雷区”的做法，这样有违于作为“综合性时事生活周刊”的杂志定位。如何处理政治题材，既可以借鉴《中国新闻周刊》宏大叙事的报道模式，通过大背景、大事件和大视角来解读时事政治，也可以借鉴《三联生活周刊》从人文和文化“软”视角解读时事政治。只有博众所长，跳出模式窠臼，才能探索出一条更优化和创新的专题策划新道路。

2. 以创新为本，选题有的放矢，增强人文关怀

按照著名策划人王志纲对《新周刊》专题“给社会扎针”的说法，《新周刊》内部也承认：“就《新周刊》实际操作经验而言，一年之内有二三个‘响炮’属平淡，四五个‘响炮’算良好，期期都响基本不可能。”① 而专题作为《新周刊》杂志的主卖点，是杂志的主要购买因素。如果专题反响时好时坏，只会导致杂志在零售市场波动大，这样不利于杂志的稳定发展。那么，要解决专题策划波动大的问题，《新周刊》专题策划应从两方面着手。

一方面要通过创新来维系读者的注意力。“因势利导、随机应变”的传媒理念至关重要，所谓“创意往往容易枯竭，而生活之树常青。”以生活为创意源泉，通过时时捕捉社会趋势，使创新成为杂志最核心的竞争力，通过时时创新来力争在《新周刊》发展周期中避免由“盛”转“衰”。

---

① 闫肖锋.《新周刊》专题策划法［J］. 青年记者，2007，(12)：68.

另一方面，细水才能长流，只走“新”、“奇”、“锐”的路线，迟早会让受众审美疲劳。通过增强选题的人文关怀，使杂志更加温情化。《新周刊》总部在广州，同时在上海和北京都有支部，可以充分发挥这个优势，深入了解和体会这三个一线城市市民的生活理念及生活方式，通过细节化的地域特征描写，给读者提供不以GDP为硬性指标的新城市标准，让读者体会到城市的人文环境，成为记载城市生活状态和生活方式变迁的城市读本。

3. **与读者沟通，注重信息反馈，加强传授互动**

《新周刊》在对老读者的维护和新读者的培养上想两头兼顾，从而在内容上出现对核心读者的把握摇摆不定的问题，时而以城市时尚话题吸引年轻读者，时而以厚重时政话题维护中年读者。然而目前媒体有向小众化方向发展的趋势，杂志应该成为一种读者群定位很明确的平面媒体，《新周刊》应从目标受众需求出发，明确杂志定位，针对相对固定的读者安营扎寨。

《新周刊》的目标受众是受过良好教育的青年，而从1996年创刊起，这批“受过良好教育的青年”已经成长为思想深刻、阅历丰富的中年人士，那么其专题选题的思路不能仅仅是“新青年、新思想”，而应该与时俱进，通过专题主题的深刻、有思辨、有反思，调侃不乏理性、感性中又不缺睿智来获取读者青睐。要做到与时俱进就必须加强与读者的沟通，通过读者的信息反馈来调整自己的策划定位。以下从《新周刊》网络平台的读者留言中可以看出读者的评价有褒有贬，认真对待这些宝贵的意见将对《新周刊》的未来发展道路有所裨益。

读者评价：

“对《新周刊》相当的痴迷，甚至崇拜。”

“我喜欢《新周刊》，甚至可以说有点向往，呵呵，觉得是一本可以让人为之一振的杂志，年轻嘛，需要的可能就是这种让自己觉得可以释放能量，激发灵感火花的地方。”

“相比之下，我只喜欢看《新周刊》的观点或是标题。《三联》却是能让我静下心用一下午读的杂志。”

“如果说看第一本《新周刊》时有惊喜，第二本就是平淡，第三本就有些索然无味的意思了。单纯的概念炒作脱离了大时代背景就显得苍白无力，让人审美疲劳。”

“在武汉读书的时候就开始看《新周刊》，记得初看时的那个惊喜啊！现在在广州了，离《新周刊》的思想中心更近了，反而不怎么看了！只断断续续的买几本好点的特刊。觉得《新周刊》只适合大学生读，它是资讯观点的收集者，也是喊口号的人，很适合年轻的大学生。”

“每期《新周刊》到报刊亭看看它的封面和专题就够了，买了，会后悔的。”

“《新周刊》看完了感觉什么都没有看……”

“玩概念，没内涵！”

“《新周刊》的特征是：找个好话题来糟蹋。”

“他们提到的很多概念确实容易让人眼睛亮，兴冲冲看起内容来会发现简直不知所云。”

“《新周刊》现在的主题确实越来越有做作之嫌，但是我还是相信它会越来越好。”

4. 规范语言表达，找到感性与理性的平衡点

网络浪潮冲击下的传统媒体受到很大挑战，新闻文章正文内容受制于标题，“文章制造不再以审美为标准，而在于标题起得够不够大胆刺激。一篇内容好但标题平淡的文章，远远比不过内容烂但标题好的文章的点击量。”① 受网络化的影响，《新周刊》出现严重的网文化语言表达问题，往往为追求眼球效应而将标题起得耸人听闻，给人浮躁轻佻之感。比如典型的专题《狗日的户口》直接用网络粗俗语言作为专题标题，获得了眼球，却丧失了杂志的品位。因而在语言上，《新周刊》应该适当用理性的表达方式来延展内容的张力，找到网文化与规范语言之间的平衡点。既不失语言的活泼生动性，又不可舍弃杂志的格调与品位。

5. 避免重编轻采，挖掘选题深度，增强榜单权威性

《新周刊》秉承“好新闻是策划出来的”、“杂志是一种策划者生存的游戏”的精神，从而把策划摆在了首要位置，这成为《新周刊》专题的制

① 闫肖锋.《新周刊》专题策划法［J］. 青年记者，2007，(12)：68.

胜法宝，但与此同时，也出现了严重的“重编轻采”问题，偏离了时事期刊新闻性的本质属性。仅仅依靠编辑的二手资料，而缺乏记者通过深入调查获得的一手资料，是无法挖掘到具有深度的内容的。这一点在上文中通过“香港教育”主题下，与《三联生活周刊》的对比可以看出，采访是《新周刊》的软肋。因而，为了增加杂志的说服力和权威性，必须扩大记者队伍，增强和重视现场采访反应能力。

另一方面，作为传媒领域排行榜的开创者，在榜单的制定上，应树立和维护在排行榜方面的权威。用数据说话，有理有据才能增强说服力，而不能仅仅用一些主观的带感情色彩的词汇来表达。“胡润百富排行榜”的成功得益于一个历时长、数据作支撑、专业的研究团队等因素，而不是编辑部关上门来凭主观喜好发布的一家之言。应该借鉴国外媒体制作排行榜的做法，通过专业的社会行业机构、学术研究机构或者相关政策研究机构提供数据或者人力支持，而得来榜单和盘点。

6. **利用网络平台，扩展营销渠道**

“互动是社会传播的本质特征”。网络平台可以充分实现传与受的互动。人们获取信息的容易程度与媒体受关注程度成正比，因而网络平台的开辟往往可以为平面媒体聚集人气和帮助提升品牌认知度。正是由于网络平台具有平面媒体无法比拟的互动性优势，各大纸质媒体纷纷开辟自己的网络版，《新周刊》也开通了官方网址和官方博客、微博，同时在新浪和搜狐等知名网站上设立《新周刊》专题栏目，取得很好的传播效果。但是，《新周刊》网络版只是纸质版的简单重复，网站还不成熟，缺乏美感，同时，网上论坛也没有充分利用，与读者的信息沟通渠道还不通畅。《新周刊》应该通过与网刊的融合，更好地形成杂志的传播优势。

应对网络与3G时代下新媒体对平面媒体的冲击，既要充分利用网络平台，开创新媒体的新渠道，同时也要充分利用平面媒体的自身特点形成优势。杂志可以成为媒体形态中的“手工艺品”，也就是说，杂志中也有“LV”，不以价格而是以价值来衡量的奢侈品牌。通过参与社会进程，杂志提供思想、观点和智慧。《新周刊》应朝这样的精品杂志方向而努力。

第六章 结 论

《新周刊》第161期专题《人人都爱看杂志》中说："并不是所有杂志都对你胃口，但总有一份为你而生：关于你这类人的生活与生存、价值与信仰、情感与趣味、成长与保健。"《新周刊》以其"新锐"气质和专题策划在这个个性化阅读时代获得竞争优势。传播学中麦克卢汉将"求新"本能和"好奇"情绪列为人类主要的本能和情绪之一，正是得益于这种"求新"本能和"好奇"情绪，《新周刊》得以拥有广阔的市场，同时为人们提供了一扇观察社会的窗口。

按照传播大师拉斯韦尔在《传播的社会职能与结构》中提出的"5W模式"，我们可以得出传播研究的五个参数：一是研究传播对象——"谁"的控制分析；二是研究传播内容——"说什么"的内容分析；三是研究传播渠道的媒介分析；四是研究传播"对谁"的受众分析；五是传播效果分析，即考察传播取得什么样的效果。我们首先通过对传播者即杂志本身栏目设置、风格分析、创刊经历的基本情况介绍，再通过杂志四阶段划分理清杂志的传播内容和传播渠道演变过程，重点研究分析专题策划的"《新周刊》模式"和"标新立锐"的特点，这部分也是以传播对象即受众的分析为依据，最后根据传播效果来判断《新周刊》发展过程中面临的问题，从而提出未来发展出路的建议。

具体来说，通过辩证地分析《新周刊》专题策划的模式和特点，《新周刊》的专题模式既是优势也是劣势，利与弊是相互转化的，必须遵循客观规律，以“度”的原则开展专题策划活动。在最后，针对《新周刊》发展过程中凸显出来的“《新周刊》模式”的局限性，从而对应指出《新周刊》“新锐”之道的出路。

《新周刊》专题的局限包括六个方面：专题策划模式僵硬化；专题策划题材同质化；专题策划思维封闭化；专题语言过度感性化；专题内容缺乏可信度；专题营销卖点单一化。

《新周刊》专题的出路包括六个方面：借鉴其他模式，优化现有模式；以创新为本，选题有的放矢，增强人文关怀；与读者沟通，注意信息反馈，加强传授互动；规范语言表达，找到感性与理性的平衡点；避免重编轻采，挖掘选题深度，增强权威性；利用网络平台，扩展营销渠道。

总体来说，杂志专题策划是期刊最耀眼竞技场，这是媒体深度锤炼的心血与智慧的结晶。但是《新周刊》的“重磅专题”已经越来越鲜见，以专题策划树立品牌的《新周刊》在日后的发展过程中，最重要的是应加强内容的深度报道，不能仅仅依靠策划来将现象和问题呈现出来，而应给予前瞻的预测和可行性较高的解决的建议，这样才能真正成为一本“记录历史变迁和时代温度”的有收藏价值的杂志。相信《新周刊》在未来的发展道路上能越走越广阔。

本章参考文献

[1] 孙燕君. 期刊中国［M］. 中国社会科学出版社，2003（10）.

[2] 2010 中国情爱榜［J］. 新周刊，2011，(340).

[3] 喻乐.《新周刊》的八年抗战之路——幸存者的游戏［J］. 传媒，2004，(8).

[4] 桑晔. 向“知道分子”致敬［J］. 新周刊，2002，(126).

[5] 孙际铁. 中国传媒——当代最具影响力的传媒人访谈录［M］. 广东：珠海出版社，2002.

[6] 闫肖锋.《新周刊》菜谱——杂志栏目设置及内容节奏［J］. 青年记者，2008，(1).

[7] 中国欲望榜［J］. 新周刊，2005，(207).

[8] 闫肖锋.《新周刊》专题策划法［J］. 青年记者，2007，(12).

[9] 李亚星. 中国新闻期刊的发展特性［J］. 出版广角，2003.

[10] 方晓. 期刊专题策划探析［J］. 北方经贸，2001，(3).

[11] 张国良. 20 世纪传播学经典文本［M］. 上海：复旦大学出版社，2003，(11).

[12] 刘薇. 新闻时政期刊：新锐与沉蕴的姿态［J］. 出版参考，2001，(21).

[13] 黄俊杰. 新锐新闻周刊：竞争已经拉开帷幕［J］. 传媒观察，2004，(4).

[14] 李频. 大众期刊运作［M］. 中国大百科全书出版社，2003，(8).

[15] 黄守洲. 做杂志要标新立“锐”［J］. 青年记者，2008，(9).

[16] 闫肖锋. 新周刊编辑大法（上）——《新周刊》22 条军规［J］. 青年记者，2008，(2).

[17] 刘士林. 何见南京有伤感［J］. 网周刊，2003（3）.

[18] 闫肖锋.《新周刊》的榜文化［J］. 青年记者，2008，(1).

[19] 庞春燕.《新周刊》的十年之痒［J］. 传媒，2006，(5).

[20] 梅艳.《新周刊》：将新锐进行到底［J］. 采写编，2005，(6).

[21] 老骥.《新周刊》：你的“新”丢了 [J]．青年记者，2004，(2)．
[22] 钱永红.《新周刊》作为旗帜还可以 [J]．新闻天地，2001，(4)．
[23] 梅园．创新为魂——《新周刊》“寻找中国刀锋”选题方法的创新 [J]．出版广角，2002，(8)．
[24] 周葆华．中国杂志的业务创新及其走向 [J]．中国出版，2003 (10)．
[25] 王立纲．成也策划衰也策划——媒体策划套路解析 [J]．青年记者，2001 (6)．
[26] 吕书练．中国新闻类周刊调查 [J]．中华读书报，2001，(12)．
[27] 林少娟.《新周刊》批判 [J]．新闻记者，2002，(5)．
[28] 范琳娜．春色满园关不住，一枝红杏出墙来—评《新周刊》[J]．报刊之友，2002，(4)．
[29] 马莹.《新周刊》的封面革命 [J]．出版参考，2005 (11)．
[30] 闫肖锋.《新周刊》的传媒观——从看门狗到帕帕拉齐 [J]．青年记者，2008，(5)．
[31] 闫肖锋.《新周刊》的情色观——老情人，新规则 [J]．青年记者，2008，(7)．
[32] 闫肖锋.《新周刊》生活方式观——还有多少中国味？[J]．青年记者，2008，(4)．
[33] 闫肖锋.《新周刊》的全球观——看清世界，读懂中国 [J]．青年记者，2008，(7)．
[34] 闫肖锋.《新周刊》的世代观——为新人类画像，给“飘一代”立传 [J]．青年记者，2008 (6)．
[35] 王华玉.《新周刊》：尴尬的“作秀” [J]．新闻天地，2001，(4)．
[36] 崔艳红.《新周刊》：好看又时尚 [J]．出版广角，2002，(8)．
[37] 广告大观编辑部.《新周刊》缘何步入颓势 [J]．广告大观，2004，(1)．
[38] 新周刊八年大事记 [J]．传媒，2004，(3)．

[39] 喻国明．媒介营销：追求比规模化更高的价值［J］．新闻与写作，2009，（12）．

[40] 朱华祥．新闻的语言表达及经验问题［J］．传媒，2005，（4）．

[41] 胡春秀．三联生活周刊研究［D］．四川大学文学与新闻学院博士学位论文，2007.

[42] 汤琼，编辑选题策划能力从何而来［J］．编辑之友，2007，（4）．

[43] 蔡珊，出版内容创新之我见［J］．中国编辑，2008，（6）．

[44] 李叶华．《新周刊》专题策划模式和特色探析［D］．暨南大学硕士学位论文，2006，（5）．

[45] 赵一凡．《新周刊》品牌策略研究［D］．兰州大学研究生学位论文，2008，（5）．

[46] 刘翀．《新周刊》的传播特色研究［D］．吉林大学硕士学位论文，2009，（4）．

[47] 王晓．在“新锐”的背后—《新周刊》品牌与消费文化［D］．苏州大学硕士学位论文，2003

a·Culture·brands Media·Culture·brands Media·Cultur
ulture·brands Media·Culture·brands
a·Culture·brands Media·Culture·brands Media·Culture·brands Media·Culture·brands

第五篇

《财经》杂志资本市场调查性报道研究

第一章 绪 论

一、研究背景

1. 我国资本市场发展现状

改革开放以来，我国的经济体制发生了深刻的变革，社会主义市场经济体制初步建立并不断完善。从1978年到2011年间，我国国内生产总值从3645.2亿元上升到472881.6亿元，[①] 年均增长率到达9%以上。在这一过程中，我国资本市场也经历了萌生、起步和发展等三个阶段。

1978年至1991年，中国经济体制改革全面启动，伴随着股份制经济的发展，中国资本市场开始萌生。1992年10月，以中国证券监督管理委员会的成立为标志，我国的资本市场开始逐渐纳入统一监管，全国性资本市场开始形成并逐步发展起来。1993年《公司法》的颁布和1998年《证券法》的颁布都标志着我国资本市场法律制度的进一步完善。

截止2011年，从市场主体规模与结构来看，我国有证券公司109家，

① 中华人民共和国国家统计局编著，中国统计年鉴－2012［G］．中国统计出版社，2012：128－130.

基金公司66家。根据中国证券业协会的初步统计，截至2011年12月31日，109家证券公司总资产为1.57万亿元，净资产为6302.55亿元、净资本为4634.02亿元，受托管理资金本金总额为2818.68亿元。我国有基金公司66家，基金资产净值2.19万亿元。

（1）股票市场。

从上市公司数量和市场价值来看，2011年我国境内上市公司数量（A、B股）达到了2342家，其中上交所上市公司数量931家，深交所上市公司数量1411家。1990年－2010年期间，上市公司的数量以每年31%的增速在增加。股票市价总值达到21.48万亿元，股票流通市值16.49万亿元。从市场交易规模来看，A股交易额从1990年的0.01017亿元增长到了2010年的421650亿元。放眼整个世界，2010年沪深两个交易所的市值和交易量已位居全球第二，而且从长期来看，这个位置是比较稳定的。股市结构方面，我国目前主要包括A股市场和B股市场，A股市场已经包括了主板市场、中小板和创业板市场。

（2）债券市场。

30年间，债券市场获得了巨大发展，交易品种不断丰富，目前包括国债、地方政府债、城投债、金融债、央票、短期融资券、企业债、公司债、中期票据、资产支持证券和可转换债券。从交易场所来看，我国债券市场包括银行间市场和交易所市场，自1998年在银行间市场进行债券交易后，银行间市场迅速超越交易所市场，成为债券交易的主要场所。从发行量看，债券市场的发行量从1990年的0.035万亿元增长到了2011年的7.8万亿元，20年间增长了222倍。从交易量看，债券市场的交易量从1993年的21.6亿元增长到了2011年的216350亿元，18年间增长了10016倍。根据债券市场结构，从发行量来看，由于公开市场操作的频繁性，债券市场中央票据发行量最大，占据了发行额的45%。从交易量来看，金融债的流动性较好，金融债交易量占全部债券交易量的35%。目前，银行间市场占据绝对主导地位，共有参与机构11162个，包括各类金融机构和非金融机构投资者，形成了以做市商为核心、金融机构为主体、其他机构投资者共同参与的多层投资者结构，信用层次也更加丰富。

（3）基金市场。

截止2011年12月31日，已发行基金的66家基金管理公司旗下共有基金914只。基金管理公司管理的基金资产份额总规模达26464.65亿份，管理的基金资产净值总规模为21879.79亿元。从基金形式来看，逐渐由封闭式基金为主变成以开放式基金为主。从投资对象来看，我国股票型基金一直占绝对优势，接近全部基金的一半，2011年证券投资基金规模达到26510亿元。

2. 《财经》杂志的研究现状

《财经》杂志是由“联办”（SEEC，中国证券市场研究设计中心）于1998年4月创立的一本密切关注中国经济体制变革与市场经济发展进程的新闻性商业财经类刊物。

“联办”的前身是证券交易所研究设计联合办公室，于1989年3月成立，共由九家全国性非银行金融机构发起成立。其具有深厚的政府背景，曾参与中国“证券法”、“公司法”等法律的起草工作，参加上海、深圳证券交易所的设计和筹建工作，组织实施第一次国债发行承销试点等。2006年，“联办”通过迂回操纵，绕过内地的一些政策障碍，成功将旗下的财讯传媒集团在香港借壳上市。目前，财讯传媒集团包括《财经》杂志、财经网、《证券市场周刊》、《证券市场红周刊》、《成功营销》、《地产》、《中国汽车画报》、《动感驾驭》、《电脑时空》、《信息方略》、支点网、和讯网、《体育画报》、《美好家园》、《新旅行》、《Timeout》北京、《Timeout》上海、《Timeout》英文、《他生活》、《红秀》、《葡萄酒评论》、《东方壹周》等21个品牌杂志和大型跨媒体传媒平台。

作为“联办”旗下最具影响力的《财经》杂志，秉承“独立立场、独家报道、独到见解”的理念，全面观察并追踪中国经济改革的重大举措、政府高层的重要动向、资本市场建设的重点事件，及时予以分析和评论，尤其对我国资本市场的发展给予了特别关注，受到中央高层、经济学界、金融界、企业界及海内外传媒的广泛关注，在传媒业中赢得了极高的声誉，可以说《财经》杂志是我国财经类媒体的一个标杆。

目前关于《财经》杂志的学术研究主要见诸于各类新闻期刊以及研究生论文。在中国知网以“《财经》杂志”为关键词能搜索到的学术文章有

53 篇。主要内容涉及以下四个方面。

第一，将《财经》杂志与其他杂志媒体进行对比分析。2003 年第 6 期《新闻与写作》发表的张维燕的《<财经>号外和经济观察报特别报道的启示》，2007 年第 12 期《新闻与写作》发表的《当前主流财经杂志的报道策略分析——以<财经>和<新财富>为例》等。

第二，对《财经》原主编、副主编的深度访谈。2005 年第 6 期《传播观察》发表张志安的《我们在“以我为主”地做杂志——访<财经>杂志常务副主编王烁》，2005 年第 7 期《传播观察》发表方仁的《财经报刊的发展逻辑——访<财经>杂志主编胡舒立》等。

第三，讨论《财经》杂志的编辑风格内容特色。2004 年中国人民大学方洁的《试论<财经>杂志封面文章的特色》，2007 年中国传媒大学杜晓的硕士学位论文《<财经>杂志封面文章的内涵及报道特色研究》，2009 年苏州大学王琴的硕士学位论文《<财经>杂志批评报道研究》，2011 年暨南大学周圆的硕士学位论文《<财经>杂志舆论监督报道研究》等。

第四，讨论《财经》杂志发展及成功之道。2006 年兰州大学罗才盛的硕士学位论文《<财经>杂志成功因素探析》，2008 年河南大学甘兰芳的硕士学位论文《从<财经>的成功看财经类期刊的发展方向》等。

二、选题目的及意义

1. 资本市场调查性报道的重要性

目前我国尚处于社会主义初级阶段，虽然社会主义市场经济体制自 1992 年邓小平南巡讲话确立已有 21 年的时间，但是我国资本市场的发展与西方资本主义国家相比，在制度和体系上还存在许多尚待完善的地方。

一方面我国市场经济在不断发展，我国的法律、监管体系在不断完善，企业的财务信息披露也在不断透明，投资者的专业化趋势也有了很大改善。然而，另一方面由于市场中的参与者太多且良莠不齐，使得监管方也不能完全做到有效管理。在这个方面就要求财经媒体要积极发挥舆论监督功能，认真细致地对市场动向、企业盈亏、参与者情况进行观察和分析。

在“信息及金钱”的资本市场上，信息可以说是最重要的武器，谁更快、更多地拥有信息，谁就可以在资本市场上获得利益。因此，关于资本市场的调查性报道就非常重要。从新闻理论来看，公众知情权是指大众有获知各种公共信息的权利，是现代社会公民应享受的重要权利之一。由于资本市场信息的特殊性，即直接关系到投资者的盈亏成败和利益得失，所以公众知情权在资本市场被赋予了更重要的地位。

而在现实中，由于各参与方在市场中所处的地位不同，造成的“信息不对称”现象时有发生，尤其是作为弱势群体的中小投资者，更是处于不利位置。因此，在资本市场中，保障投资者、尤其中小投资者的知情权就更具有迫切的意义。

揭露打击资本市场的不法行为，除了监管部门的努力外，以报道真实为己任的新闻媒体往往需要做细致的调查研究，揭露事情的真相。从一定意义上说，调查性报道更能体现对投资者知情权的保护。因此，对投资者知情权的保障，就成为调查性报道兴起的一个内在驱动力。经济类媒体也更有责任和义务发挥自己的资本市场舆论监督功能，尽可能将资本市场的黑幕全面、客观地揭示于公众，推动市场向平衡状态发展。

2.《财经》杂志的“领头羊”地位

《财经》杂志作为我国资本市场上最早兴起的经济类深度报道杂志，在资本市场调查性报道领域中一直处于“领头羊”的地位。

2000 年《财经》杂志所发表的《基金黑幕》，对当时证券投资基金业内存在的“对倒”、“倒仓”、与券商联手建仓等违法活动进行了揭露报道，引起了中国证券市场的“大地震”。由此文开始，中小投资者对基金市场的作用也有了重新的认识。

2001 年，《庄家吕梁》一文形象地揭露了庄家对股票市场的肆意操纵，曝光了中国股市的种种劣迹，震动了中国证券市场的监管层。以吕梁“坐庄”和“中科创业”的查处为标志，中国证券市场监管力度加强，2001 年也被称为中国证券市场的“监管年”。

同是 2001 年，《银广夏陷阱》刊发后引发了中国股市的“信用炸弹”，其影响至今尚未消退。该报道在唤醒证券市场信用机制，督促建立投资者利益保护机制方面起到了重要作用。2002 年 1 月，最高人民法院发出《关于受理证券市场因虚假陈述引发的民事侵权纠纷案件有关问题通知》，表示可以有条件地受理这一类案件，股市民事赔偿制度的建立取得突破。

可以看出，从1998年《谁为琼民源负责》、《君安震荡》到2000年的《基金黑幕》，再到2001年的《庄家吕梁》、《谁在操纵亿安科技》、《银广夏陷阱》等，《财经》杂志早期的资本市场揭黑类调查性报道都积极发挥了媒体的舆论监督功能，对净化市场、保护投资者利益、推动法制完善起到了良好的作用，不仅给媒体带来了巨大的声誉，同时也产生了积极的社会效应。《财经》杂志也因此一跃成为中国著名的“扒粪者”。

综上，我们将总结《财经》杂志资本市场调查性报道的发展脉络和报道特点，并以此为缩影，对国内其他经济类媒体资本市场调查性报道的发展提供借鉴。

三、研究内容及结构

本文的研究思路是在研究大量文献的基础上，通过对《财经》杂志资本市场调查性报道文本的研究，运用内容分析、文本分析、个案分析等研究方法，对其发展历程、阶段特点、报道对象、报道议题、关注重点等进行研究分析。并在此基础上，对《财经》杂志资本市场调查性报道存在的不足提出建议，内容共分为以下五章。

第一章，绪论。本章介绍了所要研究问题的现实背景和意义，同时对《财经》杂志的研究现状进行了梳理和阐述，在分析前人研究成果与不足的基础上提出了本文的研究思路。

第二章，对资本市场调查性报道概述。这一章主要是对资本市场调查性报道概念的厘清，梳理调查性报道的定义和国内外发展过程，阐述资本市场调查性报道重要性的理论支持。

第三章，主要针对《财经》杂志资本市场调查性报道的发展历程进行研究，划分资本市场市场调查性报道的发展阶段，并对各阶段资本市场调查性报道的特点进行梳理。

第四章，从报道对象、报道议题、关注重点三方面对《财经》杂志资本市场调查性报道进行分析阐述。

第五章，在前两章的分析基础上对《财经》杂志资本市场调查性报道存在的不足和局限进行分析，并提出改进建议。

本文的研究结构框架如下图5－1所示：

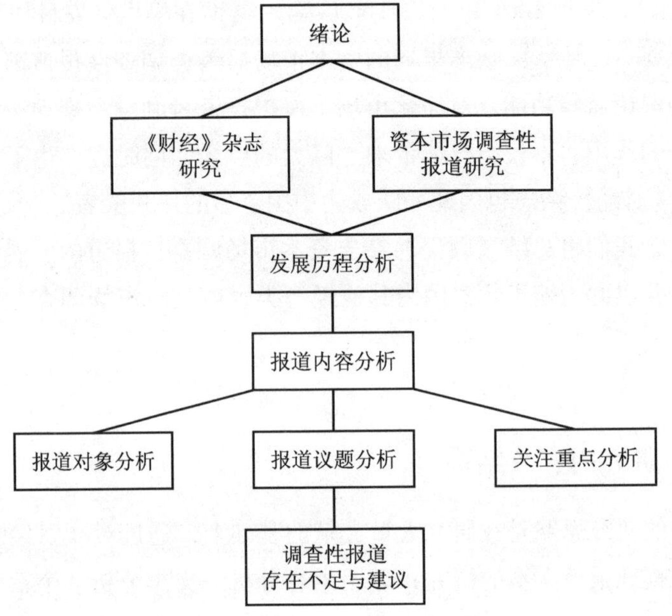

图5－1　本文研究结构框架

四、研究方法及创新之处

1. *研究方法*

（1）内容分析法。内容分析法是一种定量的分析方法，运用内容分析法可以使研究对象不受打扰，研究过程更加客观。① 本文运用内容分析法主要为了全面把握1998年至2011年《财经》杂志资本市场调查性报道的数量、报道对象分布、报道主题分布等情况。

（2）文本分析法。由于内容分析式一种定量分析，并不能对研究对象做出完整的分析，因此文本分析法是为了弥补定量分析的不足，在整体把

① 邹菲．内容分析法的理论与实践研究［D］．武汉大学硕士学位论文，2004：25－26.

握样本的情况下，运用文本分析从微观层面入手，给予定性的研究。

（3）个案分析法。个案分析法是对文本分析法的补充，通过对个别典型的资本市场调查性报道进行剖析，进一步呈现出《财经》杂志资本市场调查性报道的特点。

2. 创新之处

虽然对调查性报道的研究很多，对《财经》杂志的研究也不少，但是针对《财经》杂志资本市场的调查性报道研究却没有，这是我们内容上的创新之处。

以往关于《财经》杂志的研究多是从杂志的编辑风格以及成功之道进行分析，而本文从经济新闻的角度出发，结合以前所学的金融、经济知识，对《财经》杂志122篇资本市场调查性报道的类型、发展历程、阶段特点、报道对象、报道议题、关注重点，以及存在的问题与不足进行了分析和梳理，并提出了改进意见。这是本文材料选取和研究角度的创新之处。

我们希望在总结《财经》杂志资本市场调查性报道发展脉络和报道特点的基础上，为国内其他经济类媒体资本市场调查性报道的发展提供借鉴。

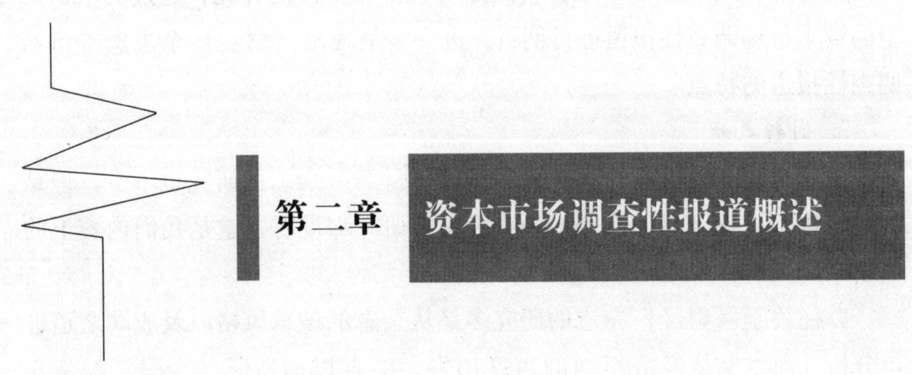

第二章 资本市场调查性报道概述

一、概念厘清

1. 调查性报道概述

调查性报道作为深度报道的一个主要类型，又被称为“揭丑”报道，是西方报刊上的一种特殊报道形式，专门揭露社会阴暗面、政府黑幕、大企业的罪恶勾当等社会上不为人知的内幕。发展至今，调查性报道已与解释性报道、客观报道并列成为西方新闻报道的三大主要形式。①

（1）国外研究情况。

调查性报道发端于美国。早在 17 世纪 70 年代，美国的报纸为了吸引读者的注意力，开始对经济方面的丑闻进行揭露，包括公司企业徇私舞弊的行为等。

到了 19 世纪后半期，美国报业大王普利策开始鼓吹社会变革，鼓励大众同政府和巨商的贪污腐化作斗争，他强调报纸要有“有力的写作和讨伐性新闻”。

---

① 段勃．调查性报道概论［M］．北京：新华出版社，2010：81－82.

在《美国新闻史——大众传播媒介解释史》中有一章名为“杂志：黑幕揭发时代”。文中提到，作为“人民的斗士”，极其重要的是那些在1900年之后的10多年中出现的杂志，它们发展出一种被西奥多·罗斯福称为“扒粪者”的作品的那种揭露性文字。该书对调查性报道下了定义：“调查性报道（Investigative Reporting）是指利用长时间内积累起来的足够的消息来源和文件，向公众提供对某一事件的强有力的解释。”①

从1902年末开始，塔贝尔小姐揭露了洛克菲勒和美孚石油公司的商业伎俩，斯蒂芬斯抨击市政府腐败，贝克则开始谈论工人问题。由于迎合了当时美国公众的不满情绪，黑幕揭发运动逐渐开始兴盛。

到20世纪六七十年代，“调查性”一词变得极为流行。除了杂志以外，书籍也做出了重大贡献。在“越战”和“水门事件”时期，有大量书籍揭露了政府的欺骗、白领犯罪和有组织犯罪以及普遍忽视生活质量等问题。普利策新闻奖于1985年开始设立调查性报道奖，目前调查性报道的比重占整个普利策新闻奖获奖作品的30%左右。

美国作家威廉·C·盖恩斯在《调查性报道》中认为，调查性报道是这样一种作品：首先，它们是记者原创的作品，而不是公共机构的调查报告；其次，它们所提供的是没有记者的进取精神就不能披露的信息；第三，它们对于公众具有重要意义。并且盖恩斯对调查性报道内容进行了简单的分类，包括调查政府，调查消费者权益受侵犯，调查私人企业，调查医疗保健等。②

学者明安香在1982年《社会科学战线》第四期曾发表过《美国的调查性报道评介》。在文中他将美国调查性报道分为两类，一是传统揭丑式，这类调查性报道的重点是揭露政府官员、公司企业经理以及公共机构中管理人员的违法活动和丑闻。这类调查性报道的结局往往是被揭露者锒铛入狱，或丢官卸职。另一类是新型调研式，这类调查性报道的重点不是揭露丑闻，也不是追踪某个特定的罪犯，而是系统地调查研究美国政府机构、

① ［美］埃德温·埃默里，迈克尔·埃默里，南希·L·罗伯茨，展江译．美国新闻史——大众传播媒介解释史（第九版）［M］．中国人民大学出版社，2009：155－156.

② ［美］威廉·C·盖恩斯，马锋译．调查性报道：成功报道的策略［M］．中国时代经济出版社，2011：98－99.

公司企业以及整个社会体制中存在的痼疾和缺陷。他还将美国调查性报道的内容分为政府机构方面，经济领域方面，刑事犯罪方面三大类。明安香还就美国调查性报道的实质进行了研究。他指出，调查性报道在打击某些贪官污吏，暴露美国社会某些痼疾，促进美国社会的某些改革方面有积极的作用，但是资产阶级报刊是垄断资本控制的舆论工具，是垄断资本集团间相互斗争、相互制约的重要手段，即使是调查性报道也是为统治阶级改变政策、制造舆论的工具。①

在美国，调查性报道发展至今也触到了其瓶颈期。2010 年 9 月的《美国新闻学评论》载文《式微的调查性报道》中提出："在美国，随着传统媒体全面不景气，曾经辉煌一时的调查性报道已呈黯然退潮的态势。调查性报道采编人员从 2003 年的 5391 人减少至 2009 年的 3695 人，缩水 30%，是 10 年来最低点。2010 年，提交普利策新闻奖调查性报道奖项作品数量减少了 40%。"②

（2）国内研究情况。

关于国内调查性报道研究，最早见诸于 1947 年胡适在天津公能学会的演讲《我们能做什么?》，文中提到美国的"扒粪运动"，"扒粪主义"起于 20 世纪初，美国有一些新闻记者感到许多城市都有所谓"BOSS"，我们可以译为'老板'。这种人并不是大资本家，大政客，只是凭着权术、手段，经过多少年的活动，把持着这个城市的一切恶势力。所谓'扒粪运动'，就是有计划，有知识的，对恶势力长期作战。根据调查的事实，来攻击恶势力，结果得到很大的效果。我们要有"扒粪"的精神，不要单是喊打倒贪污。究竟贪污的证据在那里，我们可以调查，研究。在天津的人可以调查天津的机关，可以查账，没有一种假账是查不出来的。这种事，个人能做，团体也能做。③

到了 1953 年 1 月 5 日，胡适在联合国中国同志会座谈会上发表标题为《五十年来的美国》的演讲，更加详细地介绍了"扒粪运动"："……五十年前，美国工商业巨子如钢铁大王卡里基、煤油大王劳克福、银行大王摩

---

① 明安香．美国的调查性报道评介［J］．社会科学战线，1982（4）：76－78.

② 余婷．美国报纸调查性报道衰微［J］．青年记者，2011（9）：36－37.

③ 我们能做什么［N］．大公报，1947.9.22

尔根，为了垄断市场，特组织托拉斯。正当他们威风显赫的时候，新闻界人士兴起了一种“扒粪运动”，专门研究事实，搜集证据，揭发黑幕，引起社会的革新。首先是女记者黛贝，她费了很多的工夫研究美孚煤油的历史，看看煤油大王是怎样的操纵着全美以至全世界的市场，结果揭发了托拉斯的内幕。另有一位记者林肯史丹芬，为研究市政腐败的原因，探究幕后操纵的老板（BOSS），到处去访问、找材料，结果在杂志上发表了圣路易城的黑幕。美国霍斯特系报纸的主持人威廉霍斯特（去年逝世），年轻时也是一个扒粪运动的健将，他是一个理想者，社会改革者。……以人民的疾苦为背景，以事实和证据为武器，暴露黑暗面，唤起社会和政府的注意，从社会立法上加以改善。这种运动在美国文化上占最重要的一部分……”①

1980 年《工人日报》刊载的渤海 2 号沉船事件的报道，可视为新时期调查性报道的开端，其后十多年，调查性报道多以报告文学名义发表在杂志上，如《唐山大地震》、《伐木者，醒来》等。调查性报道不但数量少，针对现实生活的重大题材也较少。

对于调查性报道的定义，孙世恺在《谈调查性报道》中指出，调查性报道并非以“揭露问题为主旨”的报道形式，而是对新闻事件、新闻人物或热点问题经过调查后写出具有一定权威性的一种报道。这一观点得到了非常广泛的响应。②

学者张威在《调查性报道：对西方和中国的透视》中认为，广义的调查性新闻报道应不局限于暴露或揭丑，一些引起重大社会影响的揭露事实真相的报道，即使没有人可以掩盖事实真相，记者在调查时也没有受到官方阻碍，仍然被人们看作是调查性报道。只有狭义的调查新闻报道才是“以暴露或揭丑为核心，以社会的腐败现象、犯罪、政府官员的错误行为、内幕新闻以及被某些人企图掩盖的事实为主要目标，揭示新闻媒体相对独立的、精密的、深入的采访活动，它比较费时，篇幅较长，经常以连续报道的形式出现。”③

---

① 郭钦．媒体的社会责任——新闻史上“扒粪运动”引发的思考［J］．新闻前哨，2003（2）：27－29.

② 孙世恺．谈调查性报道［J］．新闻与写作，1996（5）：67－70.

③ 张威．调查性报道：对西方和中国的透视［J］．国际新闻界，1999（2）：49－51.

可以看出，我国调查性报道与西方的差异主要体现在题材上，我国调查性报道的题材具有更大的包容力和社会内涵，与西方以“揭丑”为主要内容的调查性报道相比，我国调查性报道中更多地包含了主题性的、中性的题材。中国调查性报道实质上是对西方调查性报道内容取材的突破。由于我国的特殊国情，未来非揭露性调查报道将可能成为一种趋势。

2. 资本市场的界定

资本市场亦称“长期金融市场”（capital market），是指期限在一年以上各种资金借贷和证券交易的场所。就资本市场与金融市场的关系和定义来看，金融市场是交易金融资产并确定金融资产价格的一种市场。资本市场的交易对象包括股票、债券和证券投资基金。①

针对资本市场的分类，贺宛男、佟琳、唐俊在合著的《财经专业报道概论》中，第一篇即为“资本市场”，明确将资本市场内容报道分类分为股票市场、债券市场、基金市场、信托产品市场、权证和衍生品市场、资产证券化市场、风险投资市场。

安雅·谢芙琳和埃默·贝赛特编著的《全球化视界——财经传媒报道》中，也在第一编就写到了“资本市场”，这个“资本市场”相对于《财经专业报道概论》来说是一个“大资本市场”的概念，包括股票市场、债券市场，而从第二章到第七章分别包括，外汇市场和外汇危机，中央银行报道，资本管制，美元化，金融衍生工具，对冲基金等内容。

在黄宪、江春、赵何敏和赵征编著的《货币金融学》中，将资本市场分为三类，包括股票市场、债券市场和投资基金市场。

基于以上几本论著，本文对于资本市场的定义沿用《货币金融学》中“小范围”的资本市场概念，即本文的资本市场主要包括股票市场、债券市场和基金市场。

3. 资本市场调查性报道的分类

周海燕在《调查性报道采访与写作》中将调查性报道分为揭露性调查报道和调研性调查报道两大类。她认为，揭露性报道的重点是揭露政府官员、公司企业经理以及公共机构中管理人员的不法行为和丑闻。采写这类

① 房汉廷．现代资本市场：概念、机能与理论［J］．财贸研究，1995（2）：53－56.

报道的调查记者，一般是根据日常新闻中发现的蛛丝马迹，或根据群众来信和内线关系提供的秘密信息，进行或公开或秘密的采访和调查。在整个调查过程中，记者必须独立寻找新闻线索，跟踪追击以获取证据资料以求达到最终的准确判断。调研性报道是从传统揭露性报道发展而来的，其重点是关注社会体制中的种种弊端，以此来推动社会变革。调研性报道的记者，不注重建立秘密线索来源，而把重点放在查阅公开的文件资料上。①

随后在吴玉兰著的《经济新闻报道》一书中又从经济新闻的角度对调查性报道进行了阐述，她认为揭露性经济调查报道重点是揭露政府机构、公司企业、公共机构及其工作人员在经济活动中不法行为和丑闻。调研性经济报道意在调查清楚事实的真相，其重点是系统地调查研究政府经济体制、公司企业运营及整个经济制度的痼疾和缺陷，通过揭示这些痼疾和缺陷来推动经济改革。另外她还补充，经济类调研性报道往往从正面进攻，讲求报道调查的系统与全面，立足现实，面向未来，兴利除弊，意在通过对经济问题或经济现象的深入调查、剖析，使问题得到关注，用建设性的主张以求得社会共识，推动社会良性发展。②

我们在结合两位老师的研究基础上，将《财经》杂志资本市场调查性报道分为揭黑类调查性报道和调研类调查性报道。揭黑类调查性报道主要是揭露资本市场人物、金融机构、资本市场事件的黑幕。本文的揭黑类调查性报道既包括先于监管部门揭露的资本市场案件，如《银广夏陷阱》案件，还包括在案发之后对上市公司、券商、基金、资本市场人物的揭黑类调查性报道。只要是报道资本市场丑闻、不法行为和黑幕的文章都归为揭黑类的调查性报道。

二、资本市场调查性报道理论支持

1. 公众知情权

知情权是指知悉、获取信息的自由与权利，包括从官方或非官方知

① 周海燕．调查性报道采访与写作［M］．新华出版社，2003：34－38.

② 吴玉兰．经济新闻报道［M］．武汉大学出版社，2009：96－99.

悉、获取相关信息。知情权是公民的基本权利，是公民有权利知道一切法律允许公开的信息。体现在新闻传播方面就是媒体有责任向公民提供社会上各种信息，以满足公众的知情权。

资本市场调查性报道正是满足了公众的知情权。由于资本市场的一些信息是被隐藏的，公众很难靠自己去了解这些信息，这就需要媒体发动其敏锐的嗅觉，去挖掘出那些有价值的市场信息，尤其是那些会对投资者的投资决策起到决定性影响的信息。因此，普通的新闻只是满足了公众一般信息的需求，而资本市场调查性报道满足了公众更丰富、更详细的信息需求。

2. “信息不对称”理论

著名的自由主义经济学大师弗·冯·哈耶克认为，世界上并不存在无所不能的人，每个人掌握的信息都是有限的，这与传统的亚当·斯密的“经济人”拥有完全信息的理念相反。①

信息不对称理论强调社会中信息的分配是不平均的，该理论认为在市场经济活动中，各类人员对有关信息的了解是有差异的。掌握信息比较充分的人员，往往处于比较有利的地位，而信息贫乏的人员，则处于比较不利的地位，由此造成经济活动参与者的交易关系和契约安排并非是在完全信息条件下，而是在不完全、不对称的信息状态下进行的。信息的不对称还会导致市场失灵，造成投资者行为的扭曲和不合理行为。

在资本市场上，信息不对称也是明显存在的。首先，上市公司和投资者之间存在信息不对称，由于上市公司掌握内部的财务数据和公司情况，在披露信息方面，上市公司就有可能会隐瞒不良业绩，这就给投资者的投资决策造成困难。其次，机构投资者和个人投资者之间存在信息不对称，机构投资者不仅拥有专业的经过训练的高素质投资人员，机构还可以以更快的速度分析和了解市场情况，这些优势都是个人投资者无法企及的。第三，个人投资者之间也存在着信息不对称。由于个人投资者所处地位和工作性质的不同，他们获取到信息的数量、速度和真实度也都会有差异，甚至一些上市公司的近亲属也持有该公司股票，这对散户投资者来说肯定是

---

① 马辉．中美证券信息披露制度比较研究［D］．兰州大学硕士论文，2007：32－33.

不公平的。

3. 信息披露制度

在资本市场上信息就是金钱，但因为资本市场上存在信息不对称现象，因此，全世界各个国家都强制性要求上市公司执行信息披露制度。

信息披露制度，也称公示制度、公开披露制度，是上市公司为保障投资者利益、接受社会公众的监督而依照法律规定必须将其自身的财务变化、经营状况等信息和资料向证券管理部门和证券交易所报告，并向社会公开或公告，以便使投资者充分了解市场情况的制度。①

目前，我国资本市场已建立起一套较为有效的信息披露制度，但是也还存在着一些胆大妄为的公司，对信息披露制度不予理会，依旧铤而走险，或披露不完整信息，或披露虚假信息。在这种情况下，除了监管部门的监察以外，还需要媒体发挥“第四权力”，对上市公司的财务数据及运营情况进行监督，通过调查性报道及时向公众披露相关信息。

① 段志平．论证券市场监管中信息披露制度的完善［J］．中北大学学报，2005（6）：46－49.

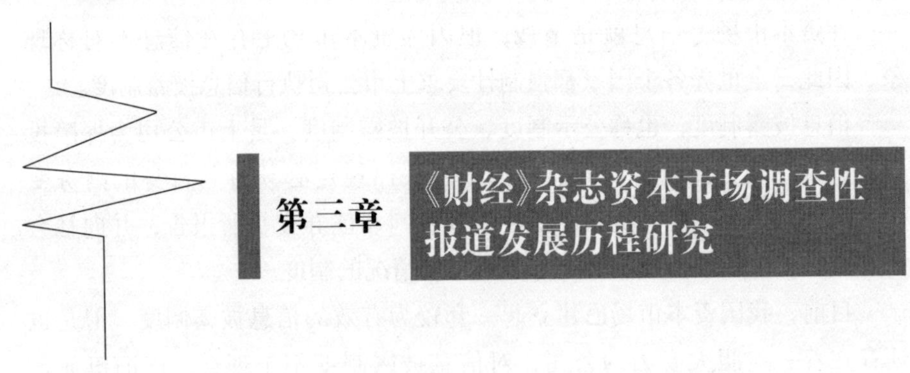

第三章 《财经》杂志资本市场调查性报道发展历程研究

一、发展历程总述

《财经》杂志从1998年4月1日创办至2011年12月19日，总发行309期，这其中，资本市场调查性报道共有122篇。每年篇数趋势线的分布图，如图5－2所示。

从1998年到2002年，资本市场调查性报道的篇数一直处于平稳上升的态势，1998年3篇，1999年4篇，2000年8篇，2001年10篇，2002年11篇。这一阶段是《财经》杂志的起步阶段，连续推出了《君安震荡》、《基金黑幕》、《庄家吕梁》、《科龙易帜》、《蓝田神话凋零》、《中天勤崩塌》等一系列引起社会轰动的资本市场调查性报道。

到2003年，资本市场调查性报道篇数回落至8篇。2003年从非典灾情的报道开始，《财经》杂志更多地将报道重点转向社会、政治方向，资本市场的调查性报道也随之减少。

到2004年，资本市场调查性报道数量明显增多至15篇，达到了发展历程中的第一个高峰。随后，在2005年到2006年，资本市场调查性报道数量又在减少，2005年为13篇，2006年为6篇。

2007年伴随股市的火热，资本市场调查性报道频频推出关于制度体制问题探讨的资本市场调查性报道，给股市降温。如，《股市高处不胜寒》、《券商融资道阻且长》、《把脉高温股市》等。

从2008年开始，《财经》杂志资本市场调查性报道的篇数进入了一个相对稳定的区域，每年基本上都保持在7篇左右。

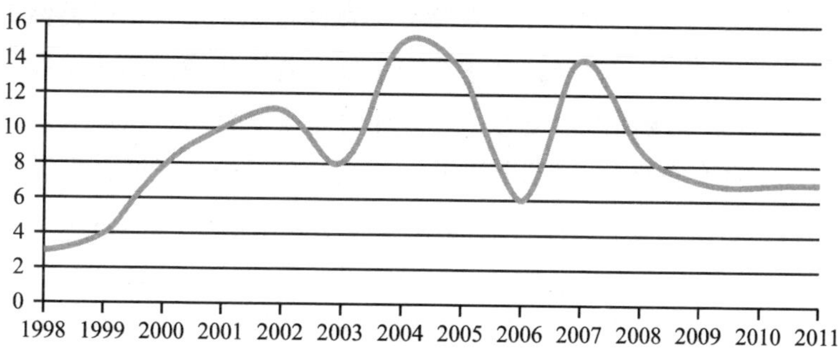

图5－2 《财经》杂志资本市场调查性报道篇数趋势线

二、发展阶段分析

将122篇《财经》杂志资本市场调查性报道进行归纳、分类后可以发现《财经》杂志资本市场调查性报道的发展共经历了三个阶段。如图5－3所示。

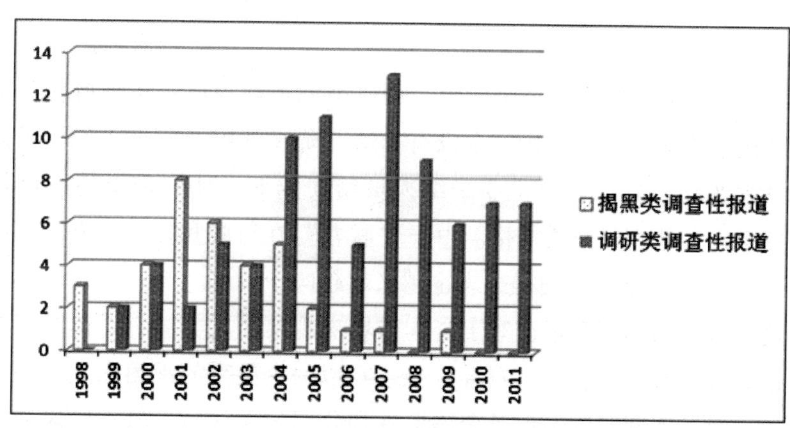

图5－3 《财经》杂志资本市场调查性报道分类图

1998 年到 2003 年，揭黑类资本市场调查性报道一直都多于或等于调研类调查性报道。1998 年，揭黑类调查性报道 3 篇，调研类调查性报道 0 篇；1999 年，揭黑类调查性报道 2 篇，调研类调查性报道 2 篇；2000 年，揭黑类调查性报道 4 篇，调研类调查性报道 4 篇；2001 年，揭黑类调查性报道 8 篇，调研类调查性报道 2 篇；2002 年，揭黑类调查性报道 6 篇，调研类调查性报道 5 篇；2003 年，揭黑类调查性报道 4 篇，调研类调查性报道 4 篇。这一阶段是《财经》杂志资本市场调查性报道的起步阶段，其调查性报道以资本市场揭黑报道为主，呈现内部独家新闻。包括《谁为琼民源负责》、《君安震荡》、《基金黑幕》、《庄家吕梁》、《谁在操纵亿安科技》、《银广夏陷阱》、《蓝田神话凋零》、《中天勤崩塌》、《谁填南方证券窟窿》等。这些揭黑类调查性报道对净化市场都起到了良好的作用。

从 2004 年开始，调研类调查性报道呈突破型增长趋势，揭黑类调查性报道则连年减少。2004 年，揭黑类调查性报道 5 篇，调研类调查性报道 10 篇；2005 年，揭黑类调查性报道 2 篇，调研类调查性报道 11 篇；2006 年，揭黑类调查性报道 1 篇，调研类调查性报道 5 篇；2007 年，揭黑类调查性报道 1 篇，调研类调查性报道 13 篇；2008 年，揭黑类调查性报道 0 篇，调研类调查性报道 9 篇；2009 年，揭黑类调查性报道 1 篇，调研类调查性报道 6 篇。这一阶段调研类调查性报道逐渐增多，《财经》杂志整体风格向政经方向发展，不再是强力地揭发内幕丑闻，而是立足于现实、兴利除弊，意在通过对社会经济问题、经济现象的深入调查和剖析，使资本市场的问题得到管理层和公众的关注。

到 2010 年至 2011 年这个阶段，调研类调查性报道每年维持在 7 篇左右，而揭黑类调查性报道则完全没有。这一阶段《财经》杂志经历了人事上的巨大变动，胡舒立及主要采编人员纷纷离职。他们带走的不仅是人员，更带走了他们的报道风格。由于“联办”在行政和资本两方面都更多地干预《财经》杂志，使得杂志也越来越趋向于失语。

这一阶段的调查性报道对于资本市场宏观层面的关注，对体制问题的探讨也非常有益。这表明《财经》杂志在以一个更高的视角和立场关注资本市场，经过前期对资本市场个体事件和公司的关注后，这一阶段从宏观视角进行报道的资本市场调查性文章，也体现了《财经》杂志的成熟。

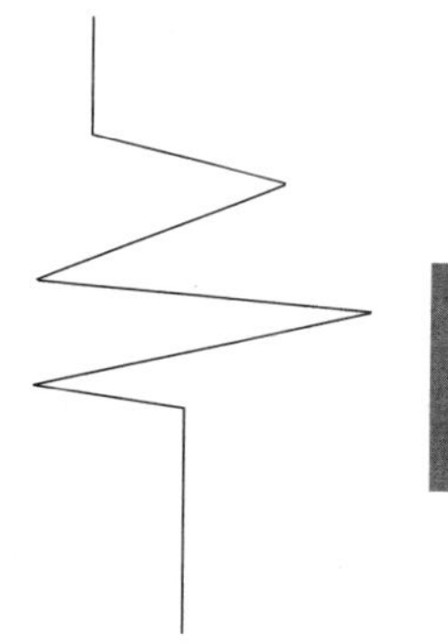

第四章 《财经》杂志资本市场调查性报道内容研究

一、报道对象研究

1. 报道对象分类

资本市场的参与者大致可以分为四类，第一类是证券发行人，也就是资金需求方，包括公司和政府。公司可以在股票市场上发行股票来筹集自有资本，也可以在债券市场上发行企业债或金融债来筹集公司所需要的资金。随着国家干预经济理论的兴起，政府（包括中央政府和地方政府）和中央政府直属机构也成为债券发行的重要主体之一。

第二类是证券投资人，也就是资金供给方，包括机构投资者和个人投资者。机构投资者主要有政府机构、金融机构、企业和事业法人及各类基金等。政府机构参与资本市场的目的主要是为了调剂资金余缺和进行宏观调控。金融机构的投资人主要有证券经营机构、银行业金融机构、保险经营机构以及其他金融机构。基金性质的机构投资者包括证券投资基金、社保基金、企业年金及社会公益基金。当然还有一类投资人是资本市场上最广泛的投资者，即个人投资者。

第三类是资本市场的中介服务机构，它们为资本市场上证券的发行、交易提供各种服务，包括证券公司、资产评估机构、会计师事务所、律师事务所、审计公司、投资咨询机构、财务顾问机构、资信评级机构等。

第四类是监管机构，包括中国人民银行、证监会、银监会、保监会等。①

根据资本市场参与者的四大类型划分，本文将《财经》杂志资本市场调查性报道的报道对象进行了分类，包括：①上市公司；②券商；③市场规则；④资本市场人物；⑤公募基金；⑥私募基金；⑦社保基金；⑧市政债；⑨审计；⑩监管；⑪美债危机；⑫企业债。

上市公司。上市公司的调查性报道包括调查上市公司的虚假财务数据，造假上市的过程，不实信息披露的原委，操纵股价的过程，并购重组的细节与困难，公司治理的问题，股权人事变动带来的影响，再融资问题等。由于上市公司是资本市场很重要的组成部分，上市公司质量的好坏直接关系到资本市场健康与否。而我国尚处于资本市场的发展阶段，上市公司可以说是资本市场中存在问题最多的一个组成部分，所以在122篇关于资本市场的调查性报道中，上市公司的调查性报道就有63篇，占报道比例的51.64%。

证券公司。证券公司在资本市场中是一个最多变的角色，它既可以为投资者提供中介服务，又可以自身作为机构投资者在资本市场上进行投资，它还可以作为上市公司在资本市场上进行筹资活动。因此关于证券公司的调查性报道也从这三个不同的角色出发，既有金融诈骗、挪用保证金的中介角色问题，也有操纵股票、违规操作的投资角色问题，还有上市增发、并购重组、公司解体的筹资角色问题。这一部分报道对象共有20篇，占报道比例的16.39%。

市场规则。市场规则这个报道对象相对比较抽象，它不像上市公司或证券公司是一个具体的实物，更多地是对资本市场整体体制的一个探讨。比如，2007年中国股市已然逼近历史高点，《财经》杂志在3月5日的封面文章推出了《股市高处不胜寒》的调查性报道，对当时高温股市进行了

① 中国证券业协会编．证券市场基础知识［M］．中国财政经济出版社，2010：57－60.

调查和剖析。又比如，2009 年 5 月 11 日“资本与金融”栏目对《借壳上市：甜蜜的毒药》进行了调查研究，梳理了借壳上市对股票发行制度的危害，对亟待改革的发行制度进行了探讨等。市场规则是资本市场良性发展的基石所在，这一部分的报道篇数位列第三，共有 13 篇报道，占报道比例的 10.66%。

资本市场人物。这一部分的内容主要多为揭黑类调查性报道，涉及了资本市场上一些“翻手为云覆手为雨”的人物。他们或内幕交易、或市场操纵、或贷款诈骗的罪行，都对彼时的资本市场产生过重大影响。这一部分的报道共 7 篇，占报道比例的 5.74%。

公募基金。公募基金也就是人们俗称的证券投资基金，包括债券基金、股票基金、货币市场基金、指数基金等。以公募基金为对象的调查性报道内容主要有揭露基金市场操纵的黑幕，揭露老鼠仓，以及探讨公募基金发展的瓶颈问题。这一部分共有 3 篇文章，占报道比例的 2.46%。

私募基金。私募基金在中国的发展相对较晚，我国的私募按投资标的分主要有：私募证券投资基金（阳光后称为阳光私募基金）、私募房地产投资基金、私募股权投资基金、私募风险投资基金。这一部分的内容主要集中于私募股权投资基金，内容包括地方政府意欲融资而发起的官办私募股权投资基金的难产，私募股权投资基金监管体制的磨合，以及全球知名的私募股权投资基金 KKR（Kohlberg Kravis Roberts & Co. L. P，中译“科尔伯格 - 克拉维斯”）进驻中国进行并购的调查性报道。这一部分共有 3 篇文章，占报道比例的 2.46%。

社保基金。全国性社会保障基金主要用于支付失业救济和退休金，是社会福利网的最后一道防线，因此社保基金对资金的安全性和流动性的要求都非常高，国家对于这部分资金的投资方向有严格限制，主要投向国债市场。然而在 2004 年和 2006 年发生的广州、上海社保基金资金挪用案都震惊了全国。社保基金的调查性报道主要集中在讨论社保基金的投资范围、监管制度，及未来的投资发展路径等。这一部分的文章共有 3 篇，占报道比例的 2.46%。

市政债。市政债兴起于 2009 年，主要是地方政府的一种新型融资平台，正因为发展时间短，且试点经验少，因此关于市政债的调查性报道主要集中在市政债信用评级定位、债券举借机制、地方债务风险预警机制，以及理顺地方政府与中央财政的关系等方面。这一部分的文章共有3篇，占报道比例的2.46%。

审计公司。审计公司是资本市场中介服务机构的一个重要组成部分，类似于森林里的啄木鸟，审计公司具有监督金融机构经济信息的职能，并且它的独立性是审计监督最本质的特征。然而，现实中不乏有审计公司为了一时利益故意忽视上市公司的虚假财务数据，以至于最后造成资本市场更重大的经济损失。这一部分包括《中天勤崩塌》、《内蒙宏峰遭遇审计诘难》2篇文章，占报道比例的1.64%。

监管。监管与审计有异曲同工之处，但又有区别。监管是在行政层面监督管理资本市场，并且监管是从一个更宏观的视野去理顺资本市场的制度构建。监管制度的调查性报道不仅有关于中国金融国有资产管理体制的改革，也有美国金融危机后监管秩序的再造。这一部分的报道有2篇，占报道比例的1.64%。

美债危机。自2008年金融危机以来，美国的金融债券和国债就频频发生危机。不论是房利美、房地美的“两房债券”，还是美国国债，中国都是其最大的海外持有群体，因此美国金融债券及国债的发展动向对中国金融机构和财政部门都有很大的影响。这一部分的两篇文章一是分析“两房债券”的真相，二是剖析美国国债危局。占报道比例的1.64%。

企业债。关于企业债的调查性报道只有1篇，是1篇调研类的调查性报道《企业债：突破时刻来临》。中国企业债市场从1982年开始，经历了膨胀、失控、低迷和萎缩，到2002年出现了复苏的趋势，但是行政审批制对于企业债的市场化有着诸多弊端，如何让企业债健康快速成长，如何转变发行体制加快市场化进度，都是报道的重点所在。这一部分占报道比例的0.82%。

2. 报道对象分析

把1998年到2011年《财经》杂志关于资本市场调查性报道的报道对象进行分类梳理，各类报道对象比重见如图5－4所示。

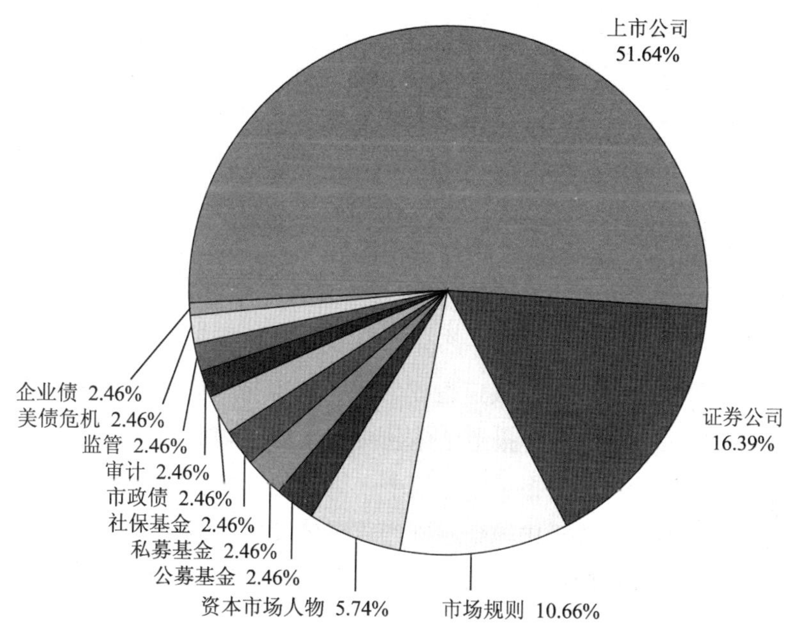

图5-4 《财经》杂志资本市场调查性报道的报道对象分类及比重

3. 小结

结合资本市场参与者的分类，可以看到《财经》杂志资本市场调查性报道的报道对象侧重点不尽相同，如表5-1所示。最主要的报道对象集中在资金需求方，包括上市公司、企业债、资本市场人物、市政债、美国国债等，资金需求方的报道共计76篇，占总报道数量的62.3%。

表5-1 《财经》杂志资本市场调查性报道对象的侧重点

<table>
<tr><td rowspan="2">报道对象</td><td colspan="2">资金需求方</td><td colspan="2">资金供给方</td><td colspan="2">中介机构</td><td>监管机构</td><td>其他</td></tr>
<tr><td>公司</td><td>政府</td><td>机构投资者</td><td>个人投资者</td><td>证券公司</td><td>证券服务机构</td><td>证监会</td><td>市场规则</td></tr>
<tr><td>篇数</td><td>71</td><td>5</td><td>9</td><td>0</td><td>20</td><td>2</td><td>2</td><td>13</td></tr>
<tr><td>占比</td><td colspan="2">62.3%</td><td colspan="2">7.38%</td><td colspan="2">18.03%</td><td>1.64%</td><td>10.66%</td></tr>
</table>

关于资金供给方的报道相对较少，其中机构投资者包括公募基金、私募基金、社保基金等9篇文章。而对个人投资者的调查性报道数量为零，事实上，这也反应了当下中国资本市场对于个人投资者的关注微乎其微，对于个人投资者生存现状的漠视。这一部分的内容仅占总报道数量的7.38%。

中介机构的调查性报道主要集中在证券公司方面，对于其他证券服务机构的调查性报道只有审计公司2篇，其他的会计事务所、律师事务所、资产评估机构等均无涉猎。这一部分的内容占到总报道量的18.03%。

关于监管机构的调查性报道也非常少，这也与《财经》杂志“联办”的官方背景有关，更倾向于报道个体公司机构的问题而回避监管层面的问题。两篇关于监管机构的报道中，其中一篇讨论的是美国金融危机后监管秩序的再造，另一篇关于中国金融资产管理体制的文章也属于温和的调研类报道。相对于媒体应有的“第四权力”而言，这一块儿仅有的1.64%的报道量是一种缺憾。

由于市场规则是一个比较抽象的报道对象，因此本文也将其单列为一类报道对象，这一部分的内容占到总报道量的10.66%。

二、报道议题研究

1. 报道议题分类

由于资本市场的复杂性，对于资本市场问题的研究也存在着议题的交叉，在对《财经》杂志资本市场调查性报道的议题进行分类的过程中，就发现一些资本市场的问题是依附存在的，比如上市公司存在虚假财务数据问题的同时，也或多或少会相应存在信息披露不实、或操作股票价格、或关联交易等问题。因此本文在将报道议题进行划分的时候，是依据每篇调查性报道中最主要的议题进行归类。

通过对这122篇资本市场调查性报道进行内容分析，可以看到《财经》杂志将其内容分为了若干个议题，包括：①并购重组、②发行上市、③股票市场体制探讨、④市场操纵、⑤信息披露不实、⑥股权人事变动、⑦债券市场体制探讨、⑧基金市场体制探讨、⑨金融危机、⑩内幕交易、

⑪关联交易、⑫经营不善、⑬资金挪用、⑭再融资。

（1）并购重组。

并购重组一向是财经新闻的报道热点，并购重组的过程中会发生许多意想不到的事情，所以对于调查性报道来说，它也是最富戏剧性的，最有故事可说的。这一部分内容既有股票市场的，也有基金市场的；既有A股市场的，也有H股市场的；既有上市公司的，也有券商和私募基金的。并购重组的调查性报道多从以下几个角度展开。

第一，收购企业的收购目的、愿景、以期获得的收益。如，2007年9月17日“资本与金融”栏目的《KKR中国第一单》的调查性报道，调研了国际私募资本巨擘KKR如何寻找目标企业，如何达成交易，如何进行财务重组和价值提升等。

第二，被收购企业的市场价值、参与收购的多方企业的收购目的、收购途径等。如，2004年9月20日“封面文章”栏目的《逐鹿广发证券》的调查性报道，调研了对广发证券进行竞购的对垒企业，中信证券股份有限公司和深圳吉富创业投资股份有限公司各自的优劣势，并分析了此次收购远非股权之争，还有外部力量与管理层对于控制权的争夺等内容。

第三，收购过程中的内幕和迷雾。如，2000年4月5日“封面文章”栏目的《香港电讯收购站内幕》调查性报道，调研了李泽楷带领的盈科数码动力在与新加坡电信的较量中如何步步为营，从势均力敌期望联合收购到最终从英国大东公司手中单独收购香港电讯。

这一部分报道共23篇，占报道比例的18.85%。

（2）发行上市。

一级市场发行上市是公司进入股票市场的第一步，在一级市场上，由证券公司代理上市公司发行证券。然而一级市场并不为公众所熟知，因为将证券销售给最初购买者的过程并不是公开进行的。在发行上市的过程中，有发行成功的，也有发行失败的，有造假上市的，也有区别于普通公司的大型金融机构的发行之路。可以说公司发行上市的过程是很有调查价值的。发行上市的调查性报道主要包括以下四部分内容。

第一，成功上市。如，2010年11月8日“资本与金融”栏目的《解码友邦IPO》。友邦保险是美国国际集团（AIG）的子公司，彼时AIG正遭受金融危机并四处借资偿债。友邦保险虽在 H 股成功上市，然而其上市之路却一波三折，报道调查了友邦保险的经营状况及上市过程。

第二，发行失败。如，1999 年 11 月 5 日“资本市场”栏目的《海洋石油遭遇资本礁石》。海油有限重组后裁汰冗员，公司效益优异，管理层信心十足，然而在此万事俱备的条件下却最终失利，报道调查了失利的原因及路演过程中承销商欠妥当的安排。

第三，造假上市。如，2002 年 3 月 20 日“封面文章”栏目的《麦科特噩梦》。报道从策划麦科特的人物董事长钟伟贤开始，调查了与麦科特上市相关的会计师、律师、南方证券负责人、资产评估公司责任人等，理清了一条麦科特造假上市的完整流水线。

第四，国有四大银行上市。如，2005 年 10 月 17 日“资本与金融”栏目的《农行重组尚无解》和 2005 年 10 月 31 日“封面文章”栏目的《建行 IPO 洗礼》、《中行引资未了局》、《工行设立航标》的系列调查性报道。银行股改是 2005 年资本市场的一个重大事件，四大国有银行的股改及上市都会对整个资本市场带来一系列的影响。工农中建四大国有银行在此时正好构成了股改上市的四个阶梯，中国建设银行的上市、中国银行的引资、中国工商银行的股改挂牌以及中国农业银行的重组。这一系列的调查性报道对各个银行的发展阶段及现状进行了梳理。

这一部分报道共 19 篇，占报道比例的 15.57%。

（3）股票市场体制探讨。

关于股票市场体制探讨的小议题很多，比如上市公司国有股转让政策，金融机构清算政策的修订，证券公司行政托管的弊端，证券公司反复托管之后的变革路径，高温股市的整体局势分析，券商发展模式的探讨，上市公司股权激励机制与绩效管理体系探讨，政策市的危害与影响，造成创业板泡沫的制度原因，新股发行制度的探讨，金融危机后华尔街监管秩序重塑，新股屡屡破发的定价机制问题等。这一部分报道共 19 篇，占报道比例的 15.57%。

（4）市场操纵。

市场操纵行为是指以获取利益或减少损失为目的，利用资金、信息等优势或滥用职权，影响证券市场价格，制造证券市场假象，诱导投资者在不了解事实真相的情况下做出证券投资决定，市场操纵是一种扰乱证券市场秩序的行为。[①] 关于市场操纵的资本市场调查性报道角度主要有以下两个。

第一，金融机构市场操纵。金融机构的市场操纵包括券商股票坐庄操纵股票价格，以及基金公司利用老鼠仓低位自有资金建仓、高位拉升获利等。如，2005 年 2 月 7 日“资本与金融”栏目的《大鹏之殁》，报道调研了大鹏证券股票坐庄失败过程，及亏损后各方利益纷争直至被长江证券托管。又如，2009 年 5 月 25 日“资本与金融”栏目的《融通“硕鼠”谜团》，报道揭露了融通基金公司利用新中基、广州冷机、海南海药、川化股份四只股票搭建了老鼠仓[②]。并获取暴利的过程，并对“刑不上老鼠仓”的法律现状提出了质疑。

第二，市场操纵的相关法律法规调研。证券公司与上市公司之间的关系非常特殊，首先上市公司需要借助证券公司来进行股票的发行承销，其次证券公司都有着咨询服务业务，他们可以为投资者推荐股票，因此就存在证券公司隐藏背后利益冲突为投资者推荐自己公司承销发行的股票，也就会造成证券公司与上市公司相互勾结操纵股票的现象。如 2002 年 5 月 20 日，“海外视点”栏目报道的《美林案订立华尔街新规则》，美林作为当时美国最大的证券公司运用上述办法操纵股票市场价格，也因此引起监管部门的注意，最终美国司法部介入确定了美林的市场操纵和“证券欺诈罪”。

这一部分报道共 14 篇，占报道比例的 11.48%。

（5）信息披露不实。

世界上任何一个国家均对上市公司实行强制性的信息披露制度，它是上市公司保障投资者利益的重要保证。信息披露制度的内容包括公司财务变化、经营状况等信息，上市公司需定期向公众发布报告。然而不论是在 A 股市场，还是 H 股市场，或是市场法律制度相对完善的 N 股市场都存在

---

① 王树章．契约型证券投资基金持有人保护的法律研究［D］．暨南大学硕士论文，2009：34－35.

② 老鼠仓：是指庄家用公有资金在拉升股价之前，先用自己个人（机构负责人，操盘手及其亲属，关系户）的资金在低位建仓，待用公有资金拉升到高位后个人仓位率先卖出获利。

信息披露不实的情况。关于信息披露不实的调查性报道最多的是上市公司虚假财务数据。如，2001 年 8 月 5 日“封面文章”栏目的《银广夏陷阱》。调查性报道从银广夏虚构财务报表出发，揭露了银广夏整个生产线上产量、产品、价格的骗局。又如，关于美国股票市场的 2002 年 7 月 5 日“海外视点”栏目的《世界通信陨落》，报道了美国第二大长途电话公司世界通信公司（Worldcom）在 2001 年和 2002 年第一季度“错将”38 亿美元的费用支出记录为资本支出从而提高公司的利润。这一部分报道共 13 篇，占报道比例的 10.66%。

（6）股权人事变动。

由于上市公司的股份是不断流动的，因此股份变动、股权更迭是上市公司最重要的信息。因为股权变动的背后，反映出投资者结构的变化，如果是持股 5% 以上的大股东股权变动，通常还会带来企业管理层控制权和人事权的变更。关于股权更迭的调查性报道主要集中在上市公司的股权变动。如，2001 年 10 月 5 日“公司透视”栏目的《华远单飞内幕》，报道调查了北京华远集团和香港华润集团从资本联姻到各奔东西的股权变动，尤其报道了作为华远集团总裁任志强的职位变动及原因。这一部分报道共 10 篇，占报道比例的 5.74%。

（7）债券市场体制探讨。

关于债券市场体制探讨主要集中在企业债和市政债。企业债虽然在 1982 年就开始出现，到 1992 年企业债当年的发行总量已近 700 亿元，然而那个时候的企业债缺乏法规约束，许多企业并没有建立起到期偿债的意识，因此部分企业债出现兑付危机。从 1993 年之后，企业债也进入了一个较长的低迷时期。① 低迷十年之后到 2002 年，企业债的发行总额达到 270 亿元，比 2001 年提高了近 50%，《财经》杂志也刊登了《企业债：突破时刻来临》的调查性报道。另一方面，市政债在近几年也不断发展。2008 年金融危机爆发后，4 万亿投资启动，随后地方融资平台崛起，市政债发行由此起步。然而市政债毕竟还是新兴事物，人们普遍担心如果市政债偿还

① 中国证券监督管理委员会. 中国资本市场发展报告［G］. 中国金融出版社，2008：32－33.

无力，债务就会从地方政府传到地方银行，再从地方银行传到整个银行体系，进而传递到中央财政。《财经》杂志在2011年11月21日的“资本与金融”栏目发表了《探路“市政债”》，对此也进行了体制探讨。这一部分报道共5篇，占报道比例的4.1%。

（8）基金市场体制探讨。

基金市场的体制探讨主要包括私募股权投资基金的监管体制磨合，社保基金的发展路径探索，以及公募基金发展瓶颈探索等。这一部分报道共5篇，占报道比例的4.1%。

（9）金融危机。

2008年美国次级房屋信贷危机爆发，投资者开始对按揭证券的价值失去信心，引发资本市场流动性危机，并导致多间相当大型的金融机构倒闭或被政府接管。这部分的调查性报道主要包括金融危机对美国的影响、对欧洲的影响，以及对中国A股市场的影响。

第一，对美国股市及金融机构的影响。如，2008年3月31日“资本与金融”栏目的《华尔街病人》，报道调查了华尔街五大投行之一的贝尔斯登在次贷危机的冲击下如何一步步走向深渊。

第二，对欧洲的影响。如，2008年10月31日“资本与金融”栏目的《富通解体》，富通是比利时一家在全球拥有影响力的企业，然而在金融危机的冲击下，比利时政府不得不将富通的金融业务分拆出售给荷兰和法国金融机构，报道调查了富通解体的全过程。

第三，对中国A股市场的影响。如，2011年1月17日“资本与金融”栏目的《A股迷途》，报道了在金融危机冲击下低迷的A股市场一方面需要大量的流动性资金，另一方面异常复杂的国内外经济状况亦迫使管理层在宏观调控中陷入两难的境地。

这一部分报道共4篇，占报道比例的3.28%。

（10）内幕交易。

内幕交易是指内幕人员和以不正当手段获取内幕信息的其他人员违反法律、法规的规定，泄露内幕信息，根据内幕信息买卖证券或者向他人提出买卖证券建议的行为。在我国，内幕交易最高可判处10年有期徒刑，是证券犯罪中量刑最重的罪行之一。[①] 内幕交易不仅违反了证券市场“公开、公平、公正”的原则，同时还侵犯了投资公众的平等知情权和财产权益。内幕交易不仅在中国，在美国也时常发生，《财经》杂志资本市场调查性报道对这两方面也都有报道。

第一，美国内幕交易案例。如，2007 年 3 月 19 日“资本与金融”栏目的《11 名白领与 1500 万美元》，文章调查了近 20 年来华尔街最大的内幕交易案。供职于瑞银集团（UBS）证券研究部门的古登伯格与供职于一只对冲基金的好友富兰克林相互串通股票升降级推荐的信息，不断牟利直至被美国证券交易委员会发现。

第二，中国内幕交易案例。如，2007 年 5 月 28 日“资本与金融”栏目的《内幕交易“瘟疫”》，报道调查了“杭萧钢构”公司管理层将内部消息泄露给当地证券营业部负责人一同拉升股价获利的过程。

这一部分报道共 3 篇，占报道比例的 2.46%。

（11）关联交易。

关联交易就是企业关联方之间的交易，关联交易是公司运作中经常出现的而又易于发生不公平结果的交易。由于关联交易方可以运用行政力量撮合交易的进行，从而有可能使交易的价格、方式等在非竞争的条件下出现不公正的情况，进而形成对股东或部分股东权益的侵犯，也会导致债权人利益受到损害。《财经》杂志关于关联交易较为典型的一篇报道是 2001 年 5 月 15 日“公司透视”栏目的《安塑股份一团乱麻》，报道调查了安塑股份在经过多次质押经历债务危机时，第一大股东湖南安江塑料厂为第三大股东湖南金利塑料制品有限公司偿还其所欠银行 1.2 亿元左右的巨额债务而引出的关联交易问题。这一部分报道共 2 篇，占报道比例的 1.64%。

（12）经营不善。

经营不善是指经营过程中发生的过错或失误对企业造成不良的经济后果，包括债券危机、投资决策失误、企业资金链断裂等。《财经》杂志关

① 王树章．契约型证券投资基金持有人保护的法律研究［D］．暨南大学硕士论文，2009：23－24.

于企业经营不善较为典型的一篇报道是2007年4月30日“资本与金融”栏目的《万杰之殇》，报道调查了上市公司万杰高科连年虚报企业总资产，并以此从银行不断获得贷款以填补虚假资产，最终导致债务危机暴露，贷款银行追债拍卖直至倒闭。这一部分报道共2篇，占报道比例的1.64%。

（13）资金挪用。

挪用资金是指公司、企业或者其他单位的工作人员利用职务上的便利，挪用本单位资金归个人使用或者借贷给他人使用。在我国金融市场制度尚不完善的时候较多地出现金融机构挪用资金的现象。《财经》杂志资本市场调查性报道对金融机构挪用资金的调查包括两方面。

第一，证券公司挪用客户保证金，如2003年11月5日“封面文章”栏目的《谁填南方证券窟窿》，报道调查了南方证券2002年度挪用客户保证金19.17亿元而深陷监管的事件。

第二，社保基金资金挪用，如2004年4月5日“资本与金融”栏目的《广州8亿社保基金被挪用调查》，由于早期缺乏监管，1993年广州社保8.9亿元资金被拿去“在外运营”，其中投入房地产开发资金就占到了85.54%，对于这件十年无人追责的疑案，记者进行了追踪调研。

这一部分报道共2篇，占报道比例的1.64%。

（14）再融资。

再融资是指上市公司通过配股、增发和发行可转换债券等方式在证券市场上进行的直接融资。再融资对上市公司的发展起到了较大的推动作用。《财经》杂志在2004年9月5日的“资本与金融”栏目刊登了《博弈宝钢增发》的报道，文章调研了在宝钢增发股票的道路上，价格形成机制存在的重大缺陷，以及对市场效率严重影响的事实。这一部分报道共1篇，占报道比例的0.82%。

2. 报道议题分析

把1998年到2011年的《财经》杂志关于资本市场调查性报道的议题进行分类梳理，各类报道议题比重如图5－5所示。

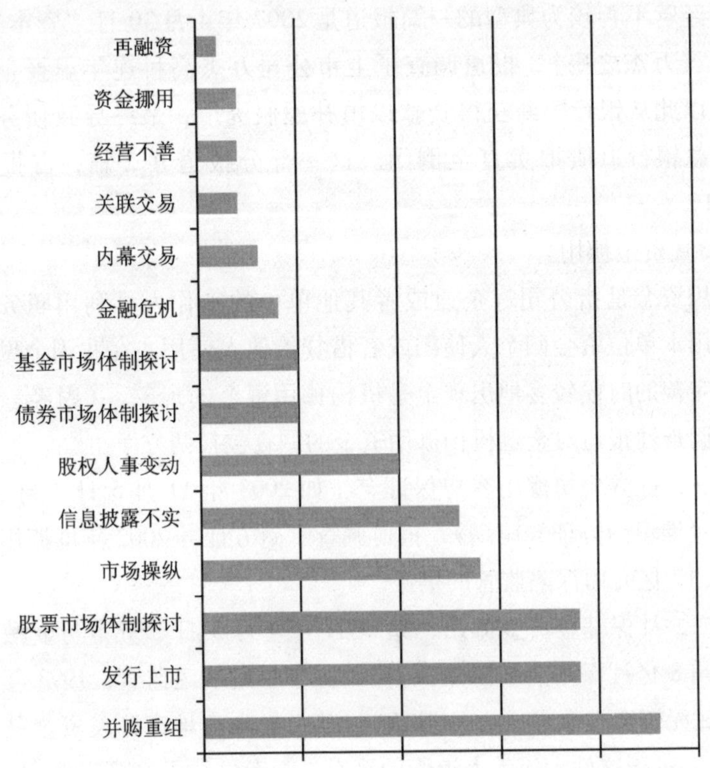

图 5-5　《财经》杂志资本市场调查性报道的议题分类及比重

三、关注重点研究

根据本文所划分的《财经》杂志资本市场调查性报道的发展阶段来看，不同阶段资本市场调查性报道关注的关注重点也是不同的。以下就从两个方面对各阶段关注重点进行分析。

1. 资本市场体制探讨与单个事件报道分析

单个事件的调查性报道是指针对具体的某一个上市公司、证券公司、基金公司、公司债券、地方政府债券及监管机构的调查性报道。这类调查性报道的报道对象主要就是一个具体的公司报道，或针对一个具体事件的报道。

体制探讨类的调查性报道相对于单个事件的调查性报道而言，主要包括对股票市场、债券市场、基金市场这三大市场，调查的内容也是这三大市场的体制、机制、制度存在的问题与缺陷，或者是对整个市场发展现状的一个调查。体制探讨类的调查报道更抽象，它可能从一个公司或一个事件出发，但总体上还是以此为引子来探讨整个市场的问题。

在图5－6中我们可以清晰地看到，在资本市场调查性报道发展的三个阶段中，关于体制探讨的调查性报道在不断增多，而针对单个事件的调查性报道在不断减少，具体的变化数字如表5－2所示。

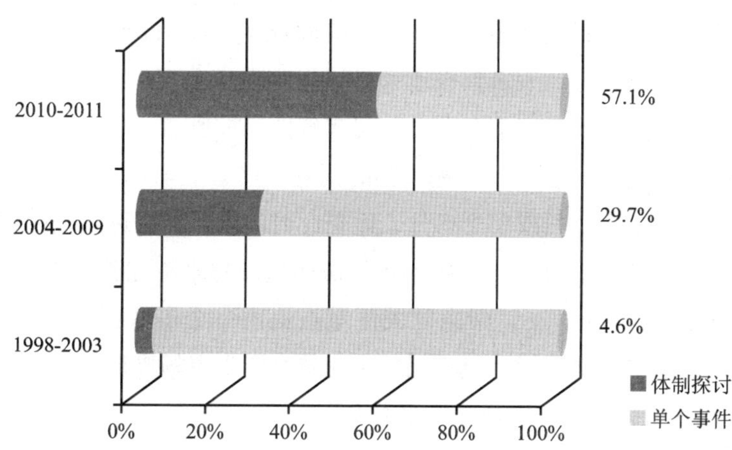

图5－6 《财经》杂志资本市场调查性报道关注重点比较

关于体制探讨的调查性报道合计29篇，占总篇数的23.8%。在1998年至2003年的第一阶段，体制探讨类报道共2篇，占该阶段报道篇数的4.6%；在2004年至2009年的第二阶段，体制探讨类报道增加到19篇，占该阶段报道篇数的近三分之一，达到29.7%；在2010年至2011年的第三阶段，共有报道14篇，其中体制探讨类报道就有8篇，占该阶段报道篇数的57.1%。相比体制探讨类调查性报道的不断增多，单个事件的调查性报道总体呈下降趋势。从第一阶段占比95.4%，到第二阶段占比70.3%，再到第三阶段跌破一半到42.9%。

表 5-2 《财经》杂志资本市场调查性报道关注重点

	1998~2003		2004~2009		2010~2011		合计篇数	合计占比
	篇数	占比	篇数	占比	篇数	占比		
体制探讨	2	4.6%	19	29.7%	8	57.1%	29	23.8%
单个事件	42	95.4%	45	70.3%	6	42.9%	93	76.2%

单个事件调查性报道的减少和体制探讨类调查性报道的不断增加，也是和《财经》杂志资本市场调查性报道发展阶段有关的。因为在 1998 年至 2003 年这个阶段，中国资本市场尚处于起步阶段，不论是资本市场参与者还是资本市场的制度都还不成熟，此阶段资本市场调查性报道主要以揭黑类调查性报道为主，大多数报道都是以揭露上市公司、基金公司黑幕为主，因此这时期也主要集中在单个公司或事件的报道。

2004—2009 年，这个阶段揭黑类的调查性报道越来越少，同样还是关注资本市场的单个公司或单个事件，但是此时的调研类报道越来越多。

2010—2011 年，此时由于资本市场法律法规越来越完善，单个公司的问题也越来越少，《财经》杂志的关注重点也由单个事件更多地转移到体制机制问题上，从更宏观的经济层面来对整个资本市场进行调研。

2. 各市场调查性报道所占比重分析

资本市场主要分为三类，股票市场、债券市场和基金市场。在我国，最早设立的是债券市场，1981 年财政部恢复发行国库券，接着上海、深圳、北京等地企业开始以发行债券的形式集资，随后也有银行发行金融债券。到 1990 年上海证券交易所和深圳证券交易所陆续成立，标志着中国股票市场的建立。1998 年《证券投资基金管理暂行办法》批准后成立的新基金，标志着我国基金市场的建立。

截止 2011 年，我国股票市场成交额为 421650 亿元，债券市场成交额为 216349.52 亿元，证券投资基金市场成交额为 6347.41 亿元。①

可以看出，股票市场的成交额远远超出债券市场和基金市场的成交额。从我国资本市场发展历程来看，股票市场的发展速度和规模也快于另

① 中华人民共和国国家统计局编著．中国统计年鉴－2012［G］．中国统计出版社，2012 年：128－130.

两个市场。因此反应在《财经》杂志资本市场的调查性报道中，有关股票市场的调查性报道也占据主导地位。从图 5 - 7 中不难发现，股票市场的调查性报道呈下降趋势，而债券市场和基金市场的调查性报道数量在慢慢增多。

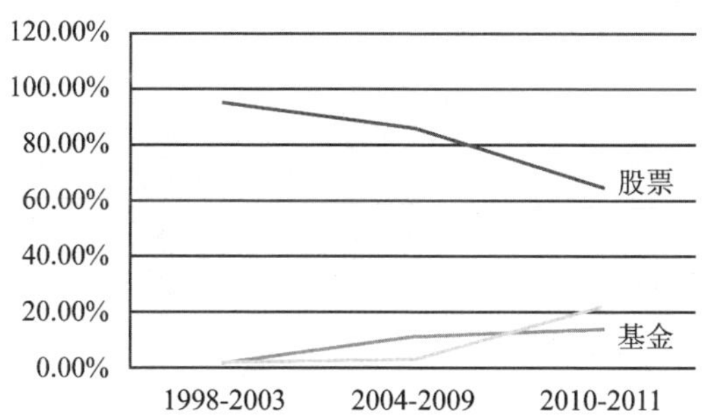

图 5 - 7 《财经》杂志资本市场调查性报道各市场所占比重趋势分析

具体从表 5 - 3 的数据中可以得出。股票市场的调查性报道在 1998 年至 2003 年第一阶段所占比重高达 95. 45% ，到 2004 年至 2009 年第二阶段下降到 85. 94% ，到 2010 年至 2011 年第三阶段更是下滑到 64. 29% 。

另一方面，债券市场和基金市场的报道比重在不断加重。分别从 1998 年至 2003 年第一阶段的 2. 27% 和 2. 27% ，增加到 2004 年至 2009 年第二阶段的 3. 13% 和 10. 94% ，最后增加到第三阶段的 21. 34% 和 14. 29% 。

表 5 - 3 《财经》杂志资本市场调查性报道各市场所占比重

	1998 - 2003		2004 - 2009		2010 - 2011		合计篇数	合计占比
	报道篇数	所占比重	报道篇数	所占比重	报道篇数	所占比重		
股票	42	95. 45%	55	85. 94%	9	64. 29%	106	86. 89%
债券	1	2. 27%	2	3. 13%	3	21. 43%	6	4. 92%
基金	1	2. 27%	7	10. 94%	2	14. 29%	10	8. 20%

报道市场重点的调整和各资本市场的发展状况有很大关系，也反应出了《财经》杂志对市场变化的敏锐度。

新兴的、正在发展的市场肯定会存在更多需要完善的地方，不论是公募基金公司，还是私募股权投资基金，或者是企业债，抑或是市政债，这些对于投资者和市场尚属于发展中的新兴事物还需要媒体和监管部门的更多关注，小苗只有在最开始的时候被扶正了，才可能长成参天大树。

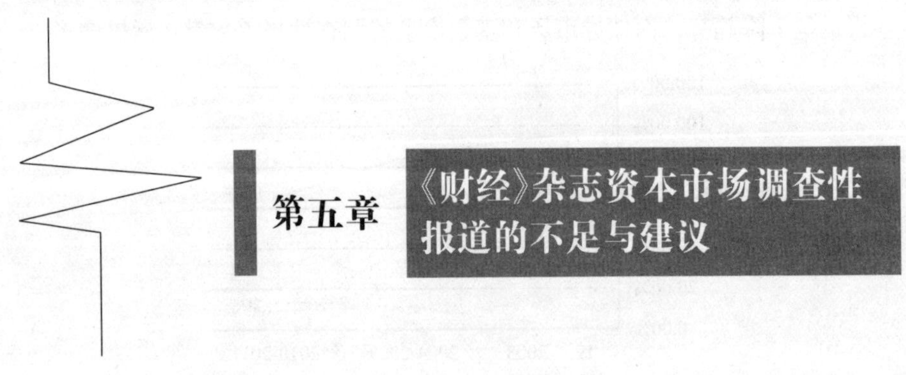

第五章 《财经》杂志资本市场调查性报道的不足与建议

一、缺少后续报道，有调查无结果

马克思在1843年提出了“报纸的有机运动”，马克思这样阐述：报纸报道新闻的真实性，表现为各位记者从不同的角度、依时间发生的顺序进行报道的总和，每篇报道可能会是片面的，甚至有差误，但是后面的报道会自然纠正前面的差误。在有机的报纸运动下，全部事实就会完整地被揭示出来。①

对于调查性报道而言，后续报道除了有纠偏的作用外，还有一个平衡报道时效性和报道完整真实性的作用。因为有一些资本市场调查性报道是在事件发生的最初阶段就推出了，但是随着事件的进展会有更多的内容和结果，只有对后续内容进行连续报道，才能呈现一个完成的调查报道。

我们还将与资本市场调查性报道有关的后续报道进行了梳理。从图5－8可以看到，在122篇资本市场调查性报道中，有后续报道的资本市场

① 陈力丹．马克思主义新闻思想概论［M］．复旦大学出版社，2006：23－24.

调查性报道只有12篇，仅占总篇数的10%；无后续报道的资本市场调查性报道共有110篇，占总篇数的90%之多。

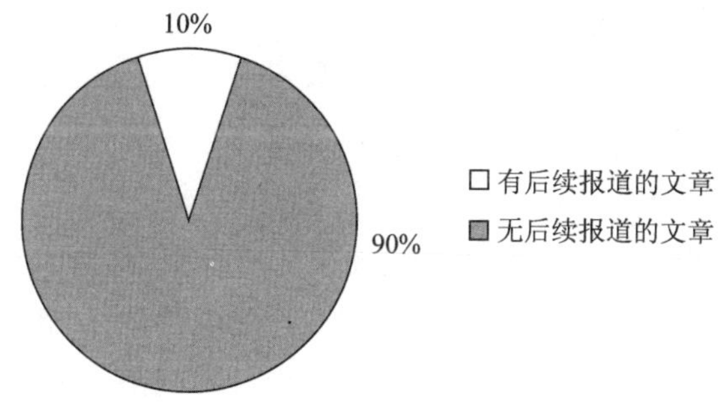

图5－8 《财经》杂志资本市场调查性报道后续报道所占比重

有后续报道的资本市场调查性报道所涉及的报道对象主要包括：金路集团、银广夏、格林柯尔系、深发展、南方证券、哈尔滨啤酒、德隆系、大鹏证券、汉唐证券、上海社保等。

其他缺少后续报道的资本市场调查性报道却不能呈现出整个调查性报道的完整结果，就会出现有调查无结果的局面。如《财经》杂志在2005年4月18日“资本与金融”栏目发表的《‘1.48亿平安法人股’交易之谜》，调查了广东健力宝集团公司董事长张海与裕兴科技控股有限公司董事会主席祝维沙及平安保险董事长马明哲之间的“中国式资本运作”。在平安保险前往香港上市之前，马明哲为了实现员工持股计划，通过两家深圳的公司江南实业和新豪时吸纳了员工持股的部分，实际上江南公司此时已成为了平安保险有限公司的股东。张海在1998年时就拥有江南实业的股份，并且在2003年平安保险10股转增10股时，张海的健康产业所持有的平安股份就增至1.48亿股。然而，江南实业所持股份并非H股，而是“内资法人股”，虽与H股同股同权，但不得上市交易。同时依据《公司法》，发起人股东在公司上市三年内不得转让股份。因此，江南实业作为平安保险发起股东，并不能将所持平安法人股转让健康产业。然而张海的健康产业和祝维沙的裕兴科技却在交易过程中将这“1.48亿准法人股”平分了，于是引起了香港联交所的关注。

最后该调查报道写道：“时至今日，健力宝风波未平，裕兴科技仍难复牌，而张、祝二人相继被拘。张海等购下的1.48亿股‘准平安法人股’终将归入谁手，仍是悬念。”报道留下了许多悬念，字里行间都预示着会有下文，然而却没有后续报道。

诸如此类的无后续报道的调查性文章还很多，这样的调查性报道或许在事件刚发生的时候能展现一个及时的报道，然而随着时间的推移，这些事件、公司、人物也都还有值得调查和追踪的意义。

《财经》杂志在资本市场调查性报道的后续报道方面也有做得很不错的，如关于2004年“哈啤香港收购战”，这场收购战在当时也引起了市场极大的关注，因为它是香港新世纪以来最大的收购战。《财经》杂志不仅在2004年5月20日的封面文章推出了《哈啤争夺战》，还在6月20日撰写了《哈啤收购战终局》、在10月4日撰写了《谁领跑‘后哈啤’时代》等后续报道。给读者呈现了一个完整的公司收购报道。

因此《财经》杂志在未来推出关于资本市场调查性报道的同时，也应该更多地关注其后续发展的情况，尽可能地向读者展现一个全面、完整的调查事实。

二、议题分布偏颇

在122篇《财经》杂志资本市场调查性报道中，可以看到，其报道议题和对象存在明显分布不均现象，主要表现在两点：一是股票市场以A股市场为主，缺少B股及中小板的内容报道；二是关注的议题主要集中在国内的资本市场，关于国际资本市场的调查性报道比较少，缺乏国际视野。

1. 报道市场分布不均

纵观《财经》杂志资本市场调查性报道，股票市场可以说是其关注对象，在122篇调查性报道中，股票市场有106篇，占87%之多。在股票市场的调查性报道中又以A股市场的调查性报道为主，共82篇，占77%如图5-9所示。紧随其后的是香港H股市场的调查性报道，共14篇，占13%，之后是纽约N股市场的调查性报道，共10篇，占10%。

我国上市公司的股票有A股、B股、H股、N股和S股等区分。这一区分主要依据股票的上市地点和所面对的投资者而定。

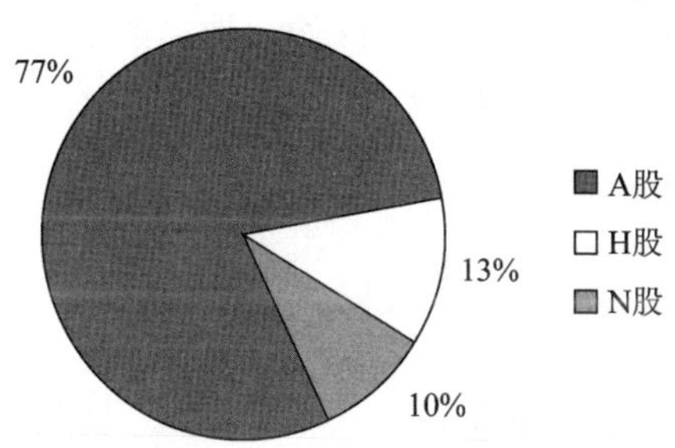

图5－9 《财经》杂志资本市场调查性报道股票市场具体占比

在《财经》杂志股票市场的调查性报道中，没有涉及B股和S股的报道，尤其是B股。当年设立B股市场的初衷是向境外投资者融资，解决国内的外汇紧缺问题。时至今日，中国的外汇储备十分丰厚，B股市场的功能已被H股、QFII等取而代之。B股逐渐边缘化，交易量越来越小。近十年，B股几乎没有再融资。可以说B股市场制度、B股上市公司、B股投资者以及监管方面都存在许多问题和困难，然而《财经》杂志却无一涉及。

另外，在A股市场中，仅有两篇文章是关注创业板市场的，而中小板市场也压根没有相关的调查性报道。关于中小板市场存在的问题，深交所在2010年审计报告中就有披露，包括信息披露不及时，经营意向性合同存隐患，利用会计手段粉饰业绩，高转送高派现比较随意，为配合大股东减持利好消息不断，相关当事人诚信意识淡薄、违规买卖股票，公司核心竞争力逐渐恶化，管理层信心懈怠等。① 而对于中小板市场存在的种种问题，《财经》杂志也选择了忽视。

2. 议题主要集中在国内，缺少国际视野

从122篇资本市场调查性报道的统计数据来看，关于国内资本市场的调查性报道106篇，占87%；国际资本市场调查性报道16篇，占13%（如图5－10所示）。

需要说明的是，这里所指的国际资本市场报道以地区来划分，而不以

① 深交所披露中小板七问题将视诚信差异化监管［N］．东方早报，2011.6.17.

H股、N股的市场来划分。本文只将香港地区和美国当地的公司、事件、制度为讨论对象，排除了在香港上市或在美国上市的中国公司股票，对这类股票还是划分到国内资本市场的调查报道对象中。

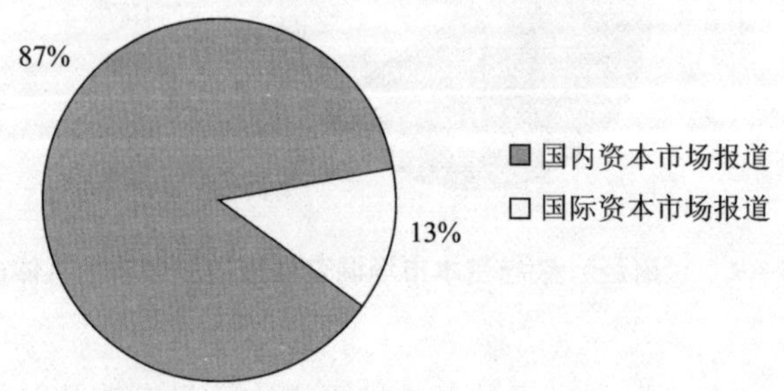

图5-10　《财经》杂志资本市场调查性报道国内外报道占比

国际资本市场的报道国家和地区有美国、香港和比利时。其中，关于美国资本市场的报道10篇，香港地区5篇，比利时1篇。对于同是金融中心的伦敦、法兰克福、东京的资本市场调查性报道却没有任何报道。

如今，我国以更开放的姿态融入世界资本市场，《财经》杂志对于国际资本市场的关注度也应该相应提升，用更广阔的国际视野去观察全球资本市场的发展。另外，针对国内资本市场除A股之外的其他市场所存在的痼疾也应更多地关注，以一个更全方位的视野去关注中国的资本市场。

三、媒介监督功能缺失

《财经》杂志在初创时期凭借一系列揭黑类调查性报道为市场所瞩目，这些调查性报道在揭露资本市场的问题和缺陷的同时，都发挥了良好的媒介的监督功能。

与调研类调查性报道的兴利除弊、“温柔”地以正面中立的视角对存在的问题进行调查相比，揭黑类调查性报道则更干脆、更直接地将那些资本市场的弊病、顽疾暴露出来。两者相比，揭黑类调查性报道对资本市场的震撼、对制度革新的推动、对公司问题的揭露，都更有力。揭黑类调查性报道更好地起到了媒介的监督功能。

然而正如前文中说的，从 2004 年开始，《财经》杂志揭黑类资本市场调查性报道大幅度减少，到 2010 年、2011 年揭黑类调查性报道几乎退出了人们的视线。

究其原因，大致有以下五点。

第一，从宏观经济运行及整个资本市场的发展来看，我国经济发展的法制环境日趋完善，《证券法》、《公司法》、《票据法》、《反垄断法》、《反不正当竞争法》等法律出台后又进行了多次修订，执法机关对违法行为的处置力度也不断加强，这都改善了我国资本市场的环境，相应减少了上市公司违法乱纪的行为。在《财经》杂志发展初期，很多报道都是先于执法部门揭露出上市公司存在的问题，随着我国资本市场法制环境的完善及监管力度的加强，《财经》杂志原发性的揭黑类报道就减少了。

第二，从媒介环境来看，众多财经媒体如雨后春笋一般崛起，使《财经》杂志不再一枝独秀。其中包括《21 世纪经济报道》、《中国经营报》、《经济观察报》、《第一财经日报》等。最为明显的是在 2004 年由“科龙”案件引发的关于国有资产大讨论中，这五家财经媒体就科龙股权转让问题、顾雏军审判进程、“德勤”的审计失误等议题都进行了报道。在百花齐放百家争鸣的环境下，《财经》杂志不免有所失色。

第三，从 2003 年开始，《财经》杂志从纯财经类杂志转变为一份政经类杂志，其选题和关注重点都向社会类话题偏移，采编人员的报道重点也随之转移，不再有最初那么多的时间精力去挖掘、揭露公司问题。

第四，《财经》杂志的主办方“联办”在 09 年 7 月正式发文要求《财经》杂志“退回财经领域，正面报道为主”。其中有一条特别指出：“对财经领域的重要负面报道，在发稿前需报联办批准。”

第五，2009 年 11 月，《财经》杂志 70% 的采编人员离开了杂志，其中包括主编胡舒立。胡舒立被公认为是《财经》杂志的灵魂人物，她所带领的采编团队一直将市场经济的自由竞争原则奉为准则，对“大政府”和“大公司”持警惕和批评的态度。而随着这批采编人员的离职，《财经》杂志资本市场调查性报道的内容变得更加内敛含蓄。

其中，杂志关注重点的转移，审查机制的兴起，以及元老级采编人员的离职，都使得《财经》杂志资本市场调查性报道的媒体监督功能越来越弱。

一味地中庸显然是不可取的，那么，如何让市场再度听到《财经》杂志的呐喊，如何让《财经》杂志再度成为资本市场的“啄木鸟”呢？我们认为，作为主办方的“联办”首先要减少行政和资本的干预，只有这样才能恢复《财经》的独立性和客观性。其次，增加对小众市场的关注，不论是B股市场、中小板市场和创业板市场，还是基金市场和债券市场，都还存在许多痼疾，要对这些市场给予足够的关注，媒体的监督可以促进这些市场更好地发展。

四、结语

综合本文第三章和第四章的内容，可以清晰地看到《财经》杂志资本市场调查性报道的发展脉络及报道特点。

1998年至2003年，该阶段以揭黑类调查性报道为主、调研类调查性报道为辅。这一阶段的报道重点是揭露上市公司、基金公司、证券公司的黑幕，以单个事件和单个公司的报道为主。通过高频率的揭黑报道引起市场和社会的关注。

2004年至2009年，该阶段以调研类调查性报道为主，揭黑类调查报道逐渐减少。这一阶段的报道重点是探寻上市公司、基金公司、证券公司的发展之路，包括并购过程中的故事、发行上市遇到的困难、公司发展的瓶颈等，多以中立调研的形式为主。另一方面，这一阶段关于资本市场体制问题的探讨明显增多，以宏观的视角关注我国股票市场、债券市场、基金市场存在的制度缺陷。

2010年至2011年，该阶段调研类调查性报道占据了绝对主导地位，揭黑类报道基本不再出现。关于体制探讨的调查性报道也占据了半壁江山，单个公司、单个事件的调查性报道逐渐减少。整体的资本市场调查性报道以一个更宏观的视角来关注中国资本市场。

然而，在研究《财经》杂志资本市场调查性报道文本的过程中，还可以看到其存在的缺陷和不足。缺少后续报道，有调查无结果；议题分布偏颇；媒介监督功能缺失等。

这三点不足与缺陷，对其他经济类媒体的资本市场调查性报道也起到了警示作用，在进行报道时都要力求避免这些问题。

可以看出，《财经》杂志资本市场调查性报道在经过前期的繁荣发展之后，已经慢慢步入了一个平缓的发展趋势，揭黑类报道鲜有出现，调研类报道也更内敛。

从高峰到低谷，再到高峰，这是事物发展的一个必然趋势。那么此时，《财经》杂志资本市场调查性报道应该处于一种蓄势的状态。

未来，我们希望看到一个更成熟，同时也保持个性的《财经》杂志。

最后，众所周知，对于《财经》杂志资本市场调查性报道的研究还可以从其他很多方面展开，如叙事结构模式、行文风格、反响评价等，在以后的学习和实践中，笔者还将会继续关注《财经》杂志资本市场调查性报道的有关问题。

本篇参考文献

[1] 郭庆光．传播学教程［M］．北京：中国人民大学出版社，1999.

[2] 段勃．调查性报道概论［M］．北京：新华出版社，2010.

[3] 赵华．国外媒体记者谈新闻调查性报道［M］．北京 ：中国广播电视出版社，2009.

[4]［美］威廉·C. 盖恩斯．调查性报道：成功报道的策略［M］．马锋译．北京：中国时代经济出版社，2011.

[5]［美］威廉·C. 盖恩斯．调查性报道［M］．刘波，翁昌寿译．北京：中国人民大学出版社，2005.

[6] 周海燕．调查性报道采访与写作［M］．北京：新华出版社，2003.

[7]［美］曼昆．经济学原理［M］．北京：机械工业出版社，2003.

[8] 吴敬琏．当代中国经济改革［M］．上海：上海远东出版社，2004.

[9] 余仁山．解密《新闻调查》：电视调查性报道的策划与运作［M］．福州 ：福建人民出版社，2008.

[10] 黄宪等编著．货币金融学［M］．武汉：武汉大学出版社，2002.

[11] 陈力丹．马克思主义新闻思想概论［M］．上海：复旦大学出版社，2006.

[12] 中国证券业协会汇编．证券市场基础知识［G］．北京：中国财政经济出版社，2010.

[13] 杨保军．新闻理论教程［M］．北京：中国人民大学出版社，2005.

[14] 吴东珺，唐泽．解构深度：中外电视调查性报道研究［M］．长沙 ：湖南人民出版社，2007 .

[15] 李良荣．当代西方新闻媒体［M］．上海：复旦大学出版社，2010.

[16] 李良荣．西方新闻事业概论（第三版）［M］．上海：复旦大学出版社，1997.

[17] 杨玲．国际经济报道概论［M］．北京：中国致公出版社，1999.

[18]［美］埃德温·埃默里、迈克尔·埃默里和南希·L·罗伯茨．美国新闻史——大众传播媒介解释史［M］．展江译．北京：人民大学出

版社，2009.
[19] 沈毅．中国经济新闻史［M］．北京：北京大学出版社，2008.
[20] 上海财经大学课题组．中国经济发展史（1949—2005）［M］．上海：上海财经大学出版社，2007.
[21] ［美］安雅·谢芙琳，埃默·贝赛特．全球化视界——财经传媒报道［M］．李良荣译．上海：复旦大学出版社，2005.
[22] 喻国明．解析传媒变局：来自中国传媒业第一现场的报告［M］．广州：南方日报出版，2002.
[23] 贺宛男、佟琳、唐俊．财经专业报道概论［M］．上海：复旦大学出版社，2006.
[24] 贺宛男．财经报道概论［M］．上海：复旦大学出版社，2009.
[25] ［美］安雅·谢芙琳、格雷海姆·瓦茨．当代西方财经报道 M］．张倧译．上海：复旦大学出版社，2007 .
[26] 刘年辉．报业核心竞争力：理论与案例［M］．北京：中国广播电视出版社，2006.
[27] 威尔伯·施拉姆．威廉·波特．传播学概论（第二版［M］．北京：北京大学出版社，2007.
[28] 肖宾．股市风云二十年［M］．北京：机械工业出版社，2010.
[29] 莫林虎．财经新闻经典报道选读［M］．杭州：浙江大学出版社，2010.
[30] 孙世恺．谈谈调查性报道［J］．新闻与写作，1999，(5)．
[31] 张威．调查性报道：对西方和中国的透视［J］．国际新闻界，1999，(02)．
[32] 段勃．调查性报道在近代中国的溯源［J］．当代传播，2008，(06)．
[33] 段志平．论证券市场监管中信息披露制度的完善［J］．中北大学学报，2005（6）．
[34] 房汉廷．现代资本市场：概念、机能与理论［J］．财贸研究，1995 (2)．
[35] 刘海贝．调查性报道与证券财经新闻——简析近期财经报道的一个

新现象 [J]. 中国记者, 2002, (4).
[36] 吴颜芳, 王强. 论经济报道中舆论监督功能的实现 [J]. 中国广播电视学刊, 2003 (3).
[37] 缪小星. 经济报道要问"需"于民 [J]. 新闻战线, 2009, (7).
[38] 闫涛, 黄林波. 财经报道如何创新思路 [J]. 新闻世界, 2011 (11).
[39] 周瑞金. 财经报道与新闻改革 [J]. 中国记者, 2002, (10).
[40] 刘青彦. 证券新闻报道的时间 [J]. 新闻采编, 2007, (1).
[41] 陈力丹. 论我国舆论监督的性质 [J]. 新闻知识, 2003, (11).
[42] 梁惠元. 对完善证券报道的若干思考 [J]. 新闻业务研究, 2004, (6).
[43] 王红、马飞. 中西方调查性报道的概念比较 [J]. 新闻世界, 2010, (05).
[44] 杨金萍. 发挥经济新闻的社会功能 [J]. 青年记者, 2006, (12).
[45] 曾遗荣、习少颖. 经济新闻的功能定位 [J]. 新闻前哨, 2006, (2-3).
[46] 冯宇飞. 我国财经媒体的社会角色与现实功能问题研究 [D]. 暨南大学硕士学位论文, 2004.
[47] 王佩莉. 财经报刊舆论监督的现状研究 [D]. 北京工商大学硕士论文, 2010.
[48] 周圆.《财经》杂志舆论监督报道研究 [D]. 暨南大学硕士论文, 2011.
[49] 马辉, 中美证券信息披露制度比较研究 [D]. 兰州大学硕士论文, 2007.
[50] 王珏. 论国内财经报纸新闻报道的国际视野 [D]. 河北大学硕士论文, 2011.